SIXTH EDITION

Civilización y cultura

INTERMEDIATE SPANISH

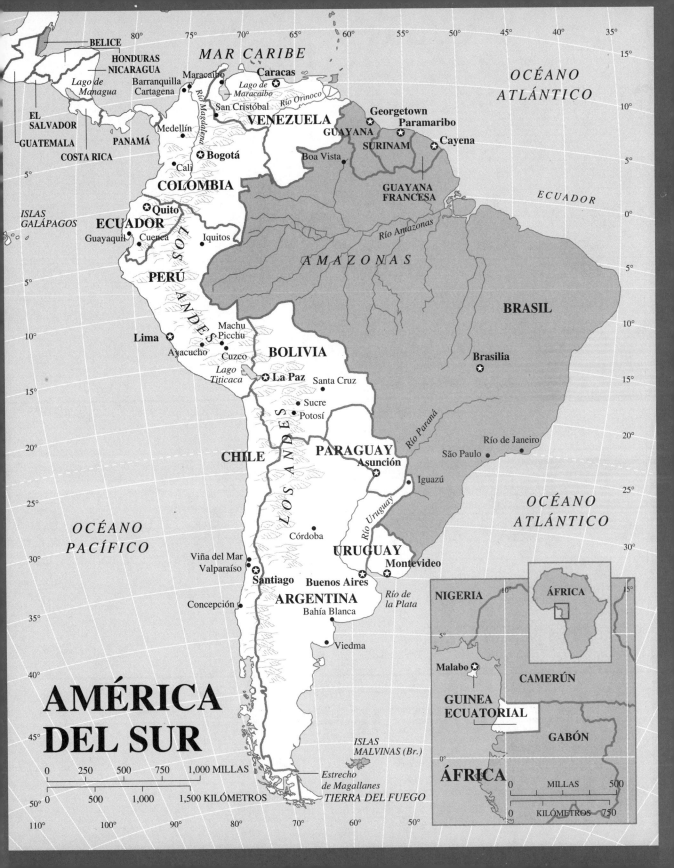

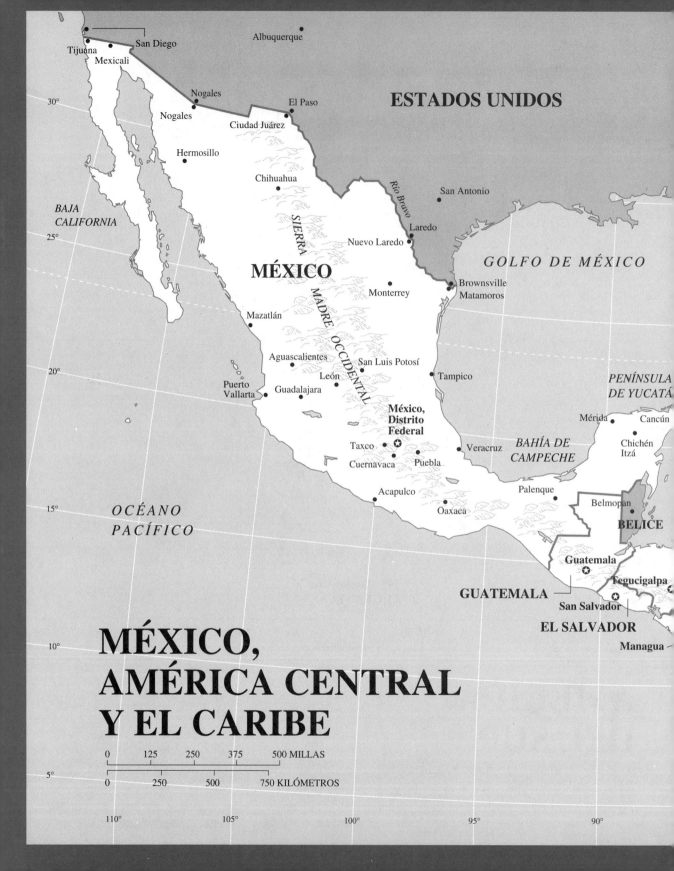

Tijuana
San Diego
Mexicali
Albuquerque

30°
Nogales
Nogales
El Paso
Ciudad Juárez
ESTADOS UNIDOS

Hermosillo

BAJA
CALIFORNIA
Chihuahua
San Antonio

Río Bravo

25°
SIERRA
Laredo
Nuevo Laredo
GOLFO DE MÉXICO

MÉXICO
MADRE
Monterrey
Brownsville
Matamoros

Mazatlán
OCCIDENTAL

20°
Aguascalientes
San Luis Potosí
León
Tampico
PENÍNSULA
DE YUCATÁ

Puerto
Vallarta
Guadalajara
México,
Distrito
Federal
MÉRIDA
Cancún
Chichén
Itzá
BAHÍA DE
CAMPECHE

Taxco
Cuernavaca
Puebla
Veracruz
Palenque
Belmopan
BELICE

15°
OCÉANO
PACÍFICO
Acapulco
Oaxaca

Guatemala
Tegucigalpa

GUATEMALA
San Salvador
EL SALVADOR

10°
MÉXICO,
AMÉRICA CENTRAL
Y EL CARIBE
Managua

0   125   250   375   500 MILLAS

0   250   500   750 KILÓMETROS

5°

110°   105°   100°   95°   90°

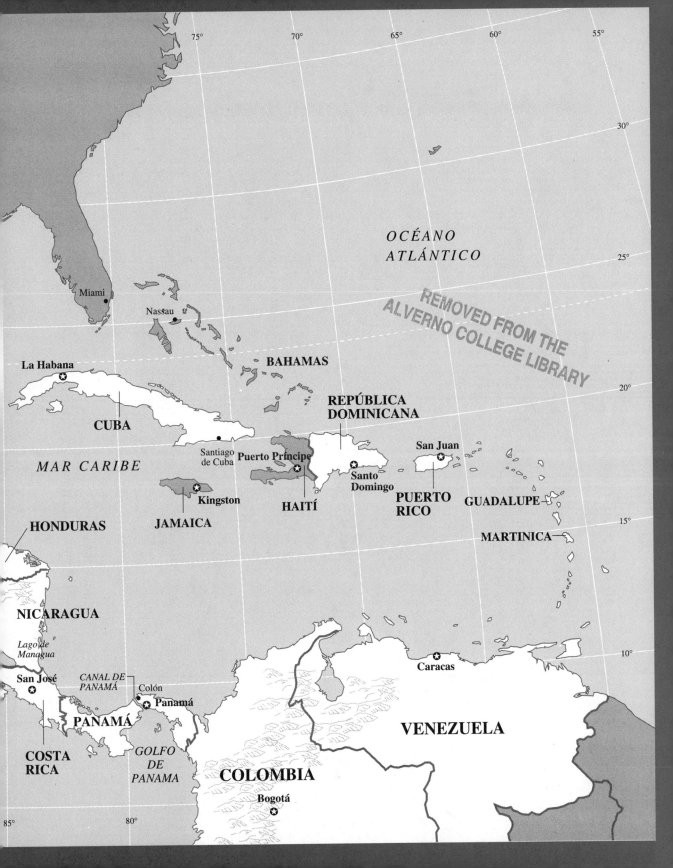

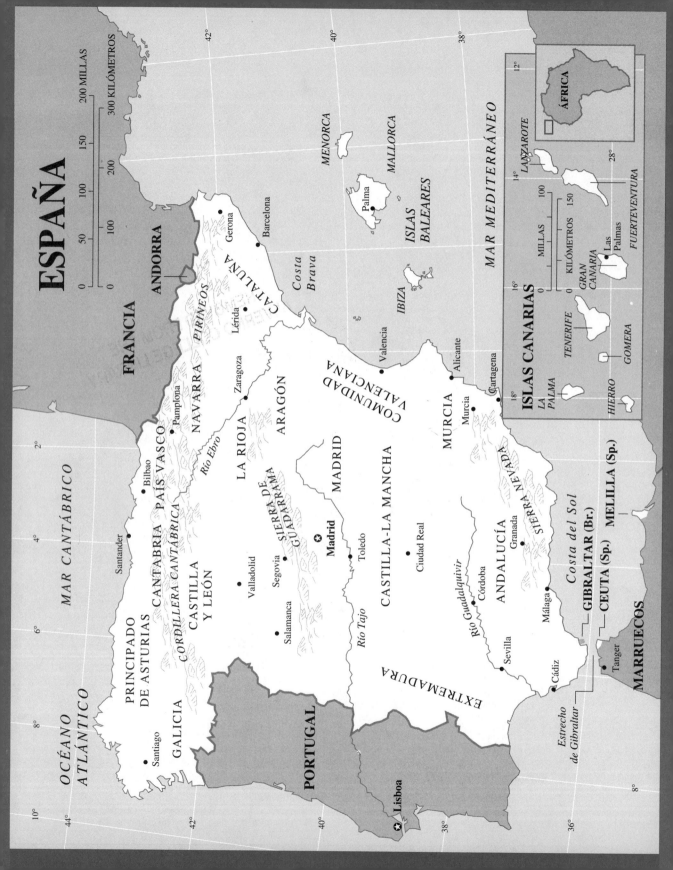

SIXTH EDITION

Civilización y cultura

INTERMEDIATE SPANISH

JOHN G. COPELAND
University of Colorado

RALPH KITE

LYNN SANDSTEDT
University of Northern Colorado

HOLT, RINEHART AND WINSTON

HARCOURT BRACE COLLEGE PUBLISHERS

*Fort Worth   Philadelphia   San Diego   New York   Orlando   Austin   San Antonio
Toronto   Montreal   London   Sydney   Tokyo*

VP/PUBLISHER	*Rolando Hernández-Arriessecq*
PROGRAM DIRECTOR	*Terri Rowenhorst*
DEVELOPMENTAL EDITOR	*Barbara Lyons*
PROJECT EDITOR	*Tashia Stone*
PRODUCTION MANAGER	*Cynthia Young*
SENIOR ART DIRECTOR	*Melinda Welch*
PHOTO RESEARCHER	*Shirley Webster*

ISBN: 0-03-017514-3
Library of Congress Catalog Card Number: 96-77796

Cover image: Diego Rivera, *Fiesta de flores, día de Santa Anita (Flower Festival: Feast of Santa Anita)*, 1931. Encaustic on canvas, 6′ 6$^{1}/_{2}$″ x 64″. The Museum of Modern Art, New York. Gift of Abby Aldrich Rockefeller. Photograph © 1997 The Museum of Modern Art, New York.

Address for Editorial Correspondence:
Harcourt Brace College Publishers, 301 Commerce Street, Suite 3700
Fort Worth, TX 76102

Address for Orders:
Harcourt Brace & Company, 6277 Sea Harbor Drive, Orlando, FL 32887-6777
1-800-782-4479 (outside Florida), 1-800-433-0001 (inside Florida)

Copyright acknowledgments begin on page xiv, which constitutes a continuation of this copyright page.

Printed in the United States of America

6 7 8 9 0 1 2 3 4 5 039 9 8 7 6 5 4 3 2 1

Índice

PREFACE

With the publication of *Intermediate Spanish*, the materials available for use at the intermediate level took a step in a new direction. We had long believed that it would be desirable to have a "package" of materials, unified in content but varied in the possibilities for use in the classroom, that would be flexible enough that the instructor could easily adapt them to his or her own teaching style and particular interests.

With this in mind, we devised the three highly successful textbooks that made up our intermediate level program. *Conversación y repaso* reviews and expands upon the essential points of grammar covered in the first year and also includes dialogues, abundant exercises, and a variety of activities intended to stimulate conversation. *Civilización y cultura* presents a variety of topics related to Hispanic culture. The approach in this reader is thematic rather than purely historical, and the topics have been chosen both for the insights that they offer into Hispanic culture and for their interest to students. The exercises are designed to reinforce the development of reading and writing skills, to build vocabulary, and to stimulate class discussion. *Literatura y arte* introduces the student to literary works by both Spanish and Spanish-American writers and to the rich and diverse contributions of Hispanic artists to the fine arts. The accompanying exercises also stress the development of reading and writing skills and include vocabulary-building and conversational activities.

One of the unique features of the program is the thematic unity of the texts. Each unit of each textbook has the same theme as the corresponding unit of the others. For example, Unit 7 of the grammar textbook deals with the subject of poverty and the problem of the migration of workers in Hispanic culture in its dialogues and conversational activities. The same theme is treated in the essay «Aspectos económicos de Hispanoamérica,» the seventh unit of the civilization and culture reader, and the theme of poverty is further explored in Unit 7 of the literature and art reader in the short story «Es que somos muy pobres» and in the essay on the murals of Diego Rivera.

We have found that this thematic unity offers several advantages to the teacher and student: (1) the teacher may combine the basic grammar and conversation book with either or both of the readers and be assured that essentially the same cultural and linguistic information will be presented to the students; (2) the amount of material to be covered may be adjusted through the choice of one textbook or more, making it possible to balance the quantity of material and the amount of classroom contact available; (3) if one book is used in the classroom, another may be used for outside work by those students who wish additional contact with the language; (4) for individualized programs, only those units may be assigned that are relevant to the student's particular interests. If several books are used, the students will absorb a considerable amount of vocabulary related to the theme, and by the end of their study of the topic, they will have overcome, at least in part, their reluctance to express their own ideas in Spanish. We have tested this "saturation" method in our own classrooms and have found it to be quite effective. We suggest that if several books are used, the grammar and initial dialogue should be studied first, followed by one or more of the other textbooks, and finally, the conversation stimulus section of the grammar and conversation text.

Like the earlier editions, this Sixth Edition of *Intermediate Spanish* contains materials that will be of interest to students of different disciplines. Throughout, our goal has been to present materials that will enable students to develop effective communicative skills in Spanish and motivate them to want to know more about the culture they are studying.

Finally, we would like to thank our editor, Barbara Lyons, for her useful suggestions and her careful editing of the text.

INTRODUCTION

Intermediate Spanish: Civilización y cultura is a thematic approach to Hispanic culture consisting of essays written for the third or fourth semester college course. It is designed to be used with the authors' *Intermediate Spanish: Conversación y repaso* and is linked thematically with that textbook. It is complete in itself, however, and may be used with other intermediate materials. The essays present twelve topics, both historical and contemporary, that serve to introduce the student to various aspects of Hispanic tradition, customs, and values. Most of the points apply equally to Spain and to Spanish America, although some treat one or the other exclusively. A strong emphasis is placed on culture contrast in order for the student to more readily relate the material to his or her own experience.

Each unit opens with a list of *Vocabulario útil* and a short section called *Enfoque* that presents an overview of the topic. The *Anticipación* section then poses some questions that urge the student to examine his or her knowledge of the topic before reading the selection. The reading selection has marginal glosses and supplementary footnotes. The questions on the text and the personal questions at the end of each reading segment encourage the students to relate the topic to their own experience. The reading is followed by vocabulary-building exercises, cultural contrast points, a writing-skill exercise and debate, composition, and role-playing topics. Units 7 through 12 also incorporate brief journalistic articles on contemporary topics related to the reading themes. The exercise material is all designed to encourage close and repeated reading of the textbook in an effort to provide repeated contact with the structures and vocabulary.

There is some progression in difficulty and length between the first and last units. Abundant use has been made of cognates in order to maintain a mature and interesting level of content while avoiding the discouragement often experienced by students at this level when confronted with material written for native speakers of the language.

Since a variety of academic disciplines are touched upon, it should be possible to devise outside reading assignments, when desired, relating to the special academic interests of the individual student.

It is clear that any such treatment of Hispanic culture must leave many things unsaid and may at times lead to broad generalizations. It is hoped that these features will serve to stimulate class discussion and to encourage individual investigation on the part of the students using the materials. The variety of topics presented should allow the instructor to add personal material in those areas where he or she possesses special knowledge or experience.

About the Sixth Edition of Civilización y cultura

The essays in the Sixth Edition have been updated to reflect contemporary cultural attitudes and practices, and authentic reading selections have been increased throughout. In Units 1–6, additional up-to-date articles have been included with each essay. In Units 7–12, all of the articles in the *Las noticias* sections have been replaced to reflect recent developments in areas related to the chapter themes. As a result of these changes, the proportion of the units devoted to authentic materials written for Spanish speakers has increased substantially. For additional variety, some topics in the text are now keyed to Holt, Rinehart and Winston's videocassette *Videomundo*. The videocassette selections, which provide valuable visual and linguistic reinforcement, are tied in with the topics of the text by accompanying short question–answer exercises.

Photo Credits

p. 1, Hugh Rogers/Monkmeyer
p. 10, Beryl Goldberg
p. 15, Peter Menzel
p. 19, Rota/Courtesy Dept. of Library Service/American Museum of Natural History
p. 22, Peter Menzel
p. 31, Mimi Forsyth/Monkmeyer
p. 36, Hugh Rogers/Monkmeyer
p. 38, Beryl Goldberg
p. 45, David Frazier
p. 51, Beryl Goldberg
p. 53, Chip & Rosa Maria Peterson
p. 61, Hugh Rogers/Monkmeyer
p. 66, Schalkwijk/Art Resource/Museo Nacional de Historia Castillo de Chapultepec, Mexico City, Mexico
p. 70, AP/Wide World
p. 73, AP/Wide World
p. 79, Peter Menzel
p. 82, Beryl Goldberg
p. 89, Peter Menzel

SIXTH EDITION

Civilización y cultura

INTERMEDIATE SPANISH

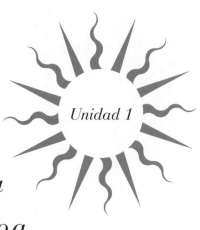

Orígenes de la cultura hispánica: Europa

La Mezquita en Córdoba fue un gran centro árabe

entre los siglos VIII y X. El exterior es sin decoración

y parece una fortaleza. ¿Cómo es el interior?

~~~~~~~~~~~~~~~~~~~~~~~~~~~~~~

VOCABULARIO ÚTIL

Estudie estas palabras antes de leer el ensayo.*

Verbos

adoptar   *to adopt*

contribuir (contribuye)   *to contribute*

convertir (ie)   *to convert*

desarrollar   *to develop*

destacarse   *to stand out, to be distinguished*

influir (influye)   *to influence*

llegar a ser   *to come to be*

Sustantivos

la costumbre   *custom*

el gobierno   *government*

el habitante   *inhabitant*

la lucha   *struggle, battle*

el pueblo   *people, village*

la tribu   *tribe*

la Península Ibérica   *Iberian Peninsula (the entire land mass between the Pyrenees mountains and the Strait of Gibraltar containing the modern countries of Spain and Portugal)*

Otras palabras y expresiones

entre   *between, among*

occidental   *western*

posterior   *later*

~~~~~~~~~~~~~~~~~~~~~~~~~~~~~~

ENFOQUE

La cultura hispánica es el producto de muchos siglos de contacto entre diferentes culturas. La Península Ibérica, situada entre el mar Mediterráneo y el océano Atlántico, ha recibido varias influencias de otras civilizaciones y muchas de ellas se han transmitido al Nuevo Mundo. En la lectura que sigue se van a describir algunas de las contribuciones a la cultura hispánica de algunos de estos pueblos.

mar   *sea*

~~~~~~~

*The gender of nouns is given in two ways: the use of the definite articles *el* or *la;* the use of *m* or *f* except for feminine nouns ending in *-a, -d, -ión* or masculine nouns ending in *-o*.

ANTICIPACIÓN

Responda a estas preguntas.

1. ¿Cuáles son algunos aspectos que incluye el concepto de cultura?
2. Véase (*Look at*) los mapas al principio de este libro. ¿Dónde está la Península Ibérica?
3. ¿Qué otro país la comparte (*shares*) con España? ¿Cuál es más grande?
4. ¿Qué distancia hay entre Roma y España? ¿entre África y España?
5. ¿Cuáles son los países vecinos de España?

I. LA CULTURA ROMANA

Los primeros habitantes de la Península Ibérica, en tiempos históricos, fueron las tribus celtíberas, de origen no muy bien conocido. En el siglo III A.C.[1] llegaron los romanos y convirtieron la península en una colonia romana. Establecieron la lengua latina, su sistema de gobierno y su organización social y económica. Más tarde introdujeron la religión cristiana. Se ha dicho que la península llegó a ser la colonia más romanizada de todas.

Los habitantes de la península adoptaron la lengua llamada históricamente «el romance» o «el latín vulgar», o sea la lengua oral del pueblo, y no el latín clásico escrito. La lengua usada hoy por los 300 millones de personas del mundo hispánico desciende de esa lengua oral. Las lenguas «neo-latinas»[2] como el portugués, el francés, el italiano, el rumano y el español se parecen tanto porque todas tienen como base el latín.

celtíberas   Celt-Iberian

Se ha dicho   It has been said

o sea   that is

desciende   comes from

---

[1]A.C. *(antes de Cristo)*   Before Christ, that is, B.C.

[2]*las lenguas neo-latinas*   The Romance languages, French, Provençal (southern France), Italian, Spanish, Portuguese, Romanian, Galician (northwest Spain), Catalan (northeast Spain), Sardinian, and Romansh (eastern Switzerland) are some of the known Romance languages and dialects.

La cultura romana también influyó en las costumbres y los hábitos diarios del pueblo español. La conocida costumbre de la siesta toma su nombre de la palabra latina *sexta*, o sea la sexta hora del día.
25 Esto refleja el dicho romano: «Las seis primeras horas del día son para trabajar; las otras son para vivir». Claro que esto se debe a las necesidades físicas de la gente en un clima cálido. En estas regiones es preferible trabajar durante las horas más frescas.
30 Hasta hoy, en muchas partes del mundo hispánico es costumbre dormir la siesta después del almuerzo. En algunas ciudades más tradicionales todas las tiendas y oficinas se cierran hasta las cuatro de la tarde. Vuelven a abrirse desde las cuatro hasta las siete u
35 ocho de la tarde.

Otra tradición famosísima en el mundo hispánico es la corrida de toros[3] que combina elementos de deporte, arte y diversión en un espectáculo lleno de emoción. Los romanos la popularizaron en el circo,
40 donde se ofrecía toda clase de juegos para la diversión popular. Hasta Julio César[4] aprendió a torear en la península y autorizó las primeras corridas.

El concepto de la ciudad como centro de la cultura y del gobierno también es una de las contribuciones
45 importantes de los romanos. Esta tendencia hacia la urbanización ha sido muy notable en Hispanoamérica desde la época colonial. Los centros de México, Lima y Buenos Aires sirvieron como sedes del gobierno español y todavía se distinguen del resto del país por su
50 influencia y poder.

Los romanos, pues, influyeron mucho en la formación básica de la sociedad hispánica.

diarios	*daily*
sexta	*sixth*
dicho	*saying*
se debe a	*is due to*
cálido	*hot*
diversión	*entertainment*
circo	*circus*
se ofrecía	*were provided*
Hasta	*Even* / aprendió a torear *learned to fight bulls* / autorizó *authorized*
sirvieron	*served* / sedes (*f*) *seats*

---

[3] *la corrida de toros* Bullfight. Although the origin of the *corrida* is still debated, it is thought to have originated among the Celt-Iberians. The term stems from the fact that the bulls were "run" to the ring before the fight or *lidia*.

[4] *Julio César* Julius Caesar. Roman leader of the first century B.C., immortalized in the famous play of the same name by Shakespeare.

Se pueden ver las ruinas de un anfiteatro romano en Tarragona, España. ¿Cuáles son algunas características de la arquitectura romana? ¿Qué espectáculos se presentaban allí?

COMPRENSIÓN

A. Decida si las siguientes frases son verdaderas o falsas según el texto. Corrija las falsas.

1. No se conoce muy bien el origen de las tribus de la península anteriores a la llegada de los romanos.
2. Las lenguas neo-latinas vienen del latín clásico.
3. Hoy se hablan más de cinco lenguas neo-latinas.
4. La corrida de toros viene del dicho romano «Las seis primeras horas del día son para trabajar; las otras son para vivir».
5. La siesta se practica en muchas partes del mundo hispánico.
6. En la cultura romana la ciudad es el centro de la civilización.

B. Responda a las siguientes preguntas con su opinión personal.

1. Entre el idioma, la religión y las costumbres diarias, en su opinión, ¿cuál es el elemento más importante en la formación de la cultura?
2. ¿Influyeron los romanos en nuestra sociedad? ¿Cómo?
3. ¿Seguimos la costumbre de la siesta? ¿Por qué sí o por qué no?
4. ¿Es importante la urbanización? ¿Por qué? ¿Prefiere Ud. vivir en una ciudad o en el campo? ¿Por qué?

II. La cultura visigoda

En el siglo V de la época cristiana algunas tribus germánicas del norte de Europa invadieron todo el imperio romano que se hallaba sin el apoyo del pueblo para resistir. Estas tribus prim-
5
itivas, también conocidas como visigodas, fueron influidas por la cultura romana. Se convirtieron al catolicismo, adoptaron la lengua latina y se estable-cieron en los mismos centros que habían usado los
10 romanos. En vez de contribuir con elementos nuevos a la cultura española, más bien reforzaron y desarro-llaron los elementos existentes.

Su mayor contribución original fue el feudalismo, sistema económico que impusieron en toda Europa.
15 Este sistema —producto de una sociedad guerrera— daba el control de la tierra a un señor. Éste recibía parte de los productos de la gente que habitaba su tie-rra y la protegía de otros señores. El monarca de todos los señores reinaba sólo con el permiso de éstos.
20 Es éste el sistema que determinó la organización feu-dal de las colonias del Nuevo Mundo.

se hallaba found itself /
apoyo support

más bien rather

impusieron imposed
guerrera warrior
señor (m) lord

protegía protected
reinaba ruled

Comprensión

A. Responda según el texto.

1. ¿Quiénes fueron los visigodos?
2. ¿Cómo llegaron a practicar el catolicismo?
3. ¿Cuál fue la mayor contribución de los visigodos la a cultura española?
4. ¿De dónde vino el poder del monarca de los señores feudales?
5. ¿Cómo llegó el feudalismo al Nuevo Mundo?

B. Responda a las siguientes preguntas con su opinión personal.

¿Puede Ud. pensar en algunas ventajas del sistema feudal para el pueblo? ¿Cuáles son las desventajas?

III. La cultura árabe

Los moros[5] estuvieron en España desde 711 hasta 1492, y fueron tal vez la influencia más importante para la formación de la cultura española después de los romanos. España es la única nación europea que conoció el dominio de la brillante cultura del norte de África. En el resto de Europa la misma época se caracterizaba por una falta de progreso y de desarrollo cultural.

La historia popular de España considera que la Reconquista[6] de la península comenzó en el año 711 y terminó en 1492 cuando el último de los reyes árabes fue expulsado de Granada. Esta convivencia de ocho siglos dio como resultado una cultura muy heterogénea.

El centro del reino moro en España se estableció en la ciudad de Córdoba. Esta ciudad llegó a ser un gran centro cultural, con una biblioteca de unos 400.000 libros. En su universidad se enseñaban medicina, astronomía, botánica, gramática, geografía y filosofía. A causa de la influencia árabe se usan hoy los números arábigos en lugar de los romanos. En parte, los conocimientos de los árabes vinieron de la cultura griega antigua, que los moros divulgaron con sus artes de traducción. Los califas[7] tenían una actitud generosa hacia el arte y la sabiduría en general, porque los árabes pensaban que la creación de la belleza exterior era una forma de adorar a Dios.

Muchas palabras árabes forman la base de los términos usados hoy en varias lenguas occidentales.

expulsado *expelled /*
convivencia *living together*

reino *kingdom*

divulgaron *made known*

sabiduría *knowledge*

adorar *to worship*

---

[5] *los moros*   Moors. This is the general term applied to the Arabs *(árabes)* who invaded Spain from North Africa in the eighth century. Most were of the Islamic faith, followers of Mohammed *(Mahoma)*, called Moslems *(musulmanes)*. The Spanish Christians who submitted to Islamic rule were allowed to practice their own religion and were called *mozárabes*. Those who converted were *muladíes*.

[6] *la Reconquista*   Reconquest. The period of Spanish history from 711 to 1492 (especially between 711 and 1254), when the Spanish Christians, who had taken refuge in the northern mountains, carried on a constant war in an effort to expel the Moors. The wars were mostly between individual feudal lords, but the religious factor gave some unity to the two sides.

[7] *los califas*   Caliphs. Rulers who were successors of Mohammed and combined secular and religious authority over a given region called a caliphate *(califato)*.

Palabras como alcachofa, alfalfa, algodón y azúcar son de procedencia árabe, como lo son los productos a que se refieren. También las palabras relacionadas con las ciencias: alcohol, alcanfor, alquimia, cero, cifra y jaro-
35 pe. Muchas otras como azul, escarlata, alcoba y ajedrez representan aspectos de la vida diaria. Otras palabras de origen árabe son: almohada, adobe, alfombra, alcal- de, aduana, barrio, y los nombres de muchas plantas y flores, como azucenas y zanahorias. La mayoría de
40 estas palabras comienzan con *a* o con *al* porque éste es el artículo en árabe.

En la arquitectura, figuran varios ejemplos que todavía nos impresionan: la Alhambra de Granada, el Alcázar de Sevilla y la Mezquita de Córdoba con sus
45 1.418 columnas. Su estilo es muy elaborado en las fachadas y los patios interiores y de ahí viene la pala- bra «arabesco». La religión musulmana prohibe el uso de imágenes de seres vivos en el decorado y por eso hay pocos ejemplos de ello. Otra característica
50 particular de sus construcciones es el uso de azulejos; sus métodos para hacer brillar la loza nunca han sido igualados. Su arquitectura ordinaria consiste en la típica casa blanca con techo de tejas rojas. Este estilo es popular aún hoy desde la Tierra del Fuego (al sur
55 de Chile y la Argentina) hasta el norte de California.

Los judíos de la península no sólo convivían con los musulmanes sino que ocuparon puestos oficiales de importancia y lograron crear la brillante cultura sefardita[8] en Córdoba durante los siglos IX y X.
60 La cultura mora contribuyó a engrandecer la cul- tura española en comparación con el resto de Europa entre los siglos VIII y XIII. A mediados del siglo XIII la mayor parte de la península fue reconquistada y la influencia mora comenzó a disminuir. La provincia de
65 Granada pasó a manos de los españoles en 1492, año en que comenzó un próximo gran choque de culturas en América.

alcachofa *artichoke* / algodón (*m*) *cotton* / azúcar (*m*) *sugar*

alcanfor (*m*) *camphor* cifra *cipher* / jarope (*m*) *syrup* / alcoba *bedroom* / ajedrez (*m*) *chess* / almohada *pillow* / alfombra *carpet* / alcalde (*m*) *mayor* / aduana *customs house* / azucenas *white lilies* / zanahorias *carrots*

fachadas *façades*

seres (*m*) *beings*

azulejos *ceramic tiles* brillar *to shine* / loza *porcelain* / igualados *equaled* / techo *roof*

judíos *Jews* / convivían *lived together*

lograron *managed*

engrandecer *to exalt*

A mediados *In about the middle*

disminuir *to diminish* pasó a manos *fell into the hands* / choque (*m*) *collision*

[8]*sefardita* Sephardic. The name comes from the biblical place name Sepharad, which scholars think referred to the Iberian Peninsula.

COMPRENSIÓN

A. Responda según el texto.

1. Después de los visigodos, ¿qué grupo invadió la península?
2. ¿Cuáles son las fechas del período llamado la Reconquista?
3. ¿Qué ocurrió en Granada en 1492?
4. ¿Qué aspectos culturales se encuentran en la Córdoba de los moros?
5. ¿Cuáles son algunas palabras de origen árabe que usamos en inglés?
6. ¿Qué cultura crearon los judíos durante la época árabe en Córdoba?

B. Responda con su opinión personal.

1. En su opinión, ¿qué condiciones son necesarias para que una cultura adopte palabras de otra cultura?
2. ¿Cree Ud. que hoy día hay guerras que tienen su origen en la religión, o que ya no ocurren por esa razón? Explique su respuesta.

IV. LOS IDIOMAS DE ESPAÑA

Aún hoy no se puede decir que haya «una» cultura española. Hoy se hablan cuatro idiomas en España y varios dialectos también. En el país vasco, en el
5 norte central de la península, hablan vascuence, un idioma de origen oscuro. En la región de Galicia, en el noroeste, hablan gallego, un idioma parecido al portugués. En el nordeste, en la región de Cataluña, hablan catalán, otro idioma neo-latino. El
10 cuarto idioma es el idioma oficial de la nación, el castellano —el idioma de Castilla en el centro del país— o sea, el que llamamos muchas veces el español.

Sobre la diferencia entre los nombres *español* y *castellano* para referirse al idioma nacional, un exper-
15 to nos dice lo siguiente: «El nombre de castellano había obedecido a una visión de paredes peninsulares adentro; el de español miraba al mundo. *Castellano* y *español* situaban nuestro idioma intencionalmente en dos distintas esferas de objetos: castellano había
20 hecho referencia, comparando y discerniendo, a una esfera de hablas peninsulares —castellano, leonés, aragonés, catalán, gallego, árabe—; español aludía explícitamente a la esfera de las grandes lenguas nacionales —francés, italiano, alemán, inglés.
25 *Castellano* había sido la forma justa y adecuada de

vascuence (*m*) *Basque*
parecido al *similar to*

paredes *walls*

esferas *spheres*
discerniendo *contrasting*
hablas *languages*
aludía *referred*

Algunas regiones de España son bilingües. ¿Sabe Ud. en qué parte del país está esta tienda con letreros en catalán?

nombrar el idioma cuando se quería discernir el romance de los castellanos del de los demás... *español* empezó a extenderse en seguida de alcanzada la unidad nacional y apenas comenzada la intensa vida
30   internacional de España... »[9]

Y de otro experto viene un dato sobre la palabra *español:*

«La palabra España *era pronunciada en esa forma por el vulgo que hablaba latín en la penín-*
35   *sula hacia el año 300 d. de C.;* español, *por el contrario, es vocablo venido del sur de Francia, del Languedoc, en el siglo XIII, comenzado a usar en Provenza desde el siglo XII en la lengua escrita. Que* español *no es vocablo castellano era un*
40   *hecho que algunos lingüistas conocíamos, aunque corresponde al suizo Paul Aebischer haber demostrado el origen provenzal del nombre que los* españoles *se dan a sí mismos... »[10]*

alcanzada   *achieved*

vulgo   *populace*
d. de C.   (después de Cristo) *A.D.* / **vocablo** *word*

suizo   *Swiss*

se dan a sí mismos   *give to themselves*

[9]Amado Alonso, *Castellano, español, idioma nacional,* 2da edición, Buenos Aires: Losada, 1943, pp 33–34.

[10]Américo Castro, *Sobre el nombre y el quién de los españoles,* Madrid: Sarpe, 1985, p. 29. This theory, disputed by some, would explain why *español* is the only nationality / language name in Spanish that ends in *-ol.*

Durante la dictadura de Francisco Franco (1939–1975), por razones de unidad nacional, se prohibió el uso de los idiomas regionales oficialmente, pero se seguían usando en casa. Después de su muerte, el nuevo gobierno democrático inició un proceso dedicado a otorgar un alto grado de autonomía a las varias regiones de España. Este paso ha abierto la puerta a un renacimiento de las culturas regionales, especialmente en Galicia y Cataluña. Los poderes de los gobiernos autónomos hacen posible el uso oficial de su propio idioma (tanto en letreros oficiales como en documentos públicos) y la enseñanza del mismo en las escuelas públicas. La fuerza con que defienden los catalanes el uso de su lengua ha causado una reacción entre los ciudadanos que hablan castellano. Los funcionarios catalanes niegan la importancia de este problema como puede verse en esta cita de un filólogo catalán en el diario *El País* (Madrid):

Los castellanos en Cataluña «hablan castellano y todo el mundo les habla en castellano, conocen el catalán suficientemente como para no verse perdidos en la sociedad; sus hijos se forman alrededor del catalán sin perder el castellano, se pueden desenvolver sin complejos con sus compañeros de escuela, y en el momento de poder escoger una situación laboral tienen las mismas ventajas que los catalanes.»

dictadura *dictatorship*

se seguían usando *continued to be used /* inició *initiated /* otorgar *to grant /* alto grado *high degree /* renacimiento *rebirth*

letreros *signs*
enseñanza *teaching*

filólogo *philologist, language historian*

alrededor *around*
desenvolver *develop /* complejos *complexes*
laboral *work*
ventajas *advantages*

COMPRENSIÓN

A. Responda según el texto.

1. ¿Cuáles son los cuatro idiomas de España y dónde se hablan?
2. ¿Quiénes hablan castellano?
3. ¿Qué hay de raro en la palabra *español*?
4. ¿Cuál fue la política de Franco hacia los idiomas regionales y por qué?
5. ¿Cuál es la política del gobierno democrático hacia las regiones?
6. ¿Qué actitud se percibe en la cita del filólogo catalán?

B. Responda a las siguientes preguntas con su opinión personal.

1. ¿Hay un programa de educación bilingüe donde Ud. vive? ¿Por qué?
2. Los Estados Unidos no tiene un idioma oficial. ¿Debe tener uno? ¿Por qué? ¿Cuál debe ser el idioma oficial?

3. En su opinión, ¿cuáles son las ventajas (*advantages*) de aprender un segundo idioma?

PRÁCTICA

I. Ejercicios de vocabulario

A. Busque 10 palabras en el texto que sean similares en forma y significado a sus equivalentes en inglés.

B. Encuentre una palabra en la segunda columna con el mismo significado de la primera.

I.	**II.**
1. cargar	a. únicamente
2. sólo	b. origen
3. procedencia	c. contribuir
4. aportar	d. romano
5. latino	e. llevar
6. utilizar	f. usar

C. Junte las palabras relacionadas.

Modelo   saber   *sabiduría*

I.	**II.**
1. calor	a. lingüístico
2. emperador	b. cálido
3. pueblo	c. reino
4. antes	d. imperio
5. rey	e. poblador
6. lengua	f. anterior

D. Complete las siguientes formas

1. convertir	**conversión**	3. filólogo	**filología**
divertir	_____	filósofo	_____
_____	**inversión**		**sicología**
2. comenzar	**comienzo**	4. trabajar	**trabajador**
_____	**encuentro**	observar	_____
gobernar	_____	_____	**poblador**

E. Señale los verbos contenidos en los siguientes derivados.

Modelo desorganizar *organizar*

1. convivir
2. mantener
3. desocupar
4. reconstruir
5. desaparecer
6. desacostumbrar

II. Puntos de contraste cultural

1. ¿Cuáles son algunas diferencias entre la cultura española y la norteamericana en cuanto a (*as far as*): la duración de la cultura, los contactos y los componentes que resultan y el idioma?
2. ¿Cuáles son algunas de las diferencias y semejanzas básicas entre la situación de los que hablan «los otros idiomas de España» y los que hablan «los otros idiomas de los Estados Unidos»?

III. Debate

Es la obligación de todo ciudadano norteamericano aprender inglés y por eso los programas de educación bilingüe no son necesarios.

IV. El arte de escribir: el resumen (primera parte)

La preparación para escribir un resumen (*summary*) consiste principalmente en tomar apuntes (*notes*) sobre el contenido. Para tomar apuntes es muy útil reconocer dos aspectos estructurales: el párrafo (*paragraph*) y la oración temática (*topic sentence*), o sea la idea principal.

Cada párrafo se distingue de los otros por contener información diferente. Dentro de cada párrafo hay una oración temática que es prácticamente un resumen del párrafo. Ésta puede ser explícita o implícita o puede ser una oración explícita modificada.

Si se examina la primera sección de esta unidad (La cultura romana), se ve que en el primer párrafo la oración temática es la segunda: «En el siglo III A.C. llegaron los romanos y convirtieron la península en una colonia romana.» En el segundo párrafo es necesario modificar la segunda oración sustituyendo «esa lengua oral» por «el latín vulgar». En todos los otros párrafos la oración temática es la primera oración. Los apuntes, entonces, pueden consistir en estas oraciones. Se puede acortar frecuentemente como es el caso de la primera oración del cuarto párrafo donde se omite lo que viene después de «toros».

Ahora, tome Ud. apuntes para un resumen de las otras secciones de la lectura.

V. Ejercicios de composición dirigida

Complete las frases según el texto, utilizando las palabras entre paréntesis y otras que sean necesarias.

1. La cultura hispánica... (producto, siglos, contactos, muchos, con, culturas, varias, es)
2. Se ha dicho que la Península... (todas, romanizada, ser, colonia, llega a, más)
3. Otra tradición... (hispánico, toros, famosísima, mundo, corrida, es)
4. El feudalismo es el sistema que... (Nuevo Mundo, colonias, determina, económica, organización)
5. En España... (bilingüe, problema, existe, educación, también)

VI. Situación

Imagine que Ud. es un(a) indio(a) americano(a) y la fecha es el 12 de octubre de 1492 en la isla de San Salvador en el Caribe. Tiene la oportunidad de conocer a Cristóbal Colón (*Christopher Columbus*). Afortunadamente Ud. habla español. ¿Qué preguntas le hace Ud. sobre España y qué responde él?

Unidad 2

Orígenes de la cultura hispánica: América

Estas estatuas toltecas se encuentran en Tula,

México, una ruina al norte de la Ciudad de México.

¿Cree Ud. que son guerreros o dioses?

Vocabulario útil

Estudie estas palabras antes de leer el ensayo.

Verbos

construir (construye)   *to build*
dominar   *to dominate*
fundar   *to found*
gobernar (ie)   *to govern, to rule*
incluir (incluye)   *to include*
requerir (ie)   *to require*
utilizar   *to utilize, to use*

Sustantivos

algo   *something, somewhat*
el, la arqueólogo, -a   *archaeologist*
el conocimiento   *knowledge*
el desarrollo   *development*

el descubrimiento   *discovery*
el, la dios(-a)   *god, goddess*
el emperador, la emperatriz
     emperor, empress
el hecho   *fact*
el imperio   *empire*
el maíz   *corn, maize*
el nivel   *level*
la piedra   *stone, rock*
el siglo   *century*

Otras palabras y expresiones

reciente   *recent*

Enfoque

Al llegar los conquistadores españoles al Nuevo Mundo en el siglo XVI se encontraron con las grandes civilizaciones de México y del Perú. Tal vez nosotros, en el siglo XX, podemos entender el asombro que causaron estos descubrimientos si pensamos en nuestra reacción al encontrar nuevas civilizaciones en otros planetas.

Tanto los aztecas de México como los incas del Perú formaron grandes imperios que se habían establecido por medio de la conquista violenta de las tribus anteriores. La civilización maya, que casi había desaparecido, tenía varios siglos de existencia y desarrollo. Las tres culturas presentaban diversos aspectos interesantes y aportaron nuevos elementos a la cultura hispánica. Esta lectura va a describir algunos de los aspectos más interesantes de estas tres culturas precolombinas.

Al llegar   *On arriving*

asombro   *awe*

Tanto... como   *Both . . . and*

por medio de   *by means of* / tribus (f)   *tribes* / casi   *almost*

precolombinas   *pre-Columbian, before Columbus*

ANTICIPACIÓN

Responda a estas preguntas.

1. ¿En qué país se encontraba la civilización azteca?
2. ¿Qué región ocupó la civilización incaica?
3. En grupos de cinco, hagan una lista de lo que saben de esas culturas.

I. LOS AZTECAS

En el lugar llamado Anáhuac, donde está hoy la capital de México, los aztecas habían dominado otras tribus durante unos dos siglos.

5   En 1325 fundaron Tenochtitlán, una ciudad que dejó mudo a Cortés[1] cuando la vio por primera vez. Bernal Díaz,[2] uno de los 400 soldados de Cortés, la describió así: «Y... vimos cosas tan admirables [que] no sabíamos qué decir... si era ver-
10 dad lo que por delante parecía, que por una parte en tierra había grandes ciudades, y en la laguna otras muchas, y veíamos todo lleno de canoas,... y por delante estaba la gran ciudad de México». Los aztecas habían fundado la ciudad en un lago con puentes
15 que la conectaban con la tierra.

Al llegar al valle de México los aztecas absorbieron la cultura tolteca[3] cuya religión incluía el mito de Quetzalcóatl, un hombre-dios de la civilización, benévolo, que enseñaba las artes y los oficios necesarios
20 para el hombre en la tierra. Al mismo tiempo, el dios protector de la tribu, Huitzilopochtli, era el dios de la guerra, quien exigía continuas ofrendas de sangre humana. Es difícil explicar cómo los aztecas llegaron a adorar a dos dioses tan antagónicos. Creían que

mudo silent

por delante ahead / parecía appeared / por una parte on one side / laguna lagoon / lleno full / lago lake / puentes bridges

absorbieron absorbed
cuya whose
benévolo benevolent

quien who / exigía demanded / ofrendas offerings / adorar to worship / antagónicos contrary

---

[1]*Cortés* Hernán Cortés (1485–1547) led the first expedition into Mexico and conquered the Aztecs in the central valley in 1521.

[2]*Bernal Díaz (del Castillo)* (1492–1584) Author of *Historia verdadera de la conquista de la Nueva España* (Mexico), which he wrote to present the common soldier's view of the conquest of Mexico.

[3]*tolteca* The Toltecs (or "master craftsmen"), about whom relatively little is known, occupied much of the central area of Mexico prior to the Aztecs. The Aztecs, lacking a historical tradition of their own, began to consider themselves descendants of the Toltecs and adopted their history.

25 Quetzalcóatl había creado al hombre regando su propia sangre sobre la tierra. Por consiguiente pensaban
que era necesario recompensar a los dioses con sangre.

    Los conceptos religiosos sutiles se combinaban
con un sistema político algo avanzado. El emperador
30 era a la vez sacerdote y su poder fluía de esta combi-
nación de autoridad religiosa y política-militar. El
imperio se basaba en la completa subyugación de casi
todas las tribus del centro de México en una región del
tamaño de Italia. Este hecho hizo relativamente fácil
35 la conquista por los españoles en 1521, ya que formaron alianzas con las tribus subyugadas para derrotar
a los aztecas.

    Durante los dos siglos anteriores a la conquista, la
sociedad azteca había perdido sus características
40 democráticas y se había transformado en una sociedad
aristocrática. El emperador Moctezuma II, que reinaba
cuando llegó Cortés, vivía en un palacio comparable en
su lujo a los palacios europeos. Pero el lujo y la aparen-
te prosperidad cubrían un estado sicológico deprimido.
45 Varios acontecimientos le habían hecho creer a
Moctezuma que se acercaba el fin del imperio. Cuando
llegó Cortés con sus soldados, la superstición de los
jefes los condujo a una resistencia débil. Pensaron que
los españoles montados a caballo eran monstruos; ade-
50 más, los indios no tenían armas de fuego como las que
poseían los españoles. Dentro de poco tiempo éstos
habían destruido la capital del gran imperio de los
aztecas para construir sobre los escombros la ciudad
conocida hoy como la Ciudad de México.

regando *sprinkling*

recompensar *repay*
sutiles *subtle*
avanzado *advanced*
sacerdote (*m*) *priest* /
  fluía *flowed*
subyugación *subjugation*

alianzas *alliances* /
  derrotar *defeat*

reinaba *ruled*

lujo *luxury*
cubrían *covered* /
  deprimido *depressed* /
  acontecimientos
  happenings / se
  acercaba *was*
  approaching
montados *riding*
armas de fuego *firearms*
poseían *possessed*

escombros *ruins*

COMPRENSIÓN

A. Decida si las siguientes oraciones son verdaderas o falsas.

    1. La Ciudad de México fue fundada en 1325.
    2. Los aztecas adoptaron unos mitos de los toltecas.
    3. Huitzilopochtli era el dios de la guerra y el dios protector de los
       aztecas.
    4. Según el mito, Quetzalcóatl creó al hombre con su propia sangre.
    5. Moctezuma II era el presidente de los aztecas cuando llegó Cortés.

B. Responda a las siguientes preguntas.

    1. ¿Cómo debe el mundo moderno juzgar (*judge*) las culturas antiguas
       donde se encontraban prácticas como el sacrificio humano?

Tenochtitlan.

Este dibujo azteca muestra el primer encuentro entre Cortés y Moctezuma en Tenochtitlán. Identifique a las personas y otros elementos representados aquí.

2. ¿Cree Ud. que hay mitos en la vida pública norteamericana?
3. ¿Ha visto Ud. alguna ruina de los indios americanos? ¿Dónde? Descríbala.
4. ¿Le interesa a Ud. la arqueología? ¿Por qué sí o por qué no?

II. LOS INCAS

Aunque los arqueólogos creen que los primeros pueblos indígenas del Perú datan de 10.000 años antes de Cristo, cuando desembarcó Pizarro[4] en 1532 los incas apenas tenían un siglo de dominio imperial en las montañas. Igual que los azte-

desembarcó   *landed*

Igual que   *Just like*

5

~~~~~~

[4]*Pizarro* (1476–1541) along with his brothers, Gonzalo, Juan, and Hernando and Diego de Almagro assured the conquest of the Inca empire when they seized and killed the last emperor, *Atahualpa*, in 1533.

cas, eran un pueblo militar que había establecido su
dominio sobre las otras tribus durante el siglo XV.
Como los aztecas, también se consideraban el pueblo
10 elegido del sol. El emperador (llamado «el Inca»)   elegido *chosen*
recibía su poder absoluto por el hecho de ser descen-
diente directo del sol. Creían que el primer emperador, Manco Cápac (que vivió en el siglo XIII), era hijo
del sol. ·

15   Aunque había una clase de nobles mantenidos
por el pueblo, el resto de la sociedad de los incas tenía
aspecto socialista. La comunidad básica era el
«ayllu».5 Cada comunidad tenía derecho a una canti-
dad de tierra suficiente para producir sus alimentos y   alimentos *foodstuffs*
20 la trabajaba en común. Otro pedazo de tierra se   pedazo *piece* / se
designaba para el estado (los nobles) y otro pedazo   designaba *was*
para los dioses (la iglesia y el clero). La gente del   reserved for / el clero
ayllu cultivaba esta tierra también y los productos   *the clergy*
constituían un tipo de impuestos sobre la comunidad.   impuestos *taxes*
25 Los productos de la tierra del estado iban para man-
tener a los nobles, al ejército, a los artistas y también   ejército *army*
a los ancianos y enfermos que no podían producir su   ancianos *elderly*
propio alimento. Si ocurría algún desastre en un
ayllu, como una inundación, el gobierno les proveía   inundación *flood* /
30 comida de sus almacenes. Los hombres tenían la obli-   proveía *provided* /
gación de contribuir con una porción de tiempo cada   almacenes *warehouses*
año a las obras públicas como a los caminos y a los
acueductos, que se comparaban con los de Europa. El
uso de la piedra para la construcción y su sistema de
35 riego eran maravillosos.   riego *irrigation*
En los tejidos, los incas ya conocían casi todas las   tejidos *textiles*
técnicas que conocemos hoy y hacían telas superiores
a las que producimos hoy. Dos factores estimularon el
desarrollo del arte de tejer: el clima algo frío de las   arte de tejer *art of*
40 montañas y la lana de la llama. El tejer era una acti-   *weaving*
vidad exclusivamente femenina y se pasaban los
conocimientos de madre a hija, refinándolos cada vez   cada vez más *more and*
más. Las tejedoras eran muy protegidas por el estado,   *more* / tejedoras
y a las mejores se llevaban a conventos especiales   *weavers* / protegidas
protected

5*ayllu* The *ayllu* was, in pre-Incan times, essentially a clan with kinship as its basis. It is believed
that it evolved under the Incas to be a more politically organized community. Mountain commu-
nities in modern Peru are still called *ayllus*.

45 donde pasaban la vida tejiendo. Usaban los tejidos
para enterrar a las personas de importancia— algo
semejante a lo que hacían los egipcios.   egipcios   *Egyptians*

En otras técnicas como la cerámica y el uso de
metales también sobresalieron los incas. Parece que
50 tenían conocimientos avanzados de medicina, espe-
cialmente en la cirugía, ya que operaban el cráneo   cirugía   *surgery* / cráneo
cuando era necesario.   *skull*

COMPRENSIÓN

A. Elija la respuesta más adecuada según el texto.

1. Cuando llegó Pizarro, el imperio inca tenía (cien años, dos siglos, mil
    años) de existencia.
2. Los incas creían que eran un pueblo (primitivo, elegido del sol,
    demócrata).
3. El «ayllu» de los incas era (una comunidad, el hijo del sol, el empe-
    rador).
4. Los hombres contribuían con una porción de tiempo cada año para
    hacer (obras de arte, tejidos, obras públicas).
5. El clima frío estimuló el desarrollo del (arte de tejer, uso de la piedra,
    «ayllu»).

B. Responda a las siguientes preguntas.

1. ¿Qué conocimientos tecnológicos avanzados tenían los incas?
2. En su opinión, ¿deben tener los ciudadanos (*citizens*) de los Estados
    Unidos la obligación de contribuir con tiempo a las obras públicas?
    ¿Por qué?
3. Cuál es mejor, ¿un sistema económico con un gobierno que controla
    la economía, o un sistema de mercados libres?

III. LOS MAYAS

De las grandes culturas indígenas, la
que más ha intrigado al hombre   intrigado   *intrigued*
moderno es la cultura maya. Ésta ocu-
paba el sureste de México, Guatemala   sureste (*m*)   *southeast*
5 y Honduras. Fue la civilización más
brillante de todas las del continente.

El nivel de la cultura en su período clásico (entre

*Ésta es la pirámide de
Kukulcán o Quetzalcóatl
en Chichén Itzá, una
ciudad tolteca también,
pero en la región maya.
¿Qué elemento recuerda
la foto de Tula?*

200 A.C. y 900 D.C.[6]) era casi tan avanzado como el
de las culturas mediterráneas de la misma época. Sus
10 centros, tales como Tikal,[7] además de tener una
importancia ceremonial, probablemente eran ciudades hasta con 40.000 habitantes. Sin embargo,
durante el siglo IX los mayas sufrieron alguna catástrofe desconocida y algo misteriosa que resultó en su
15 decadencia completa. En algunos casos fueron con-
quistados por otras tribus más primitivas y guerreras,
y en otros casos desaparecieron por su propia cuenta.

    Entre sus muchos logros intelectuales, su sistema
de medir el tiempo era el más impresionante.
20 Adoptaron un calendario que existía en toda la región
y lo refinaron mucho. El calendario antiguo consistía
en dos ruedas distintas. Una marcaba el año ceremonial de 13 meses de 20 días y la otra marcaba el año
civil de 18 meses de 20 días. La relación de 260 días
25 y 360 días daba un total de 18.980 combinaciones o
un ciclo de 52 años, ciclo importante en varias culturas. Los mayas extendieron el calendario con otros
períodos de 20 y 400 años y fijaron el principio de su

logros *achievements*

medir *to measure*

ruedas *wheels*

fijaron *they fixed*

---

[6]*D.C. (después de Cristo)* A.D.

[7]*Tikal* A Mayan ruin in Guatemala long considered the oldest and largest settlement (400-300
B.C.) However, excavation has recently begun on an older and larger site, El Mirador.

propio ciclo en la fecha equivalente a 3114 A.C. En el
30 caso de la luna calculaban los ciclos lunares en
29,53020 días comparado con los 29,53059 días que
ha establecido la astronomía moderna.

Su sociedad incluía un monarca hereditario y una
clase de nobles que vivían obsesionados por las gue-
35 rras constantes entre los monarcas. Así que su linaje
era muy importante y se encuentran muchas referencias a las fechas de los antepasados. También creían
profundamente en la astrología y consultaban las
estrellas antes de hacer cualquier cosa.

40 El sistema maya de escribir los números es interesante por dos razones: el concepto del cero y el uso
de las posiciones. Era un sistema vigesimal, que
usaba puntos y varas para contar. Para sumar era
superior al sistema romano usado en Europa en la
45 misma época.

En la escritura, los mayas habían llegado a tener
un sistema ideográfico en que los símbolos representan ideas en vez de ser dibujos de objetos.[8] Últimamente los expertos han podido descifrar los dibujos de
50 las estelas en las ruinas y los de los cuatro códices.[9]
Las otras obras mayas conservadas, como los *Libros
de Chilam Balam* y el *Popol Vuh*, fueron escritas por
los indios con el alfabeto español después de la conquista. Parece que había una clase de escribanos
55 nobles que mantenían la tradición de la escritura.

La religión maya era muy compleja con un panteón de dioses relacionados con los días y los años.
Con el fin de obtener salud y sustento ofrendaban
varias cosas a sus dioses—hasta llegaron a sacrificar
60 seres humanos.

La arquitectura maya muestra una preocupación
estética importante. Mientras que en las otras culturas

---

guerras *wars*

linaje (*m*) *lineage*

antepasados *ancestors*

posiciones *decimal places
/ vigesimal base 20 /*
varas *rods*

en vez de *instead of /*
dibujos *drawings /*
descifrar *decipher*

escribanos *scribes*

panteón (*m*) *pantheon*

salud (*f*) *health* / sustento
sustenance / ofrendaban
they made offerings of

〜〜〜

[8]*dibujos de objetos* Writing systems generally show three stages: (1) pictorial, where the writing
consists of drawings of actions; (2) ideographic, where the symbols are conventionalized and stand
for ideas; and (3) phonetic, where characters stand for sounds. Mayan writing was ideographic, and
some scholars think it was phonetic.

[9]*cuatro códices* A codex is a manuscript, especially of official or classical texts. *Estelas* (steles) are
upright stone slabs bearing inscriptions, placed at the entrances of buildings, on graves, etc. Some
inscriptions on buildings and inside tombs are also extant. The *Libros de Chilam Balam* and the
Popol Vuh were recorded by Mayan priests using the Spanish alphabet after the conquest.

precolombinas el tamaño de las pirámides era lo que
indicaba su importancia, los mayas ponían más énfa-
65 sis en la ornamentación de la piedra. Sus logros artís-
ticos incluían también la escultura y la pintura.   escultura   *sculpture*

Sus conocimientos prácticos no eran avanzados.
La rueda era sólo un objeto ceremonial, porque su
único animal domesticado era el perro que criaban
70 para comer o sacrificar y no servía de animal de carga.   animal de carga   *beast of burden*

El alimento principal de los mayas, como el de
muchos otros pueblos indígenas, era el maíz, y porque
los mayas creían que los dioses habían hecho los pri-
meros hombres de maíz, era un producto sagrado.   sagrado   *sacred*
75 Sus métodos agrícolas se basaban principalmente en
el maíz cultivado en la «milpa», que consiste en utilizar un pedazo de tierra por unos años (de dos a cuatro) y dejarlo sin cultivar por unos diez años. Esta
técnica requería unas treinta hectáreas para cada   hectáreas   *hectares (2.47 acres)*
80 familia. Las investigaciones recientes, sin embargo,
indican que también utilizaban un método de cultivo
más intensivo y que tenían otros alimentos importantes. Además parece que criaban peces en canales
especiales. Todo esto quiere decir que la población de
85 toda la región maya pudo llegar hasta 10.000.000
hacia el final de la época clásica, cerca del año 900
D.C. También el cultivo intensivo requería menos trabajo y esto puede explicar cómo pudieron dedicar
tanto tiempo a las tareas intelectuales y estéticas   tareas   *tasks*
90 durante el período clásico.

Al examinar el nivel de las culturas indígenas del
Nuevo Mundo es fácil imaginar el asombro que les
causaron a los españoles. También si se compara esta
situación con la de los ingleses —un pueblo homogé-
95 neo que se encuentra frente a tribus de indios nóma-   nómadas   *nomadic*
das— se comienzan a comprender las diferencias que
aparecen en las sociedades modernas.

COMPRENSIÓN

A. Responda según el texto.

1. ¿Cuándo ocurrió la época clásica de la cultura maya?
2. ¿Por qué ya había decaído la cultura maya cuando llegaron los españoles?

3. ¿Qué era Tikal?
4. ¿Cuál fue el logro cultural más impresionante de los mayas?
5. ¿Por qué tenían los mayas tanto interés en medir el tiempo?
6. ¿Quiénes entre los mayas sabían escribir?
7. ¿En qué aspectos eran diferentes las pirámides mayas de las de otras culturas?
8. ¿Qué era el sistema de la «milpa»?
9. ¿Por qué se cree que la población pudo llegar a unos 10.000.000 de habitantes?
10. ¿Cómo se puede explicar el hecho que los mayas hubieran tenido tiempo para dedicar a las tareas intelectuales?

B. Responda a las siguientes preguntas.

1. ¿En su opinión cuáles de los logros de los mayas sorprenderían más a los europeos del siglo XVI?
2. ¿Cuántas horas a la semana trabaja Ud.? ¿Y en el verano?
3. ¿A Ud. le gustaría tener que trabajar (estudiar) menos? ¿Qué haría con más tiempo libre?

IV. EL INDIO EN LA ACTUALIDAD

Los indios del Nuevo Mundo contribuyeron con la papa (los incas), el chocolate y el tomate (los aztecas) y el maíz (los mayas) al surtido mundial
5 de comestibles además de varias otras cosas útiles o artísticas. Sin embargo, hoy el indio representa en algunos países hispanoamericanos el problema social y económico de mayor gravedad. En   gravedad *seriousness*
el Perú, millones de indios viven todavía en los «ay-
10 llus» de la época incaica, comunidades físicamente apartadas en las montañas. Se calcula que hasta el 40% de la población habla solamente el quechua o el aymará (los idiomas indios).
Los ideales de la Revolución de 1910 en México
15 incluyen la incorporación de los indígenas en la sociedad nacional, pero los eventos en Chiapas en el sur del país durante la presidencia de Carlos Salinas de Gortari muestran que hay todavía mucho que hacer. Sigue una cita que habla de esa rebelión en
20 1994 del Ejército Zapatista de Liberación Nacional (EZLN).

¡Que viva Zapata![10]

Zapata acaba de ser resucitado en el miserable	resucitado *revived*
Estado sureño de Chiapas por milicianos arma-	sureño *southern /*
dos, en su mayoría indígenas de origen maya,	milicianos *militia men*
25 *que estos días combaten cuerpo a cuerpo con el*	
Ejército [nacional]...	Ejército *Army*
Están dirigidos estos neozapatistas por un	
joven encapuchado de ojos verdes que, según su	encapuchado *hooded*
primer manifiesto guerrillero, considera que	
30 *Carlos Salinas de Gortari,... es un traidor de la*	traidor (*m*) *traitor*
causa revolucionaria.	
La diferencia entre el Zapata que entró en	
1914 en la capital mexicana... y el joven	
comandante encapuchado... estriba en que el	estriba *rests*
35 *legendario revolucionario era un hombre duro*	
de la tierra,... y este otro es un joven con toda la	
apariencia de haber crecido en la gran ciudad y	de haber crecido *of having*
que se expresa en un perfecto inglés de universi-	*grown up*
dad norteamericana.	
40 *Ocosingo, Altamirano y Las Margaritas*	
integran una de las regiones de Chiapas con	integran *make up*
localidades rurales más pobres e inaccesibles.	
En julio pasado un líder campesino declaró:	campesino *peasant*
«Las condiciones de pobreza y miseria en que	
45 *viven los indígenas de estos municipios son*	municipios *towns*
caldo de cultura propicio para convencerles de	caldo de cultura propicio
que se incorporen a un movimiento armado,	*apt medium* / se
como el que parece que se está formando en la	incorporen *join up*
selva.»...	
50 *[Explica el comandante Marcos su punto de*	
vista:] ...quiero aclarar que los coletos y ladinos	
(aquellos que no son indígenas) son gente suma-	
mente racista. Si uno de ellos sube al camión y	camión (*m*) (*Mex.*) *bus*
un chamula está sentado, lo levantan para ocu-	chamula *Indian of the*
55 *par su lugar. Si un indígena viene por la calle, o*	*region*

---

[10]*Zapata*   Emiliano Zapata (1879–1919), one of the heroes of the Mexican Revolution of 1910, was a champion of the indigenous landless peasants of southern Mexico. His name was invoked in the rebellion led by Comandante Marcos. The town where the rebels were most active, San Cristóbal de las Casas, has a similarly symbolic name since it was named for Bartolomé de las Casas, a sixteenth-century Spanish monk who was known as the defender of the Indians because of his writings against the abuses he witnessed in the Caribbean islands.

a pie, o en bicicleta, le echan el auto encima
con toda alevosía, y si la gente que actúa así va
a condenar al EZLN te podrás imaginar que no
me preocupa lo más mínimo. Con respecto a que
60   *la violencia no produce nada podría responder*
que es precisamente la violencia institucional
que representa morir de cólera, paludismo o
sarampión, la violencia institucional que repre-
sentan las constantes violaciones a los derechos
65   *humanos por parte del Ejército y la violencia*
que representa el hambre y la miseria en las
que ha sumido Salinas al país la que nos han
orillado a esta actitud extrema. Tan sólo desea-
mos un Gobierno elegido democráticamente y
70   *respeto para las etnias.*

El País Internacional (Madrid)

le echan el auto encima
they run over him /
alevosía *treachery*

cólera *cholera* / paludismo
malaria / sarampión
(*m*) *measles* / derechos
rights

ha sumido *has sunk* / nos
han orillado *have*
pushed us

etnias *ethnic groups*

El dilema sin resolver es que el indio no quiere cambiar su vida tradicional y no quiere perder su propia cultura. Pero esto es necesario para los que quieren incorporarse a la sociedad mayor. Tiene algunas
75   de las características del problema de las «reservaciones» de indios en los Estados Unidos.

COMPRENSIÓN

A. Responda según el texto.

1. ¿Cuáles son algunas contribuciones del indio americano al mundo?
2. ¿Qué porcentaje *(percentage)* de los peruanos hablan español? ¿Por qué es así?
3. ¿Por qué utilizan los rebeldes de Chiapas el nombre de Emiliano Zapata?
4. ¿Qué querían los indígenas de Chiapas?
5. ¿Cuál es el dilema del indio hoy?

B. Responda a la siguiente pregunta.

En su opinión, ¿debe el indio cambiar su vida e incorporarse a la sociedad general? Explique.

PRÁCTICA

I. Ejercicios de vocabulario

A. Complete las siguientes formas.

1. llegar **llegada**   llamar _____
2. abrir **abertura**   escribir _____
3. dibujar **dibujo**   cultivar _____
4. organizar **organización**   colonizar _____
5. existir **existencia**   influir _____

B. Encuentre los sinónimos.

1. pronósticos   a. controlar
2. dominar   b. decorado
3. comprensión   c. predicciones
4. adorno   d. castellano
5. español   e. entendimiento

C. Complete según los modelos.

Modelo cultura *cultural*

1. ceremonia _____   4. continente _____
2. centro _____   5. trópico _____
3. vigésimo _____

Modelo brillo *brillante* *brillar*

1. impresión _____   _____
2. _____   interesante   _____
3. _____   _____   obsesionar

Modelo abundancia *abundante* *abundar*

1. procedencia _____   _____
2. _____   existente   _____
3. _____   _____   coincidir

II. Puntos de contraste cultural

1. ¿Cuáles son algunas de las diferencias entre las experiencias de los españoles y las de los ingleses con los indios al llegar al Nuevo Mundo? ¿Tuvieron estas diferencias efectos en las sociedades modernas? ¿Cuáles?
2. ¿Cuáles son algunas diferencias y algunas semejanzas entre la situación del indio nortamericano y la del indio hispanoamericano hoy día?

III. Debate

Los españoles y los ingleses, al llegar al Nuevo Mundo, tenían derecho a quitarle la tierra al indio americano.

IV. El arte de escribir: el resumen (segunda parte)

En la primera unidad Ud. aprendió a examinar los párrafos y las oraciones temáticas como preparación para escribir un resumen. El próximo paso es decidir cuáles de los detalles en sus apuntes va a incluir en el resumen. Hasta cierto punto esto resulta en una decisión basada en el tipo de resumen que se quiere. Por ejemplo, un resumen de la primera sección de la lectura (*I. Los aztecas*) podría ser corto:

Los aztecas vivieron en el valle de Anáhuac en la ciudad de Tenochtitlán que fundaron en 1325. Absorbieron la cultura tolteca y adoraron a Huitzilopochtli como su dios protector. Su sistema político era avanzado y lo utilizaron para crear un imperio en el centro de México. Su sociedad era una aristocracia. El estado mental negativo y las supersticiones se combinaron con las armas de fuego para facilitar la conquista por los españoles.

Si uno quiere un resumen más extendido se pueden incluir más detalles sobre el lago, sobre Quetzalcóatl, la sangre, la subyugación de otras tribus, etcétera.

Ahora escriba un resumen de la tercera sección de la lectura (*III. Los mayas*). Primero escriba los apuntes necesarios y luego decida cuáles va a incluir.

V. Ejercicios de composición dirigida

Complete las frases utilizando las palabras entre paréntesis.

1. Al llegar al valle de México... (absorbieron, tolteca, los aztecas, cultura)
2. Cuando desembarcó Pizarro en 1532... (dominio, montañas, los incas, siglo, tenían, apenas, imperial)
3. El sistema maya de medir el tiempo... (aspecto, es, más, impresionante, culturales, logros)
4. Según su religión... (material, hombre, creación, sirvió, para, maíz)
5. El cultivo intensivo del maíz requería menos tiempo y... (tareas, explicar, puede, intelectuales, tanto tiempo, cómo, dedicar, podían, estéticas)

VI. Situación

Imagínese que Ud. camina por la calle un día y se encuentra con una persona con dos antenas en la cabeza, cuatro ojos y ruedas en los pies. Dice «Lléveme a su jefe. Salí de mi planeta hace 2.000 años». Con un(a) colega o solo(a), según indique el (la) profesor(a), haga Ud. una lista de las preguntas que Ud. le haría y las respuestas de él (¿ella?) sobre cómo era su cultura cuando salío de su planeta.

La religión en el mundo hispánico

Esta muchacha participa en la ceremonia de la primera comunión. ¿Qué otras ceremonias religiosas son importantes para los hispanos?

VOCABULARIO ÚTIL

Estudie estas palabras antes de leer el ensayo.

Verbos

ayudar   *to help*
existir   *to exist, to be*
mostrar (ue)   *to show*
ocurrir   *to happen*
reforzar (ue)   *to reinforce*
sustituir (sustituye)   *to substitute*
se puede (ver)   *one is able (to see);
it is possible (to see)*

Sustantivos

el ataque   *attack*
la corriente   *current*
el, la dueño, -a   *owner*
el edificio   *building*

el, la enemigo, -a   *enemy*
la mayoría   *majority*
el poder   *power*

Otras palabras y expresiones

además   *besides, in addition*
al contrario   *on the contrary;
rather*
más adelante   *later, further on*
mayor   *larger, greater, older (with
people)*
peor   *worse;* el peor   *the worst*
por lo general   *generally*
por último   *finally*

ENFOQUE

Por razones históricas el catolicismo ha sido la religión dominante en el mundo hispánico. Los habitantes de la Península Ibérica adoptaron el catolicismo de los romanos y lo defendieron contra el pueblo musulmán entre 711 y 1492 y poco después contra los protestantes en Europa. La Iglesia vio el descubrimiento de América como una oportunidad de cristianizar los pueblos indígenas.

En esta lectura se verá que no ha sido sólo en cuestiones de fe, sino también en la política y la sociedad que la Iglesia ha mantenido una presencia dominante.

Hay que notar que hoy día mucha gente hispánica, especialmente en el medio urbano, prefiere una de

descubrimiento   *discovery*
cristianizar   *to convert to
Christianity*

fe *(f)*   *faith*

las religiones más modernas o, de hecho, no practica
ninguna religión organizada. Pero las tradiciones
mencionadas aquí, aunque más típicas del medio
rural, reflejan algo que se ha venido a llamar «catoli-   se ha venido a llamar *has*
cismo cultural» que todavía caracteriza gran parte del   *come to be called*
mundo hispánico, aun entre las personas que no ven
el interior de una iglesia más que cuando un familiar
o un amigo se casa o se muere.

ANTICIPACIÓN

Decida si está de acuerdo o no con las siguientes afirmaciones. Después compare sus respuestas con las de sus compañeros de clase.

1. La religión debe ser el elemento más importante de la vida.
2. La religión organizada es mejor que la religión privada.
3. Debe haber una separación estricta entre la religión y el gobierno.
4. Se debe permitir el rezar (*praying*) en las escuelas públicas.
5. No se debe permitir que una organización religiosa posea (*possess*)
   mucha tierra.

I. RELIGIÓN Y SOCIEDAD

La Iglesia católica ha tenido gran
importancia en la política de España.
Lo mismo ocurrió en el resto del
mundo hispánico. Desde la época
5   romana ha existido el concepto de la
unidad de la Iglesia y el estado, y aunque en los   unidad *unity*
gobiernos modernos esta alianza no es oficial, en los
más conservadores siempre existe una gran influen-
cia. La Iglesia tiende a influenciar al pueblo a favor   pueblo *people*
10   del gobierno. Éste, a cambio, le da ciertas preferen-   Éste *The latter* / a
cias a la Iglesia que la ayudan en su deseo de mante-   cambio *in exchange* /
ner su posición espiritual exclusiva.   preferencias
       Uno de los aspectos más debatidos del papel de la   *advantage* / mantener
Iglesia ha sido la cuestión de su poder económico.   *to maintain* / debatidos
15   Esto es especialmente importante en Hispanoamérica,   *debated* / papel (*m*)
donde el desarrollo económico ha sido una cuestión   *role* / cuestión *matter*
política dominante. Los misioneros fueron los prime-   desarrollo *development*
ros en llegar a algunas regiones apartadas. Por eso,
como la Iglesia tuvo mucha permanencia como insti-   apartadas *distant*
20   tución, se adueñó de un porcentaje notable de la   se adueñó *took possession*

tierra. Esta situación siempre resultó en crítica severa
contra la Iglesia.

La Iglesia también tiene otras formas de poder en
las sociedades hispánicas. Está presente en todo pue-
25 blo o centro de población, y su organización es dirigida desde la capital, así que a veces resulta más eficaz
que la del gobierno nacional. También tiene gran
influencia porque participa en los momentos más
importantes de la vida del hombre, es decir, en el bau-
30 tismo, el matrimonio y la muerte.

Antes del siglo XX la gran mayoría de las escuelas y universidades del mundo hispánico eran parro-
quiales. La Iglesia servía como la mayor agencia de
caridad, y el cura ocupaba el lugar de consejero per-
35 sonal de los ciudadanos. En los pueblos, la iglesia, por
ser el edificio más grande, servía como centro de fiestas y reuniones sociales.

Esta tremenda presencia en casi todos los aspectos de la vida ha sido motivo de crítica por parte de
40 ciertos partidos políticos. Esta oposición a la Iglesia, o
anticlericalismo, ha sido una corriente política especial en los países hispánicos durante toda la época
moderna. Para el extranjero es muy necesario saber
que la oposición consiste en una crítica contra la
45 Iglesia como institución sociopolítica, y que casi
nunca implica un ataque a la fe católica.

dirigida	*directed*
a veces	*at times* / eficaz *efficient*
bautismo	*baptism*
matrimonio	*marriage*
parroquiales	*parochial*
caridad	*charity* / consejero *advisor* / ciudadanos *citizens*
reuniones sociales	*(f) social gatherings*
partidos	*parties*
implica	*implies*

COMPRENSIÓN

A. Responda según el texto.

1. ¿Qué relación entre la Iglesia y el estado viene de la época romana?
2. ¿Cómo llegó la Iglesia a poseer tanta tierra en Hispanoamérica?
3. ¿Cómo resultó una crítica severa de la Iglesia?
4. ¿Qué otras situaciones le daban influencia política a la Iglesia?
5. ¿Cómo llegó la Iglesia a tener influencia social?
6. ¿Qué es el anticlericalismo?

B. Responda a las siguientes preguntas con su opinión personal.

1. ¿Por qué no hay una religión dominante en los Estados Unidos?
2. ¿Tienen las iglesias mucho poder económico en los Estados Unidos? Explique.
3. ¿Asiste Ud. a una iglesia o una sinagoga regularmente?
4. ¿Qué papel tiene la religión en su vida?

[handwritten notes]

La unidad de la iglesia y el estado siempre ha tenido mucho poder econ., y se adueñó de un porcentaje notable de tierra.

muchos es uste Hay parroq.

una iglesia en cada pueblo

El bautismo, matrim, la muerte

Oposición a la iglesia como inst. sociopolítica

II. LA RELIGIÓN Y LA VIDA PERSONAL

Lo anterior indica la presencia notable de la religión en la vida hispánica. Esta larga tradición religiosa ha resultado en una actitud especial hacia el papel de la religión en la vida. Hay pocas actividades tradicionales en que no se note la presencia de la religión.

La gran mayoría de las fiestas que se observan son fiestas religiosas; la Navidad y la Semana Santa[1] sólo son las más conocidas. Además cada pueblo tiene su santo patrón y el día dedicado a ese santo se celebra cada año; es la fiesta más importante del pueblo. En el mundo hispánico es costumbre celebrar el día del santo de una persona en vez de su cumpleaños. El bautismo, la primera comunión y aun el velorio, aunque son actos o ceremonias religiosos, ofrecen una ocasión de reunión social. En la Semana Santa, especialmente en España, hay procesiones y actos solemnes durante toda la semana. El Día de los Muertos[2] (2 de noviembre) se observa con actividades religiosas también. En España es tradicional ir a ver *Don Juan Tenorio*,[3] obra dramática en la que hay escenas de ultratumba.

El misterio tiene bastante importancia en las prácticas religiosas del mundo hispánico. La fe, a veces profunda, resulta en una extrema religiosidad, enfocada en los aspectos maravillosos y misteriosos de la religión. Las iglesias tradicionales muestran esta preferencia con un decorado simbólico lleno de imágenes que refuerzan la espiritualidad de la gente.

El pueblo también usa la religión para explicar lo sobrenatural. La superstición tiende a fundirse con los conceptos ortodoxos para formar un punto de vista algo especial. Por ejemplo, la doctrina católica dice que el purgatorio contiene las almas en pena.

---

anterior   *previous*

actitud   *attitude*

santo patrón (*m*)   *patron saint* / se celebra   *is celebrated*

cumpleaños (*m*)   *birthday*

aun   *even* / velorio   *wake*

ultratumba   *beyond the grave*

religiosidad   *religiosity*
enfocada   *focused*

decorado   *setting* / imágenes (*f*)   *statues* / espiritualidad   *spirituality* / sobrenatural   *supernatural* / fundirse   *to fuse*

almas en pena   *souls in agony*

---

[1]*la Navidad y la Semana Santa*   Christmas and Holy Week (the week before Easter Sunday).

[2]*el Día de los Muertos*   All Souls' Day. A Catholic religious day marked by prayers and services for the souls in purgatory.

[3]*Don Juan Tenorio*   A play by the famous Spanish playwright José Zorrilla (1817–1893).

Mucha gente cree que estas almas visitan la tierra, se hacen visibles y algunas veces pueden perseguir a los vivos que les hicieron daño en la vida. Cuando algo bueno pasa se cree que es obra de algún santo.

⁴⁰   Otras cosas que muestran la presencia constante de la religión son las palabras y frases exclamatorias de origen religioso. «Por Dios» o «Dios mío» son usadas por cualquier persona en cualquier situación, mientras que los equivalentes en inglés son reservados ⁴⁵ para ocasiones de más importancia. Además, es tradicional en el mundo hispánico dar nombres de personajes sagrados a los hijos. El nombre femenino más popular es María, que por lo general lleva también otro nombre de la Virgen, como María del Rosario o ⁵⁰ María de la Concepción. Jesús o Jesús María es un nombre masculino común.

se hacen visibles   *become visible* / *perseguir*   *to haunt* / *daño*   *harm*

mientras que   *while*

personajes sagrados (m) sacred persons

Contar con la bendición religiosa en el matrimonio es importante en el mundo hispánico. ¿Por qué?

COMPRENSIÓN

A. Decida si las siguientes oraciones son verdaderas o falsas. Corrija las falsas.

C 1. Muchas fiestas en el mundo hispánico son de carácter religioso.

C 2. Cada comunidad tiene su santo patrón que se celebra cada año.

F 3. Se celebra el día del santo de una persona en vez de la Semana
   Santa. *en vez del cumpleaños*

F 4. Son los aspectos racionales de la religión lo que más atrae a los fieles
   en el mundo hispánico. *Es la fe*

C 5. El pueblo hispánico explica lo sobrenatural por medio de la religión.

C 6. El nombre femenino más común es María.

B. Responda a las siguientes preguntas con su opinión personal.

1. En su opinión, ¿deben los padres exigir que sus niños practiquen su
   religión? ¿Por qué sí o por qué no?
2. ¿Cuáles son algunos días festivos que se celebran en su país? ¿Qué
   días celebra Ud.?
3. ¿Cuál es el origen de su nombre? ¿Por qué se lo dieron sus padres a
   Ud.?

III. LA RELIGIÓN EN HISPANOAMÉRICA

Los españoles trajeron al Nuevo
Mundo tradiciones ya establecidas.
La cristianización de los indios trajo
ciertas modificaciones, si no en la doc-
5 trina, al menos en la manifestación
de estas tradiciones.

ya establecidas *already established*

Las grandes civilizaciones indígenas ya tenían sus
antiguas religiones, que se distinguían del catolicismo
en que tenían muchos dioses. Cado uno tenía su fun-
10 ción especial: el dios de la lluvia, el dios de la fertilidad, etc. Los santos católicos tenían a veces funciones
parecidas, y los indios les daban mucha importancia
a estas funciones. Por eso, hasta hoy día, los santos
ocupan un lugar más importante entre la gente del
15 pueblo en Hispanoamérica que en España.

indígenas *native*
antiguas *ancient*

lluvia *rain*

parecidas *similar*

Otra costumbre que puede venir de los indios es
la de ofrecer algo —comida, por ejemplo— a la imagen del santo cuando se hace una petición.

petición *request*

Las religiones indígenas también revelaban cier-
20 to fatalismo vital, porque sus dioses eran más voluntariosos que el Dios cristiano. El concepto de que la
vida en la tierra es una prueba por la cual el hombre
gana la salvación no era común en estas religiones. Se
ganaba el paraíso de otras maneras: por la forma en
25 que uno moría o por la ocupación que se tenía en el
mundo. Este fatalismo parece haber sobrevivido en el
catolicismo de América.

vital *toward life /*
voluntariosos *willful*
prueba *test*

paraíso *paradise*

sobrevivido *survived*

La iglesia católica frecuentemente domina la plaza central de los pueblos típicos. ¿Qué efecto tendrá esta ubicación sobre la gente que pasa mucho tiempo en la plaza?

Como los españoles, los indios vivían bajo un sistema en que el jefe del estado también era jefe religio-
30 so. Esta unión de las dos instituciones sugiere que   sugiere *suggests*
para ellos también la religión formaba parte integral de la vida.

Claro, estas modificaciones se observan principalmente en las regiones donde se encontraban las
35 grandes civilizaciones indígenas.

COMPRENSIÓN

A. Responda según el texto.

1. ¿Por qué hubo modificaciones del catolicismo en Hispanoamérica?
2. ¿Cómo se combinaron el catolicismo y las religiones indígenas en cuanto a los muchos dioses indígenas?
3. ¿Por qué había fatalismo en las religiones indígenas?
4. ¿Qué función doble tenían los jefes indígenas y españoles?

B. Responda con su opinión.

¿Tuvo la religión de los indios alguna influencia en el protestantismo de las colonias inglesas? Explique.

IV. LA IGLESIA EN EL SIGLO XX

Las visitas del Papa Juan Pablo II a España y a Hispanoamérica mostraron el gran cariño del pueblo hispánico por la Iglesia como institución. Al mismo tiempo algunos critican al Papa por no tomar una posición social más avanzada.

cariño *affection*

5

avanzada *advanced*

La Iglesia en Hispanoamérica se ha aliado tradicionalmente con las clases altas, pero en el siglo XX se ven algunas excepciones. El padre Camilo Torres en Colombia llegó a dejar el sacerdocio y a unirse a los guerrilleros de su país. Según su criterio, con tales condiciones de pobreza y miseria, es un pecado no ser revolucionario. Existe el concepto de la «teología de liberación» que declara que una obligación de la Iglesia y de los curas es ayudar a los pobres y obrar a favor de la justicia social. El concepto ha ganado apoyo en varios países —en Nicaragua sirvieron unos curas en el gobierno sandinista.

aliado *allied*

10

sacerdocio *priesthood*
criterio *opinion*
pecado *sin*

15

La idea del «cura rebelde» no es un fenómeno nuevo. Fueron dos curas, el padre Hidalgo y el padre Morelos, los que proclamaron la independencia de México en 1810.

20

Siguen dos artículos que muestran la variedad de actitudes que existen hoy hacia la religión y la Iglesia.

UN TERCIO DE LOS CURAS DE ESPAÑA DIFIERE DE LA IGLESIA SOBRE EL CONTROL DE NATALIDAD

tercio *third*

natalidad *birth*

25   *La actitud de la jerarquía de la Iglesia católica en el tema del control de natalidad molesta a un 37% de los curas españoles, mientras que un 39% la encuentra adecuada y un 24% se muestra indiferente, según un sondeo a 2.097 sacerdotes...*

jerarquía *hierarchy*

sondeo *survey*

. . . .

30   *El citado estudio recoge, además, la opinión de 4.022 ciudadanos. Este grupo ofrece resultados similares a los de la encuesta a sacerdotes en lo que a control de natalidad se refiere: a un 47% no le molesta la actitud de la Iglesia al respecto y a un 43% sí, mientras que sólo un 10% se muestra indiferente.*

35

recoge *gathers*

encuesta *questionnaire*

. . . .

El País Internacianal (Madrid)

LA ATRACCIÓN DEL ABISMO

abismo *abyss*

*El número de jóvenes que se adhieren a las
numerosas sectas de todo tipo implantadas oficial o clandestinamente en España crece a un*
40 *ritmo superior a la media europea.*
    *[Aseguran que] el 1% de la población espa-
ñola está integrado en una u otra secta, pero
que existe un 8% de jóvenes que mantiene contacto con alguna, mientras que el 45% ha cono-*
45 *cido personalmente alguno de estos «nuevos
movimientos religiosos», que es el nombre que
el Parlamento Europeo ha dado a las sectas,
una palabra que suele arrastrar un carácter
esencialmente negativo. En España, dicho fenó-*
50 *meno ha llegado con 20 años de retraso comparado con otros países europeos⁴... De hecho se
prevé, según el Centro de Investigaciones
Sociológicas, que en España va a seguir aumentando el interés por las sectas, sobre todo en el*
55 *campo juvenil, donde se advierte una búsqueda
muy fuerte de creencias de tipo esotérico y ocultista y de una religiosidad no ligada a las iglesias tradicionales.*

. . . .

Generalmente, la opinión pública conoce sobre
60 *todo las llamadas sectas destructivas, por las
que suelen interesarse la policía y los tribunales
de justicia frente a hechos delictivos cometidos
por sus líderes carismáticos, como incitación a
la prostitución, fraudes fiscales, abuso de meno-*
65 *res, lavado de cerebro y castigos físicos, incluso
letales, de quienes se atreven a abandonarlas.*
    *A su vez, iglesias oficiales —y no sólo la
católica— están alarmadas por los adeptos que
les roban dichos nuevos movimientos religiosos.*
70 *Baste pensar que en Latinoamérica se calcula
que existen ya más de 45 millones de seguidores*

adhieren *belong*

ritmo *rate* / media
  average

arrastrar *carry*
dicho *mentioned*

se prevé *it is predicted*

se advierte *is noted* /
  búsqueda *search*
ligada *tied*

llamadas *so-called*
suelen *are accustomed* /
  tribunales *courts* /
  delictivos *criminal*

lavada de cerebro
  brainwashing / castigos
  punishment / incluso
  letales *even lethal* / se
  atreven *dare* / A su
  vez *In turn* / adeptos
  members / Baste *It's
  enough*

⁴*20 años de retraso* 20 years late. During the Franco dictatorship, which ended in 1975,
Catholicism was the only religion allowed.

fieles de las sectas y que 40 católicos se convier-
ten cada hora a ellas...

El País Internacional (Madrid)

COMPRENSIÓN

A. Responda según el texto.

1. ¿Qué posición política ha tomado la Iglesia tradicionalmente en Hispanoamérica?
2. ¿Por qué dejó el sacerdocio Camilo Torres?
3. ¿Qué significa la «teología de liberación»?
4. ¿Cuáles fueron dos curas rebeldes del pasado?
5. ¿Cómo difieren las opiniones de los curas y los ciudadanos españoles hacia el control de la natalidad?
6. ¿Qué término usa el Parlamento Europeo en vez de «secta»? ¿Por qué?
7. Según el artículo, ¿cuántos católicos se convierten a una secta durante esta clase de español?

B. Responda con su opinión personal.

1. ¿Tienen las iglesias en general más obligación de ayudar a los pobres? ¿Por qué?
2. ¿Cuál debe ser el papel (*role*) de la religión en la sociedad norteamericana? ¿Se deben permitir las oraciones (*prayers*) en la escuela?

PRÁCTICA

I. Ejercicios de vocabulario

A. Busque 10 palabras en el texto que sean similares en forma y significado a sus equivalentes en inglés.

B. Utilizando los ejemplos de las palabras entre paréntesis, dé las palabras equivalentes en español.

Modelo   (institución) identification   *identificación*

1. (romano) human _____
2. (historia) memory _____
3. (católico) romantic _____
4. (existencia) independence _____
5. (realidad) humanity _____

C.   Complete los grupos siguientes

1.   establecer   **establecimiento**
ofrecer
_____
_____   **conocimiento**

2.   importancia   **importante**
decadencia
_____
_____   **presente**

3.   pena   **penoso**
fama
_____
_____   **maravilloso**

4.   organizar   **organización**
participar
_____
_____   **modificación**

5.   desarrollo   **desarrollar**
apoyo
_____
_____   **desear**

D.   Complete las frases siguientes con la forma correcta de la palabra entre paréntesis.

1.   (establecer) El _____ de las misiones en el Nuevo Mundo era una tarea importante.
2.   (presente) La Iglesia ha mantenido una _____ fuerte en el mundo hispánico.
3.   (fama) El Papa es un ser muy _____ en el mundo.
4.   (modificación) Es obvio que vamos a _____ el sistema.
5.   (desear) ¿Cuál es tu _____ principal en la vida?

II. Puntos de contraste cultural

1.   ¿Qué diferencias hay entre el mundo hispánico y los Estados Unidos en el papel de la religión ?
2.   ¿Por qué no tiene la Iglesia tanto poder en los Estados Unidos como en el mundo hispánico?
3.   Qué prefiere Ud., ¿la religión misteriosa y dramática o la religión más racional y clara? ¿Por qué?
4.   ¿Prefiere Ud. las iglesias modernas y sencillas o las antiguas y tradicionales? ¿Por qué?

III. Debate

Es preferible que haya una religión dominante en una sociedad porque crea una unidad más fuerte.

IV. El arte de escribir: la enumeración

Una actividad común en la preparación para escribir sobre un asunto es el hacer una lista de los detalles que se incluirán en la composición. Después, estos detalles se pueden manipular: se ponen en orden cronológico, de importancia o en otro orden lógico.

Después de ordenar los detalles se puede crear un bosquejo (*outline*) formal o proceder a escribir, utilizando la lista como bosquejo. Por ejemplo, una lista de los detalles de una composición sobre el verano pasado podría incluir los siguientes elementos.

Trabajé en un banco.
Fui cajero(a) (*teller*).
Gané poco dinero.
Fui de compras de vez en cuando.
Compré una camisa nueva un día.
Por la noche iba al cine frecuentemente.
Vi una película con Hugh Grant.
A veces salía con mis amigos.
Fuimos a una fiesta en casa de José.
Durante el mes de agosto viajé con mis padres.
Fuimos a México...

Los detalles entonces se pueden elaborar según quiera el autor. Es importante examinar con cuidado el nivel de importancia para hacer los párrafos más o menos iguales en importancia. Con los compañeros de clase, decida los niveles de los detalles de arriba. Márquelos con números de acuerdo con su importancia. Use el número 1 para los más importantes.

Ahora haga una lista de lo que Ud. va a hacer el verano que viene. Después, marque las frases con números que indiquen su importancia.

V. Ejercicios de composición dirigida

A. Utilizando una frase de cada columna, forme oraciones completas según el texto.

El anticlericalismo	revelaban	religiosas.
Muchas fiestas	dar a los hijos	cierto fatalismo.
Es costumbre	son	central en la sociedad
La religión	ha sido	hispánica.
Las religiones indígenas	ocupa un lugar	una corriente política especial.
		nombres de personajes sagrados.

B. Complete las oraciones siguientes de acuerdo con la lectura.

1. Además de la lengua, los romanos dieron a España...
2. El poder económico de la Iglesia es importante en Hispanoamérica porque...

3. En vez del cumpleaños es costumbre celebrar...
4. Las iglesias muestran el gusto del hombre hispánico por...
5. Entre los indios los dioses fueron sustituidos por...

VI. Situación

Imagínese que Ud. tiene un hijo de dieciocho años. Él ha decidido afiliarse a (*to join*) un grupo religioso. El grupo se considera un poco esotérico y todos los miembros deben entregar todas sus posesiones personales a la iglesia y tienen que vivir en la iglesia con los otros miembros. ¿Cómo reaccionaría Ud.? ¿Qué le diría a su hijo?

Aspectos de la familia
en el mundo hispánico

Estas personas pasan un tiempo agradable con una comida

familiar. ¿En qué día de la semana ocurriría esta escena?

VOCABULARIO ÚTIL

Estudie estas palabras antes de leer el ensayo.

Verbos

adquirir (ie)   *to acquire*
heredar   *to inherit*
relacionarse con   *to be related to
    (but not in the sense of kinship)*
sugerir (ie)   *to suggest*
tratar de   *to deal with, to try to*

Sustantivos

la empresa   *enterprise, business*
la estructura   *structure*
el, la heredero, -a   *heir*
el hogar   *home, hearth*
el matrimonio   *married couple*
el, la pariente, -a   *relative*
la perspectiva   *prospect*

la preocupación   *concern, worry*
el promedio   *average*
la propiedad   *property*
el, la propietario, -a   *property
    owner*
el sentido   *sense*
el valor   *value*

Otras palabras y expresiones

contra   *against*
familiar   *adj   family*
grave   *serious*
menor   *smaller, lesser, younger
    (with people)*
valiente   *brave*

ENFOQUE

Una de las características más interesantes de cualquier cultura es la estructura de la familia y su papel en la sociedad. Se podría decir que la familia representa los valores de la sociedad en menor escala. En el mundo hispánico los lazos familiares muestran rasgos importantes para la comprensión de la cultura. La preocupación por la familia se extiende a casi todas las esferas de la vida y en muchos casos es el sentimiento fundamental del individuo.

El ensayo que sigue describe algunos aspectos de la familia en el mundo hispánico, especialmente aquéllos que son diferentes de los rasgos típicos de la familia de los Estados Unidos. Claro está, estos rasgos son semejantes a los de las familias hispánicas que viven en los Estados Unidos.

cualquier   *any*
papel *(m)*   *role*

en menor escala   *on a
    small scale* / lazos   *ties*
    / rasgos   *traits*

esferas   *spheres*

ANTICIPACIÓN

Antes de comenzar la lectura, haga una lista de los rasgos típicos de la familia de los Estados Unidos. Prepárese para presentarle su lista de ideas a la clase.

I. LOS LAZOS FAMILIARES

En el poema épico *Cantar de Mío Cid*,[1] del siglo XII, considerado como la primera obra de la literatura española, el Cid, además de guerrero valiente, es también padre de familia. Gran parte del poema trata de cómo el Cid venga una ofensa cometida contra sus hijas. En la literatura española siempre ha existido mucha preocupación por el honor del individuo. Este honor está relacionado con los miembros de la familia; por ejemplo, la manera más común de atacar verbalmente a alguien es por medio de una ofensa a un familiar. La peor ofensa que se le puede hacer a una persona es insultar a su madre.

En la época moderna, se puede observar lo mismo en ciertos fenómenos lingüísticos. Los insultos más graves tienden a implicar a los miembros de la familia del insultado. En el poema *Martín Fierro*, del siglo XIX, un gaucho trata de insultar a otro ofreciéndole un vaso de aguardiente:

«Diciendo: ‹Beba, cuñao,›
‹Por su hermana; contesté,
Que por la mía no hay cuidao.›»[2]

Si se examina la sociedad contemporánea se puede ver cómo el sentimiento familiar ejerce una gran influencia en casi todas las instituciones sociales.

guerrero   soldier

venga   avenges

por medio de   by means of / *familiar* (m)   family member

gaucho   cowboy (Arg.)
aguardiente (m)   liquor

---

[1]*Cantar de Mío Cid*   National epic of Spain, written about 1140 to glorify the deeds of the Spaniards in the Reconquest of the peninsula from the Moors. *El Cid* lived from about 1030 to 1099.

[2]*Martín Fierro*   Narrative poem by the Argentinean José Hernández, written in 1872. The poem is a classic study of the gaucho in his struggle against the move of civilization into the pampas. The quote says: "Drink, brother-in-law." "It must be because of your sister, 'cause I'm not worried about mine." To call a stranger *cuñado* implies some kind of intimacy with his sister. The ultimate insult of this type is *«Yo soy tu padre»*.

COMPRENSIÓN

A.   Responda a las siguientes preguntas según el texto.

   1.   ¿Qué es el *Cantar de Mío Cid* y qué tiene que ver con la familia en el mundo hispánico?
   2.   ¿Cuál es una manera común de ofender a una persona?
   3.   ¿Qué son y dónde viven los gauchos?

B.   Responda a las siguientes preguntas con su opinión personal.

   1.   ¿Cómo es su familia?
   2.   ¿Cuántos miembros hay en total?
   3.   ¿Es Ud. el (la) menor o el (la) mayor de sus hermanos?
   4.   ¿Conoce a sus tíos? ¿a sus primos?
   5.   ¿Dónde viven sus parientes? ¿Los ve frecuentemente? Explique.

II. LA FAMILIA Y LA POLÍTICA

En la política, muchas veces los lazos familiares determinan las alianzas con más fuerza que la ideología o el partido. Aún más importante es la práctica del nepotismo en las burocracias. Esta práctica, que se prohíbe generalmente en los Estados Unidos por ser ineficaz e injusta, es más común (y menos censurada) en el mundo hispánico. Además, las prohibiciones tienen poco efecto porque nadie puede negar que la lealtad y las obligaciones hacia la familia son más importantes que otras consideraciones.

partido   *political party*

ineficaz   *inefficient* / injusta   *unfair*

negar   *to deny* / lealtad   *loyalty*

En el campo, los grandes propietarios han seguido tradicionalmente otra práctica que influye en las relaciones familiares —el mayorazgo. Esta práctica le da al hijo mayor toda la propiedad de la familia en vez de dividirla entre todos los hijos. El hijo mayor tiene la obligación de mantener y de cuidar a los otros hijos si ellos así lo desean. De hecho, la casa familiar siempre es considerada como el hogar de los hijos, aún después de casados. En las haciendas tradicionales es común encontrar juntos a varios matrimonios y generaciones.

De hecho   *Indeed*

casados   *married*

Cuando oímos hoy que hay una gran necesidad de reforma agraria en El Salvador, observamos cómo la práctica del mayorazgo ha creado una concentración de la tierra en manos de unas pocas familias.

    Ha habido muchos casos históricos y literarios de segundones resentidos por falta de perspectivas, a no 30 ser la de casarse con la hija de otra familia sin herederos varones.

segundones (*m*)   *second sons* / resentidos *resentful* / a no ser *except* / varones   *male*

COMPRENSIÓN

A. Complete las oraciones según el texto.

    1. Las alianzas políticas frecuentemente se basan más en _____ que en _____.
    2. Bajo el sistema del mayorazgo, el hijo mayor hereda _____.
    3. Sus obligaciones incluyen _____.
    4. Un resultado negativo del mayorazgo ha sido _____.

B. Responda a las siguientes preguntas con su opinión personal.

    1. ¿Le parece bueno o malo el sistema del mayorazgo? Explique.
    2. ¿Vota Ud. igual que sus padres? ¿Por qué sí o por qué no?
    3. ¿Acepta Ud. el nepotismo? ¿En qué tipos de empleo? ¿Por qué?

III. LA FAMILIA Y LA SOCIEDAD

Un gran número de acontecimientos sociales son de tipo familiar. En los días de fiesta y los domingos las familias frecuentemente se reúnen en la 5 casa de algún pariente, o bien en un restaurante de tipo familiar. Estas fiestas se caracterizan por la presencia de los niños y los abuelos.

o bien   *or perhaps*

    Algo que atrae la atención de los norteamericanos cuando visitan los países hispánicos es la presencia de 10 los niños en casi todas las fiestas.[3] Ellos están acostumbrados a participar con los adultos en las fiestas y en otros acontecimientos, como bodas y bautismos. Desde muy pequeños, participan en la vida social de la familia. Así aprenden continuamente cómo comportarse

bodas   *weddings*

comportarse   *to behave*

[3]The cocktail party (*el cóctel*) purely for adults is a fairly recent phenomenon in urban areas. Children are not likely to attend these.

15 en sociedad. Están acostumbrados a tratar con personas de diferentes edades —abuelos, padres y hermanos mayores—, desarrollando así una actitud de
respeto que mantienen también cuando son adultos.
En lugares públicos, como el cine o los bailes, se ven
20 grupos de personas de diferentes edades. Hay menos
tendencia a agruparse según la edad, como en la   agruparse   *to gather*
sociedad norteamericana. Por eso, también es menos
molesto llevar a la mamá o al hermano menor cuan-   molesto   *bothersome*
do dos jóvenes van al cine.[4]

25   No es raro encontrar a los abuelos, a los padres y
a los hijos junto con algún tío o tal vez un primo
viviendo en la misma casa. Los sociólogos han obser-
vado varias ventajas en esta situación. Una de ellas es   ventajas   *advantages*
que los niños tienen más personas que los cuiden, y
30 por eso no necesitan tanta atención individual.
También tienen más de un modelo y si, por desgracia,   por desgracia
pierden a uno de los padres, hay otros adultos presen-   *unfortunately*
tes. Con tantas personas en casa no es necesario
pagarle a nadie de afuera para cuidar a los niños —la   de afuera   *from outside*
35 palabra *baby-sitter* no tiene equivalente exacto en
español.[5] Las tareas domésticas se comparten y son   se comparten   *are shared*
menos pesadas. Las desventajas de esta convivencia   pesadas   *troublesome*
son, para los adultos, una falta completa de vida pri-
vada, y para los niños, una falta de independencia,
40 que se advierte más tarde en sus acciones y sus perso-
nalidades de adultos.

      Una costumbre que muestra la importancia del
lazo familiar es la de incluir a todos los parientes, aún
los más lejanos, en lo que se considera la familia. Si   lejanos   *distant*
45 llega un primo al pueblo desde otro lugar, se le trata
como miembro de la familia local y tiene los derechos   derechos   *rights*
y privilegios correspondientes. Este sentimiento de
unidad es bastante fuerte en la familia y muchas
veces domina la vida del individuo.
50   Como en toda sociedad católica, los padrinos asu-   padrinos   *godparents*
men serias obligaciones hacia los niños en caso de la

---

[4]The custom of having a chaperone accompany young people on a date is rapidly disappearing. In
more traditional rural areas, however, it still is not unusual to see a young couple on a trip to the
movies along with a mother or a sibling. Since much social activity occurs in groups the issue of
having a chaperone doesn't actually arise very often.

[5]baby-sitter   The word *niñera* is sometimes used for this term, but it really means "nursemaid."

ausencia de los padres. Es verdaderamente un honor
ser elegido padrino y ser considerado como un miem-   elegido   *chosen*
bro de la familia.

*Esta familia española
asiste a la primera
comunión de una de las
chicas. ¿Cómo es posible
que la familia tenga
tanta gente? ¿Quiénes
pueden ser todos estos
individuos?*

COMPRENSIÓN

A. Según el texto, ¿cuáles de estas oraciones describen la situación del niño en
    la sociedad hispánica? Cambie las oraciones incorrectas.

    1. Van generalmente a las fiestas de sus padres.
    2. Tienen más modelos de conducta.
    3. Generalmente viene mucha gente desconocida a cuidarlos.
    4. Frecuentemente tienen poca vida privada.
    5. Aprenden a ser muy independientes como adultos.

B. Responda a las siguientes preguntas personales.

    1. ¿Incluye Ud. a los parientes lejanos en su familia?
    2. ¿Tiene Ud. padrinos? ¿Quiénes son?
    3. Cuando era pequeño(a), ¿asistía Ud. a las fiestas de sus padres? ¿Por
        qué sí o por qué no?

IV. EL SIGNIFICADO DE LA FAMILIA

En la familia inmediata o «nuclear» (padre, madre e hijos), es notable el papel del padre. Aunque tradicionalmente el hombre ha dominado en el hogar, él siempre ha tenido un contacto constante e íntimo con sus hijos. Aunque su «machismo» le impide cocinar o lavar la ropa, no por eso deja de cuidar a sus niños con dedicación y orgullo. El orgullo por los hijos es algo que se destaca en la sociedad hispánica y que tal vez ha contribuido a mantener fuerte el sentido de la familia.

Este orgullo también contribuye a crear uno de los problemas más graves de Hispanoamérica: el crecimiento desenfrenado de la población, que frustra los esfuerzos del progreso social. Además de la prohibición religiosa de los métodos artificiales de control de la natalidad, hay obstáculos sociales y personales que hacen difícil que la gente acepte tales procedimientos. El tamaño de la familia es prueba de la masculinidad paterna y la feminidad materna. También representan un tipo de seguro contra la pobreza de algunos padres sin otras perspectivas para la vejez. Una encuesta reciente hecha en varias ciudades hispanoamericanas con el propósito de averiguar las opiniones femeninas sobre el número ideal de hijos produjo el promedio general de 3,4 hijos. Los promedios de las diferentes ciudades quedaba entre 2,7 y 4,2. Se estima que el promedio efectivo en las mismas ciudades es de 3,7 hijos por familia. En las regiones rurales, también entran las cuestiones económicas: el hijo es mano de obra. Sin embargo, en varios países hispánicos se han organizado campañas oficiales dedicadas al control de la natalidad debido a los efectos económicos negativos creados por el gran aumento de la población.

La familia también es importante para el desarrollo del individuo. La familia existe siempre como un grupo ya constituido, lleno de tradición y significado. El niño adquiere la conciencia de pertenecer a un grupo sin peligro de ser expulsado y sin tener que probar nada más que su lealtad. Claro que la familia no aprueba todo lo que hacen sus miembros; sin embargo, puede tolerarles casi todo. Es decir que, por malo que sea el individuo, siempre está ligado a la

orgullo *pride*
se destaca *stands out*

crecimiento *growth*
desenfrenado *uncontrolled*
Además de *Besides*

natalidad *birth*

encuesta *survey*

averiguar *to find out*

mano de obra *worker*

pertenecer *to belong*
peligro *danger* / **ser expulsado** *to be expelled* / **aprueba** *approve* / **por malo que sea** *however bad he may be*

El equivalente sudamericano del «pony ride» tradicional. ¿Cuál parece ser la reacción del niño ante la idea de montar en la llama?

familia por lazos de sangre. La familia es un grupo
45 que ofrece protección, consuelo en los fracasos y calor
y comprensión contra la soledad. Todo esto da un
sentido de seguridad que a veces restringe el desarrollo sicológico y resulta en una tendencia a depender
demasiado de la familia. Es frecuente el caso de que
50 alguien, por no querer dejar a la familia, rechace
oportunidades de trabajo y no vaya a vivir a otra
parte. El concepto de la sociedad móvil no se ha establecido bien en el mundo hispánico.

    Es obvio que la familia ocupa un lugar muy
55 importante tanto en la sociedad como en la vida del
individuo. No pocas veces determina la posición del
individuo en la sociedad, porque el niño hereda el
buen nombre familiar además de los bienes materiales. Además, ejerce una fuerza moral bastante efecti-
60 va, puesto que, junto con la buena fama, uno hereda
la obligación de mantenerla.

sangre (*f*)	*blood*
consuelo	*consolation /*
fracasos	*failures*
restringe	*restricts*
rechace	*rejects*
bienes (*m*)	*goods*
puesto que	*since*

COMPRENSIÓN

A. Decida si las siguientes oraciones son verdaderas o falsas, según el texto.
¿Cómo se pueden corregir las que son falsas?

1. El padre hispánico no quiere contacto con sus hijos.
2. El aumento de la población es un gran problema en algunos países hispánicos.
3. La familia generalmente apoya a sus miembros individuales.
4. La sociedad hispánica es muy móvil.
5. La familia ejerce una fuerza moral notable.

B. Responda a las siguientes preguntas personales.

1. ¿Piensa Ud. tener una familia grande o pequeña en el futuro?
2. ¿Sabe Ud. qué piensan los amigos de la clase de español sobre el tamaño de la familia ideal?
3. ¿Cuándo piensa Ud. casarse o cuándo se casó?
4. ¿A Ud. le importa separarse de su familia para buscar trabajo? ¿Por qué?

V. La familia contemporánea

Claro que en la sociedad contemporánea la familia hispánica sufre algunas de las mismas tensiones que las de las familias norteamericanas. En las grandes ciudades la familia tiene que enfrentarse a continuas corrientes sociales que tienden a cambiar el sistema familiar. Hay muchas familias donde los dos padres trabajan fuera del hogar, ya sea por motivos económicos o profesionales. La estructura tradicional —el padre que trabaja fuera, la madre que trabaja en casa— va desapareciendo en los centros urbanos. El tamaño promedio de las familias urbanas está disminuyendo. El divorcio, permitido en algunos países pero no en otros, crece también en el mundo hispánico como en los Estados Unidos. Estos artículos indican algunos de los cambios que caracterizan esta institución hoy día.

ya sea whether it be

va desapareciendo is disappearing

está disminuyendo is diminishing

¿QUÉ TIPO DE FAMILIA ES LA FAMILIA TIPO?

Cuando los publicistas de todo el mundo intentan vender algún plan de vivienda o quieren mostrar las bondades de un lavarropas o de usar determinado tipo de aceite, indefectiblemente muestran una prolija familia compuesta por cuatro integrantes: los padres y dos hijos... Pero ¿qué es realmente una familia?

familia tipo typical family

intentan try
plan de vivienda house plan / *lavarropas* (m) washing machine / *indefectiblemente* unfailingly / *prolija* dreary / *integrantes* members

25   *... La realidad tiene más matices que los estrechos criterios publicitarios. Desde los países nórdicos donde viven 2,2 personas promedio por hogar hasta la misteriosa Irak donde bajo un mismo techo moran 7,8 personas, cada dato que*

30   *ofrecen las estadísticas tiende a desmoronar el mito de la familia tipo.*

La migración laboral, el divorcio, los nuevos matrimonios, las procreaciones fuera del matrimonio y hasta la homosexualidad, determinan

35   *que una cantidad cada vez mayor de niños, mujeres y hombres vivan fuera del modelo simple de familia con todas las repercusiones imaginables en las políticas de desarrollo y población.*

. . . .

En el estudio mundial sobre la fecundidad

40   *realizado hace una década se consignaba que en México, antes de cumplir 15 años, uno de cada cinco niños sufría una crisis familiar o comenzaba a vivir por su cuenta. Esta misma situación afectaba a uno de cada tres niños*

45   *colombianos. En cuanto a los niños cuyos progenitores se separaban, el promedio del tiempo que pasaban viviendo con su madre antes de que ésta contrajera nuevo matrimonio o comenzara a cohabitar con otro hombre era de unos*

50   *7,4 años en México y de 5,9 años en Colombia. Nada hace pensar que en la actualidad estos índices se hayan modificado.*

. . . .

En África, al sur del Sahara, los niños pueden pasar la cuarta parte de sus vidas, antes de

55   *cumplir 15 años, viviendo separados de sus madres o con madres que no están casadas. Esta modalidad afecta a 18 por ciento de los niños de América Latina y al ocho por ciento de los asiáticos.*

Visión: La revista latinoamericana

EMBARAZOS EN ESPAÑA

60   *Las mujeres españolas se están acostumbrando a retrasar su tiempo destinado a la procreación, de tal manera que en 1985 —último del que se tienen estadísticas— el grupo de mujeres*

---

matices (*m*) *subtleties /* estrechos criterios publicitarios *narrow advertising ideas*

moran *live*

desmoronar *knock down*

migración laboral *work-related migration /* procreaciones *births*

políticas *policies*

fecundidad *fertility*

realizado *carried out /* se consignaba *it was reported*

por su cuenta *on his/her own*

progenitores (*m*) *parents*

contrajera nuevo matrimonio *remarried*

modalidad *situation*

embarazos *pregnancies*

retrasar *delay*

comprendidas entre 30 y 34 años superó por
65 *primera vez en la historia en índice de fecundi-*
dad al grupo de jóvenes comprendidas entre 20
y 24 años. Éste es uno de los datos contenidos
en el estudio [de los años 1975–1985] que
acaba de publicar el Instituto de Demografía.

70   *Margarita Delgado, especialista en demo-*
grafía y autora del informe, interpreta este dato
«por el hecho de que la mujer española se ha
ido incorporando cada vez en mayor número y
con más intensidad a los mismos trabajos que
75 *ejerce el hombre y que, por eso, ha retrasado*
voluntariamente la etapa en la que intenta
tener hijos».

     «Por otra parte hay que tener en cuenta que
las mujeres que están a punto de acceder a los
80 *35 años han retrasado la maternidad porque*
también retrasaron durante estos diez años
estudiados la edad en la que contrajeron matri-
monio», señala la experta...

El País Internacional (Madrid)

comprendidas *included /*
superó *surpassed /*
fecundidad *fertility*

datos *pieces of*
information

se ha ido incorporando
has been becoming part

ejerce *carries out*
etapa *stage*

acceder *to reach*

contrajeron matrimonio
they got married /
señala *indicates*

Es importante recordar que el grupo básico a que
85 pertenece el individuo hispánico es su familia. Ésta
inspira una lealtad más fuerte que cualquier otra.
Para la mayoría de la gente, la familia está antes que
el empleo, el partido político o la comodidad personal.

     El ensayista mexicano Octavio Paz dice lo si-
90 guiente: «La familia es una realidad muy poderosa.
Es el hogar en el sentido original de la palabra: centro y reunión de los vivos y los muertos, a un tiempo
altar, cama donde se hace el amor, fogón donde se
cocina, ceniza que entierra a los antepasados... La
95 familia ha dado a los mexicanos sus creencias, valores
y conceptos sobre la vida y la muerte, lo bueno y lo
malo, lo masculino y lo femenino, lo bonito y lo feo,
lo que se debe hacer y lo indebido.»[6]

comodidad *comfort*
ensayista *essayist*

hogar *hearth*
a un tiempo *at once*
fogón *fire*
ceniza *ashes*

lo indebido *that which*
should not be done

---

[6]Octavio Paz (1914–), *El ogro filantrópico* (Mexico: Joaquín Mortiz, 1979), p. 23. Paz, winner of the 1990 Nobel Prize for literature, is one of the best-known essayists in Mexico. His book *El labe-rinto de la soledad* (trans. *The Labryinth of Solitude*, Grove Press, N.Y., 1961) contains some interesting insights into the Mexican character, most of which also apply to the Hispanic character. The book cited here contains an update of many of the points made in the earlier book.

COMPRENSIÓN

A. Responda según el texto.

1. ¿Qué tensiones sufre la familia contemporánea?
2. ¿Dónde son más comunes estas tensiones?
3. ¿Dónde está disminuyendo el tamaño promedio de las familias?
4. ¿Cómo es la familia tipo que pintan los publicistas?
5. Según el artículo, ¿qué elementos desmoronan el mito de la familia tipo?
6. ¿Cómo se sabe que las mujeres españolas retrasan el tiempo para la procreación?

B. Responda a las siguientes preguntas personales.

1. ¿Cuántas personas viven en su casa?
2. ¿Ha vivido Ud. alguna vez con muchos parientes?
3. ¿Cree que sería una ventaja o una desventaja vivir con los parientes? Explique.
4. En su opinión, ¿cuál es la edad ideal para comenzar a tener hijos?

PRÁCTICA

~~~~~

I. Ejercicios de vocabulario

A. Complete según los modelos.

Modelo justo *injusto*
probable *improbable*

1. eficaz _____
2. _____ innecesario
3. ofensivo _____
4. _____ inútil
5. posible _____
6. _____ infrecuente
7. cómodo _____
8. _____ impersonal

Modelo gracia *desgracia*

1. conocido _____
2. _____ desventaja
3. acostumbrado _____
4. _____ desligar
5. aparecer _____
6. _____ descuidar

Modelo costumbre *acostumbrarse*

1. grupo _____
2. _____ apoderarse
3. socio _____
4. asombro _____

B. Defina las siguientes palabras en español.

1. el padre   3. el primo   5. la hermana
2. el tío   4. la madrina   6. la abuela

II. Puntos de contraste cultural

Grupos pequeños

1. ¿Qué diferencias se pueden observar entre la familia del mundo hispánico y la de los Estados Unidos?
2. ¿Cuáles son las diferencias en la actitud familiar hacia los niños?
3. ¿Cree Ud. que es bueno incluir a los niños en las fiestas de adultos?
4. ¿Cómo ha cambiado el concepto estadounidense de la familia en las últimas décadas? ¿Qué opina de estos cambios?

Clase

III. Debate

Es irresponsable tener más de tres hijos cuando hay un exceso de población.

IV. El arte de escribir: la carta

Todos tienen que escribir una carta de vez en cuando. A veces es una carta formal, por ejemplo, una carta comercial. Otras veces, es una carta familiar. Como preparación hay que pensar en lo que se quiere escribir o preguntar —tal vez apuntarlo para no olvidar nada. Aquí hay unas frases útiles.

Para comenzar

6 de octubre de 1997
Querida mamá: *Dear Mom,*
Queridos padres: *Dear Mom and Dad,*

Y para terminar

Reciba(n) un abrazo (beso) de su,   *Receive a hug (kiss) from your,*
Les manda muchos besos su,   *Many kisses from your,*

Ahora escríbale Ud. una carta a un miembro de su familia contándole algunas cosas de su vida y preguntándole sobre la suya.

V. Ejercicios de composición dirigida

A. Complete las oraciones utilizando las palabras entre paréntesis.

1. Se podría decir que la familia... (sociedad, valores, escala, representa, menor)
2. Los insultos más graves... (familia, insultado, suelen, implicar, miembros)
3. La casa familiar... (considerada, hogar, siempre, casados, después, hijos, es)

4. El niño se acostumbra... (bodas, participar, adultos, con, ocasiones, otras, como, bautismos, fiestas)
5. La familia existe... (grupo, significado, tradición, lleno, hecho, siempre, como)

B. Complete las frases desde un punto de vista personal.

1. El nepotismo es malo porque...
2. El mayorazgo no se debe practicar porque...
3. Para que aprendan a tratar con los adultos, es importante que los niños...
4. Las familias grandes ofrecen estas ventajas...
5. La movilidad de la sociedad norteamericana tiene el efecto de...

VI. Situación

Imagínese Ud. que es propietario(a) de una empresa mediana de 100 empleados. Su hijo de veinticinco años trabaja para Ud. desde hace tres años, pero ahora es obvio que él hace un trabajo pésimo y ya Ud. le ha hablado sobre el asunto cinco o seis veces. Ahora tiene que decidirse. ¿Qué le va a decir Ud.?

El hombre y la mujer
en la sociedad hispánica

Esta mujer compra y vende acciones en la bolsa de
Buenos Aires, Argentina. ¿Qué otras profesiones se han
abierto recientemente a las mujeres?

VOCABULARIO ÚTIL

Estudie estas palabras antes de leer el ensayo.

Verbos

asistir   *to attend*
desaparecer   *to disappear*
evitar   *to avoid*
favorecer   *to favor*
mejorar   *to improve*
referirse a (ie)   *to refer to*
regresar   *to return*
resolver (ue)   *to resolve*

Sustantivos

el derecho   *right*
el, la esposo, -a   *spouse*

Adjetivos

consciente   *conscious*

largo, -a   *long*
único, -a   *only, unique*
vestido, -a   *dressed*

Otras palabras y expresiones

a pesar de   *in spite of*
bastante *adv*   *quite, very*
cada vez más   *more and more*
ha habido   *there has (have) been*
hacia   *toward*
la mayor parte   *the greater part, the majority*
por un lado   *on the one hand*
toda una serie   *a whole series*

ENFOQUE

Como en todo el mundo occidental, en la sociedad hispánica existe una larga tradición de orientación masculina. Durante la mayor parte de la historia de la civilización hispánica, el hombre ha dominado en casi todas las esferas de la vida. Aunque ha habido progreso hacia la igualdad en las ciudades, la situación ha cambiado menos fuera de los centros urbanos. En los países hispánicos ha existido y existe una división clara entre los derechos, privilegios y obligaciones de cada sexo. Esta unidad describe esta tradición masculina y algunas de sus manifestaciones.

occidental   *western*

igualdad   *equality*
fuera de   *outside of*

ANTICIPACIÓN

Antes de comenzar la lectura, haga Ud. una lista de las situaciones sociales donde existe la discriminación sexual y prepárese para presentarle su lista a la clase.

I. LOS NOMBRES HISPÁNICOS

El sistema de apellidos refleja la influencia masculina. Los hijos llevan los apellidos del padre y de la madre, pero el del padre va primero. El hijo de

5 Juan Gómez Rodríguez y de María López Gutiérrez será Francisco Gómez López, o Gómez y López.[1] Los apellidos de las abuelas, Rodríguez y Gutiérrez, se pierden. Si Francisco se casara con Teresa Vargas Aguilar, su hijo sería Mario

10 Gómez Vargas. Es sólo el apellido del lado masculino el que se conserva, así que si un matrimonio sólo tiene hijas el nombre desaparecerá después de dos generaciones. Las familias muy conscientes de su linaje a veces continúan usando los apellidos por más tiempo,

15 pero eventualmente el resultado es el mismo.

Hay algunos casos en que el hijo ha escogido otro procedimiento. El famoso pintor español Diego Velázquez (1599–1660), hijo de Juan Rodríguez de Silva y de Jerónima Velázquez, debería haberse lla-

20 mado Diego Rodríguez de Silva y Velázquez. Pero por ser su padre portugués y su madre de una familia aristocrática sevillana, el pintor prefirió usar su apellido materno.

Otro caso semejante es también el de un pintor:

25 Pablo Diego José Francisco de Paula Juan Nepomuceno María de los Remedios Cipriano de la Santísima Trinidad Ruiz Blasco Picasso López, hijo de José Ruiz Blasco y de María Picasso López.

apellidos   surnames

se casara con   married

linaje (m)   lineage

escogido   chosen
procedimiento   procedure

*debería haberse llamado
    should have been called*

---

[1] *Gómez y López*   The use of *y* between the father's and mother's name is optional. The case with *de* is more complicated: it is used to designate a married name of a woman, for example, María López Gutiérrez de Gómez, where López Gutiérrez is her maiden name. In older names it was also used simply to mean "from" and later was frequently incorporated into the name permanently. All these usages tend to be variable.

También él escogió su apellido materno y se hizo se hizo *became*
30 famoso con el nombre de Pablo Picasso (1881–1973).
Se ve aquí también un ejemplo de la costumbre de dar
toda una serie de nombres cristianos a los hijos a
veces, por lo general para honrar a varios parientes.
Claro que se escogen uno o dos de los nombres para
35 el uso diario y los otros sólo aparecen en la partida diario *daily* / partida
de nacimiento. *certificate*

COMPRENSIÓN

A. Decida si las siguientes oraciones son verdaderas o falsas. Corrija las falsas.

1. El hijo de Juan García y Elena Pérez se llama José García Pérez.
2. Si él se casara con María Tejada, su hija sería Teresa Tejada Pérez.
3. Los pintores Picasso y Velázquez prefirieron el apellido de su madre.

B. Responda a las siguientes preguntas personales.

1. ¿Lleva Ud. el apellido de su madre?
2. ¿Cómo usamos a veces el apellido materno en inglés?
3. ¿Cómo sería su nombre si usara el sistema español?

II. LA SOCIEDAD PATRIARCAL

Sin embargo, casos como el de
Velázquez o el de Picasso son excepcio-
nales; el sistema decididamente favorece la línea paterna. Tradicionalmente
5 las mujeres estaban limitadas a las
tareas domésticas, o si trabajaban, limitadas a los trabajos más sencillos. Aunque esta situación está cambiando, la mujer hispánica todavía está generalmente
en una posición social inferior. Sin duda esto se debe se debe *is due*
10 en parte a los factores económicos, pero también contribuye el machismo, que crea criterios sociales muy
distintos entre el hombre y la mujer. El machismo es
un fenómeno sociosicológico que se define como una
preocupación exagerada por la masculinidad —abar- abarca *it includes*
15 ca lo físico, lo sexual, lo social y aun lo político. Es un
problema cuando se convierte en un anhelo de com- anhelo *urge* / comprobar
probar la masculinidad porque entonces puede condu- *to prove*
cir a acciones antisociales y hasta patológicas.
Las distinciones entre el hombre y la mujer se ven

20 en las relaciones sexuales. Tradicionalmente la actividad sexual del hombre era cosa aceptada mientras que para la mujer toda relación que no fuera con el marido quedaba estrictamente prohibida.

Claro que esta situación está cambiando en el 25 mundo hispánico como en el resto del mundo. En el caso de jóvenes que mantienen relaciones sexuales fuera del matrimonio, sin embargo, las mujeres son criticadas más severamente que los hombres.

mantienen maintain

A pesar de esta relativa falta de libertad personal 30 y profesional ha habido casos de mujeres que se han destacado personalmente en la literatura, la enseñanza y la política, superando los obstáculos que encontraron en su camino.

se han destacado *have excelled* / enseñanza *education* / superando *overcoming*

COMPRENSIÓN

A. Elija la respuesta que mejor complete las siguientes frases según la lectura.

1. El machismo es característico de...

   a. los hombres.   b. las mujeres.   c. los dos sexos.

2. La actividad sexual del hombre era una cosa...

   a. aceptada.   b. inexistente.   c. criticada.

3. Las mujeres hispánicas sufrían de una relativa falta de...

   a. hombres.   b. enfermedades.   c. libertad.

B. Responda a las siguientes preguntas personales.

1. ¿Cree que hay hoy en los Estados Unidos empleos vedados a las mujeres?
2. ¿Cree que siempre será así?

III. LAS MUJERES EN LA LITERATURA HISPÁNICA

Sor Juana Inés de la Cruz (1651–1695)— Durante la época colonial en Hispanoamérica la literatura pocas veces alcanzó el nivel de la de 5 España. La única figura de importancia fue una mujer, Juana Inés de Asbaje y Ramírez de Santillana, más conocida por su nombre eclesiástico,

Sor Juana Inés de la Cruz es conocida como la primera feminista del Nuevo Mundo. ¿Qué aspectos de su carácter se destacan en este retrato?

Sor Juana Inés de la Cruz. Sor Juana nació en Nueva España[2] en 1651, época en que las muchachas te-
10 nían la elección de casarse o entrar al convento.

      Sor Juana era una niña muy inteligente, que había aprendido a leer a los tres años, y durante su juventud tuvo gran fama intelectual y social en la corte del Virrey.[3] En un ensayo famoso confiesa que
15 trató de convencer a su madre de que debía asistir a la universidad vestida de hombre porque no admitían

elección   *choice*

ensayo   *essay*

~~~~~~~

[2]*Nueva España* New Spain, the name given the colony that included the known parts of North and Central America. The center was Mexico City

[3]*Virrey* Viceroy. In colonial administration the viceroy was the king's representative in the colony. He possessed most of the powers of a monarch and was ultimately responsible only to the king.

a las mujeres. La madre no accedió y Sor Juana tuvo
que aprender todo por sí sola. A los dieciséis años
decidió renunciar a la sociedad y entrar en un con-
20 vento. Su única explicación fue que no tenía interés
en el matrimonio y quería dedicarse al estudio y a la
literatura. La vida religiosa tenía cierta atracción porque le ofrecía sosiego y tiempo para las tareas intelec-
tuales.⁴ Durante casi treinta años Sor Juana escribió
25 poesía, considerada entre la más bella y original que
se ha creado en la lengua española. Su obra muestra
las tensiones internas de una mujer, por un lado sinceramente católica y por otro consciente de las nuevas
ideas científicas.
30   Muchos de sus versos son simbólicos y se refieren
a los problemas que causaba su curiosidad intelectual
frente a la sociedad cerrada de su época.

Hombres necios que acusáis
a la mujer sin razón,
35 sin ver que sois la ocasión
de lo mismo que culpáis;

Queréis, con presunción necia
hallar a la que buscáis,
para pretendida, Thais,
40 y en la posesión, Lucrecia.⁵

¿Pues para qué os espantáis
de la culpa que tenéis?
Queredlas cual las hacéis
o hacedlas cual las buscáis.

45   Sor Juana vertió en sus muchas poesías algún tormento interior y lo supo hacer dentro de una sociedad
que desaprobaba la libertad intelectual, sobre todo
de parte de una mujer. Así que la vida y obra de Sor

Glosses (right margin):

no accedió — *did not give in*
por sí sola — *on her own*

sosiego — *tranquility*

frente a — *faced with*

necios — *foolish* / que acusáis — *who accuse* / sin razón — *wrongly* / ocasión — *cause* / culpáis — *you criticize*

presunción — *conceit*
hallar — *to find*
pretendida — *lover*

espantáis — *fear*

Queredlas — *Love them* / cual — *as* / hacedlas — *make them*

vertió — *poured*

desaprobaba — *disapproved*
de parte de — *on the part of*

---

⁴*tareas intelectuales* In that period convent life was relatively easy; the discipline was not too strict nor the demands too great. For many, convents served as places of meditation on religion and life.

⁵*Thais... Lucrecia* Two women of classical mythology; the first a famous Greek courtesan, the second a Roman model of virtue. The poem criticizes men who seek a sexual relationship with women but want to marry a virgin.

Juana hacen de esta poetisa la primera feminista del
50　continente.

　　Gabriela Mistral (1889–1957)— Entre los diez
escritores hispánicos[6] que han recibido el Premio
Nobel de Literatura se encuentra una mujer chilena,
Gabriela Mistral (nombre literario de Lucila Godoy
55　Alcayaga). Poetisa de lirismo intenso, Gabriela también alcanzó fama internacional por su actividad en
la educación. En 1922 José Vasconcelos[7] la invitó a
México para cooperar en la reforma educacional que
llevaba a cabo bajo el nuevo gobierno revolucionario.
60　Muchas de sus ideas todavía forman parte del sistema
de enseñanza de México.

　　Cuando sirvió como representante de Chile en las
Naciones Unidas fue miembro del Comité sobre los
Asuntos de las Mujeres y una de los fundadores de
65　UNICEF. Su poesía refleja sus sentimientos maternales
y el consuelo mutuo que frecuentemente representan
las madres y los niños, como vemos en esta canción de
cuna:

　　Apegado[8] a mí
70　Velloncito de mi carne,
que en mi entraña yo tejí,
velloncito friolento
¡duérmete apegado a mí!

　　La perdiz duerme en el trébol
75　escuchándole latir:
no te turben mis alientos,
¡duérmete apegado a mí!

lirismo　lyricism

llevaba a cabo　he was carrying out

consuelo mutuo　mutual comfort / *canción de cuna　lullaby*

velloncito　little tuft / *carne　flesh* / *entraña womb* / *tejí　I wove* / *friolento　shivering*

perdiz　partridge / *trébol clover* / *latir　heartbeat* / *turben　disturb* / *alientos　breathing*

~~~~~~~~

[6]*diez escritores* The Nobel Prize for literature has gone to ten Hispanic writers: José Echegaray (Spain, 1832–1916) in 1904; Jacinto Benavente (Spain, 1866–1954) in 1922; Gabriela Mistral (Chile, 1889–1957) in 1945; Juan Ramón Jiménez (Spain, 1881–1958) in 1956; Miguel Angel Asturias (Guatemala, 1899–1974) in 1967; Pablo Neruda (Chile, 1904–1973) in 1971; Vicente Aleixandre (Spain, 1898–1984) in 1977; Gabriel García Márquez (Colombia, 1928–　) in 1982; Camilo José Cela (Spain, 1916–　) in 1989; Octavio Paz (Mexico, 1914–　) in 1990.

[7]*José Vasconcelos* One of the best known of the intellectuals who reformed the government of Mexico after the revolution of 1910. Vasconcelos became minister of education and was instrumental in the creation of a system of rural schools staffed by volunteer teachers from the cities. Mistral was by profession a teacher in a rural school.

[8]*apegado* This word combines the meanings of "close," "devoted," and "attached." The last meaning is both literal and figurative here.

Hierbecita temblorosa
asombrada de vivir,
80 no te sueltes de mi pecho:
¡duérmete apegado a mí!

Hierbecita   *Little blade of
grass* / asombrada
surprised / no te sueltes
don't let go

Yo que todo lo he perdido
ahora tiemblo de dormir.
No resbales de mi brazo:
85 ¡duérmete apegado a mí!

tiemblo de dormir   *I'm
afraid to sleep* / No
resbales   *Don't slide
down*

Ternura

Se puede ver que han existido varias mujeres
entre las grandes figuras literarias del mundo hispánico. En la actualidad podríamos mencionar a las
destacadas novelistas españolas Ana María Matute y
90 Carmen Laforet,[9] y a la poetisa Carmen Conde, que
fue elegida en 1979 como primer miembro femenino
de la Real Academia Española de la Lengua.[10] Es de
notar que, de todos los que han recibido el Premio
Nadal, que se da a la mejor novela española de cada
95 año, más del cuarenta por ciento son mujeres.
En Hispanoamérica también las mujeres participan en el «boom» en la popularidad de la novela
como vemos en este artículo.

EL «BOOM» DE LAS ESCRITORAS MÁGICAS

Desde la aparición en 1985 de La casa de los
100 espíritus, *de Isabel Allende, asistimos a un fenómeno editorial que merece atención. La narrativa de esta prolífica escritora chilena nacida en
1942* (De amor y de sombra, Eva Luna,
Cuentos de Eva Luna, El plan infinito, Paula)

editorial   *publishing* /
merece   *deserves* /
nacida   *born*

---

[9]*Ana María Matute y Carmen Laforet* Matute (b. 1926) is the author of several prize-winning
novels and many short stories. She is perhaps best known for her portrayal of children. Laforet
(b. 1921) has also written numerous works including her most famous novel *Nada* (1944) for
which she won the *Premio Nadal* at the age of 23. The *Premio Nadal* is the equivalent in Spain of
the Pulitzer Prize in U.S. letters.

[10]*Real Academia Española de la Lengua* The Royal Academy is the official organization in Spain
charged with maintaining the purity of the language. Election to one of the 36 lifetime seats is a
very high honor. Carmen Conde was born in 1907.

*En septiembre de
1948, Gabriela Mistral
visitó México como
invitada del presidente
Miguel Alemán.*

105   *se consume masivamente en Europa y los
Estados Unidos, y atendiendo a esta repercusión, el cine se carga de furia sudamericana
para llevar a la imagen los escenarios y personajes de sus novelas.*

110   *...Isabel Allende escribe libros que se convierten en best sellers multinacionales. El hilo de
mujeres y generaciones que forman Nivea,
Clara, Blanca y Alba, hilvana la historia de* La
casa de los espíritus. *Ellas son el sostén y la*

115   *contracara del patriarca Esteban Trueba, y las
responsables de los fantasmas. A partir de allí,
el realismo mágico, con todo su esplendor de
tiranos, clarividencias y pasiones míticas, se
viste de mujer.*

120   *Laura Esquivel,... inicia una meteórica
carrera internacional con la novela* Como agua

atendiendo   *mindful of /*
   repercusión *impression
   / se carga is charged /
   imagen (f)   film /
   escenarios   scenes*

hilvana   *stitches together*
sostén (m)   *support*
contracara *opposite*
fantasmas (m) *ghosts*

clarividencias
   farsightedness / míticas
   mythical

para chocolate (*«Novela de entregas mensuales, con recetas, amores y remedios caseros», explica el subtítulo),... Traducida al inglés, los lectores*
125 *de Estados Unidos compran 280.000 ejemplares durante su lanzamiento, que acompaña el estreno de la película del mismo nombre dirigida por Alfonso Arau, su marido.*

La vieja dupla que componen la sensuali-
130 *dad de los alimentos y la pasión amorosa se renueva aquí con las recetas que encabezan cada uno de los doce capítulos con las escenas inolvidables que Tita y Pedro protagonizan mientras se cuecen a fuego lento alimentos*
135 *y pasiones.*

. . . .

Otro notable acierto de esta narrativa femenina es que, a diferencia de la del boom, protagonizada hegemónicamente por hombres, en los cuentos y novelas de estas escritoras la mujer es
140 *dueña de la escena. Por primera vez es ella la que reclama por la represión de su sexualidad, por vejámenes y postergaciones, y los hace reivindicando los espacios olvidados por la aventura masculina: la maternidad, la cocina, la*
145 *ternura.*

La Prensa (Buenos Aires)

entregas mensuales *monthly installments / recetas recipes / remedios caseros home remedies / ejemplares (m) copies / lanzamiento introduction / estreno opening / dupla duality / se renueva is renewed / encabezan head*

protagonizan *star in*
se cuecen a fuego lento *are cooked over a low fire*

acierto *success*
protagonizada *headed up*
hegemónicamente *proprietarily*
dueña *owner*
reclama *protests*
vejámenes (m) *vexation / postergaciones delays / reivindicando recovering / ternura tenderness*

COMPRENSIÓN

A. Responda según el texto.

1. ¿Por qué no asistió Sor Juana a la universidad?
2. Además de poesía, ¿qué otras actividades ejerció Gabriela Mistral?
3. ¿Dónde vende muchos libros Isabel Allende?
4. ¿Qué cosas se cuecen a fuego lento en *Como agua para chocolate*?

B. Responda a las siguientes preguntas personales.

1. ¿Lee Ud. mucha poesía? ¿Por qué sí o por qué no?
2. ¿Qué lee la mayoría del tiempo (fuera de los textos universitarios)?

IV. Las mujeres en la política

Si la literatura representa una carrera bastante abierta a las mujeres, ¿qué se puede decir de la política? Aunque Gabriela Mistral tuvo algo de partici-
5 pación en la política, todo fue dentro de la educación. A través de la historia, dos reinas han dirigido a España, aunque la más importante fue Isabel I la Católica, quien tuvo la visión de proveer fondos para la expedición de Cristóbal Colón. Isabel I
10 también consiguió mejorar el tratamiento de los indios en las colonias, insistiendo en que eran seres humanos y que no debían ser esclavos. La otra reina, Isabel II, ocupó el trono brevemente en el siglo XIX.

La nueva constitución de España, adoptada en
15 1978, mantiene la tradición de preferencia del hombre sobre la mujer como heredero del trono. La esposa del rey es la reina, pero no tiene ningún poder oficial. Si muere el rey, el trono lo ocupa el primogénito.

Con todo lo dicho sobre la dominación masculina,
20 es interesante que los únicos ejemplos de presidentes femeninos[11] en el hemisferio occidental hayan ocurrido en los países hispánicos. En 1974 Isabel Perón subió a la presidencia de la República Argentina después de la muerte de su esposo, el presidente Juan
25 Perón (1895–1974). Éste había sido elegido presidente en 1946 y durante los seis primeros años de su mandato, su segunda esposa, Eva («Evita») Duarte lo ayudó a mantener su popularidad. Evita murió en 1952 y Perón fue derrocado en 1955. Después de
30 dieciocho años de exilio regresó triunfante a la Argentina e insistió en que su tercera esposa, Isabel, fuera candidata para vicepresidente. Al enfermarse Perón poco después de las elecciones, nombró a su esposa como presidente interino. Isabel ocupó el pues-
35 to hasta 1976 cuando una junta militar la depuso.

Esta junta, que se dedicó a eliminar la oposición

dirigido *governed*
proveer *to supply*
fondos *funds*

heredero *heir*

primogénito *first-born son*

mandato *term*

derrocado *overthrown*
exilio *exile*

interino *interim*
depuso *deposed*

[11]*presidentes femeninos* The entry of women into previously all-male positions has created widely variable usage with regard to gender. A female president may be designated as *el presidente* or *la presidente*. *«La presidenta»* is reserved, where it is used at all, for the wife of the president. In Argentina *la presidente Señora Isabel Perón* was considered most proper.

*Eva Duarte de Perón llegó
a tener una popularidad
enorme durante la
presidencia de su esposo
Juan Perón, pero nunca
tuvo un cargo oficial.
¿Qué otra mujer sí llegó a
ser presidente de la
Argentina?*

por métodos secretos e ilegales, se encontró con una
protesta vigorosa de «Las Madres de la Plaza de
Mayo». Estas mujeres que habían visto a sus hijos
40 desaparecer sin explicación ninguna decidieron unirse en sus demandas de justicia. Siguen su protesta
hasta hoy para conseguir el encarcelamiento de los
culpables.

   Más reciente es el caso de Violeta Barrios de
45 Chamorro en Nicaragua. El gobierno revolucionario
de los sandinistas, después de más de diez años en
poder, tuvo que ceder a la presión internacional y permitir elecciones libres en 1990. Chamorro, miembro
de una familia importante, encabezó la coalición de   encabezó *headed up*
50 partidos de oposición a los sandinistas. Ganó las elecciones y comenzó la tarea difícil de reconciliar los
varios grupos e intereses después de una década de
conflictos violentos. Ya sobrevivió una tentativa de   sobrevivió *survived*
golpe de estado en 1991.   golpe de estado *coup
                                                            d'etat, attempted
55   Así se ve que, aunque la sociedad hispánica ha   overthrow*
favorecido siempre al hombre, también existen casos

de mujeres ilustres. Actualmente, la mujer hispánica
es cada vez más consciente de que su situación social
ha de cambiar. Aun la misma constitución española

60 que mantiene el dominio masculino en la monarquía,
afirma en el artículo núm. 14 que: «Los españoles son
iguales ante la ley, sin que pueda prevalecer discriminación alguna por razones de nacimiento, raza, sexo,
religión, opinión o cualquier otra circunstancia per-

65 sonal o social».

ilustres *famous*

ante *before* / *prevalecer*
to prevail

Tarea ✗

COMPRENSIÓN

A. Complete las siguientes oraciones según el texto.

1. La reina más importante de España _____.
2. Isabel Perón fue la primera presidente _____.
3. Ella ocupó el puesto hasta 1976 cuando _____.
4. Las Madres de la Plaza de Mayo sufrieron _____.
5. La presidente Chamorro es la única de las presidentes femeninas que fue _____.

B. Complete las siguientes oraciones para expresar sus propias ideas.

1. Los Estados Unidos tendrá una mujer presidente _____.
2. Yo no tendría inconveniente en tener una mujer como presidente porque _____.
3. Para eliminar la discriminación debemos _____.

VIDEOMUNDO: LA MUJER HISPÁNICA (2:31:16–2:42:02)

A. El papel de la mujer. Mire el segmento y prepare un resumen sobre lo que dicen las mujeres.

1. Según Larissa Ruize, ¿qué trabajos tienen las mujeres en la República Dominicana? ¿Qué trabajos no consiguen? ¿Qué es el machismo?
2. ¿Qué experiencia ha tenido Amalia Barreda con la discriminación? ¿Cómo consiguió su primer trabajo?

B. Las Madres de la Plaza de Mayo. Mire el segmento y prepare un resumen de lo que dicen Juana y Mercedes.

1. ¿Por qué entraron en la Asociación de las Madres de la Plaza de Mayo?

2. ¿A quién perdió cada una?
3. ¿Hasta cuándo piensan seguir su lucha?

PRÁCTICA

I. Ejercicios de vocabulario

A. Complete las oraciones formando sustantivos.

Modelo   (curioso) Juan no tiene mucha *curiosidad*.

1. (masculino)   El machismo es una obsesión con la _____.
2. (humano)   La _____ nunca es perfecta.
3. (actual)   En la _____ la situación de las mujeres está mejorando mucho.
4. (personal)   Su _____ es muy atractiva.

B. Indique los sinónimos.

1. elegir   a. trabajos
2. natalidad   b. distinguido
3. únicamente   c. sólo
4. tareas   d. nacimiento
5. famoso   e. retener
6. conservar   f. ilustre
7. destacado   g. escoger

C. Indique las palabras con significado opuesto.

1. primero   a. cerrado
2. prohibir   b. último
3. nacer   c. comenzar
4. terminar   d. morir
5. abierto   e. permitir

II. Puntos de contraste cultural

1. ¿Las mujeres en el mundo hispánico son más o menos libres que en los Estados Unidos? ¿Cómo se explica que ha habido presidentes femeninos en Hispanoamérica y no en los Estados Unidos?
2. ¿Qué diferencia hay entre la situación de la mujer urbana y la mujer campesina? ¿Por qué existen estas diferencias?
3. ¿Cuáles son las diferencias en la posición social de la mujer en Hispanoamérica y en los Estados Unidos?

III. Debate

Las mujeres no deben participar en combate en caso de guerra.

IV. El arte de escribir: descripción de las personas

La descripción implica el uso de adjetivos que añaden detalles, color y vida al texto. Por ejemplo:

Tiene los ojos negros.

Cobra más interés así:
Tiene los ojos muy negros y muy dulces.

También:
Tengo un hermano mayor que se llama Juan.

Tiene más interés si se añade:
Siempre hemos sido buenos amigos.

Ahora trate Ud. de añadir algo original a este párrafo que lo haga más interesante o detallado.

María y Carlos son mis amigos. Ella es abogada y él es ingeniero. A los dos les gusta practicar deportes. Especialmente les gusta jugar al tenis.

Ahora, escriba Ud. una descripción de un miembro de su familia o de un amigo que Ud. conoce bien. Trate de incluir detalles interesantes e importantes.

V. Ejercicios de composición dirigida

A. Escriba este párrafo, corrigiendo las oraciones falsas según la lectura.

En el mundo hispánico la mujer tiene una posición superior a la del hombre. El sistema de apellidos requiere que los hijos lleven sólo el apellido del padre. No han existido casos de mujeres ilustres. Sor Juana era una poetisa destacada. Gabriela Mistral escribió novelas y participó en la reforma del sistema de educación de la Argentina. Isabel Allende escribió en el siglo XIX. En 1974 Isabel Perón fue elegida presidente del Perú.

B. Complete las oraciones con las palabras entre paréntesis.

1. Como en todo el mundo occidental ha existido y existe...
   (derechos, entre, clara, privilegios, sexo, división, obligaciones, cada)
2. Generalmente, las mujeres están...
   (domésticas, trabajan, si, limitadas, tareas, trabajos, sencillos, más)
3. A pesar de esta falta de libertad, existen casos de mujeres que...
   (destacado, personalmente, han, literatura, se, enseñanza, política, hasta)

4. La poesía de Gabriela Mistral refleja...
   (maternales, mutuo, sentimientos, niños, madres, consuelo, representan)
5. Con todo lo dicho sobre la dominación masculina, es interesante que los únicos ejemplos...
   (occidental, han, presidentes, hemisferio, sido, hispánicos, femeninos, países)

VI. Situación

Imagínese que Ud. es miembro del sexo opuesto. ¿Cuáles serían sus quejas (*complaints*) sobre la desigualdad de los sexos en los Estados Unidos? Compare las respuestas de los estudiantes con las de las estudiantes.

Unidad 6

Costumbres y creencias

*Los miembros de una familia de Barcelona, España sentados
a la mesa. Qué elementos sugieren que comparten la cena
y no la comida en este momento?*

VOCABULARIO ÚTIL

Estudie estas palabras antes de leer el ensayo.

Verbos

colocar   *to place, to locate*
consolar (ue)   *to console*
enterrar (ie)   *to bury*
morir(se) (ue)   *to die*
proceder   *to come from, to originate*
reflejar   *to reflect*
sorprenderse   *to be surprised*
trasladar   *to transfer*

Sustantivos

el ambiente   *atmosphere, environment*
el ataúd   *coffin*
la creencia   *belief*
la diversión   *amusement, entertainment*

el fantasma   *ghost*
el horario   *schedule*
la leyenda   *legend*
el luto   *mourning;*
   guardar luto   *to be in mourning*
el miedo   *fear;*
   dar miedo   *to cause fear*
la muerte   *death*
el paraíso   *paradise*
la prueba   *test*
la tristeza   *sadness*

Adjetivos

distinto, -a   *different*
muerto, -a   *dead*
semejante   *similar*

ENFOQUE

Es importante notar que las costumbres populares siempre existen en una matriz de otras costumbres y creencias. A veces es difícil o aun imposible entender una costumbre sin considerarla en relación con otras y con las condiciones económicas y sociales en que existe. Es generalmente imposible saber cómo funcionaría una costumbre aislada trasladada a otra sociedad. Por ejemplo, pensar en cómo sería una corrida de toros en los Estados Unidos no lleva a ninguna conclusión de interés.

matriz   *(f)   matrix*

aislada   *isolated*

ANTICIPACIÓN

Antes de comenzar a leer, explique Ud. sus actitudes hacia el trabajo en comparación con la actividad social, y explique su reacción personal frente a la muerte como fenómeno general.

I. EL HORARIO Y LA VIDA SOCIAL

Las costumbres tienen distintos orígenes. Como ya se ha dicho, la siesta, muy común en el mundo hispánico, procede de los romanos. Dividían las
5 horas de luz en doce, trabajaban durante las seis primeras y usaban las otras seis para las diversiones. En los países mediterráneos, el clima no favorece el trabajo en las primeras horas después del mediodía. Aunque hay aire acondicionado hoy
10 día, la costumbre **perdura** en la forma de un **descanso** al mediodía de 2 o 3 horas. Después de la siesta se vuelve al trabajo hasta el fin de la **jornada** a las siete u ocho. Algunos han tratado de cambiar este sistema con un horario que va de 8:00 a 3:00 sin descanso,
15 pero el cambio es difícil.

La organización física de las ciudades hispánicas favorece esta costumbre. En las ciudades mucha gente vive cerca de su trabajo, lo cual hace posible que vayan a casa al mediodía. Los niños vienen de la
20 escuela y la siesta es un período familiar.

Esta situación resulta en que la comida principal para la **mayoría** de la gente se come al mediodía, o mejor dicho, a las 2:00 P.M. que se considera todavía el mediodía. Otro resultado es que la cena se come des-
25 pués de las 9:00 y es una comida **ligera**. Esto explica por qué la gente está en la calle hasta muy tarde.

Otra costumbre procede de la personalidad **gregaria** de la gente hispánica: la popularidad del café al aire libre. Es un lugar donde va la gente a **reunirse** y
30 encontrarse con los amigos y los vecinos.

Otra vez la organización de la ciudad facilita esta preferencia porque está generalmente organizada en barrios que contienen **tanto** residencias **como** tiendas y cafeterías de todos tipos. El resultado de esta organi-
35 zación es que una persona pasa mucho tiempo con los

perdura *lasts* / descanso *break*

jornada *work day*

mayoría *majority*

ligera *light*

gregaria *talkative*

reunirse *get together*

tanto... como *both . . . and*

Una escena callejera muy típica de Madrid, España. ¿Qué hacen los miembros de la familia en primer término (in the foreground)?

vecinos al ir de compras o al café al aire libre, y por eso tiene varias oportunidades de interacción social.

Se ve la diferencia en este caso de los cafés al aire libre en los Estados Unidos que suelen estar en centros
40 comerciales lejos de cualquier residencia. Los clientes, la gente que pasa y los que trabajan en el café generalmente no se conocen. En algunas ciudades la tradición del bar de la vecindad ocupa un lugar semejante, pero va desapareciendo. Es posible que el hecho de que las
45 familias norteamericanas se quedan en casa solas (porque las diversiones comerciales están allí) contribuya a la pérdida del sentido de comunidad.

Las costumbres descritas están muy arraigadas en la cultura hispánica. Otras tradiciones son más
50 bien creencias que costumbres. Un ejemplo de una creencia es la actitud que tiene la gente hacia la muerte. Es un tema que existe através del tiempo y en todas las culturas y sirve como buen punto de contraste. Como en los otros casos hay varias costumbres
55 y prácticas que resultan de esta creencia.

suelen estar   *are usually*

vecindad   *neighborhood*

arraigadas   *deeply seated*

COMPRENSIÓN

A. Decida cuáles de estas oraciones son verdaderas y cuáles son falsas según la información del texto. Corrija las falsas.

1. La costumbre de la siesta viene de los romanos.
2. En el mundo hispánico termina el trabajo al mediodía.
3. La organización física de la ciudad norteamericana favorece la costumbre de la siesta.
4. La cena y *dinner* son la misma cosa en las dos culturas.
5. Los cafés al aire libre son iguales en el mundo hispánico que en los Estados Unidos.

B. Responda según su propia opinión o experiencia.

1. ¿A qué hora tiene Ud. su comida principal? ¿Por qué?
2. ¿Cree Ud. que sería mejor vivir cerca de su trabajo o prefiere vivir en otro lugar, o no le importa?
3. ¿Hay cafés al aire libre en su barrio? ¿Va Ud. a los cafés con frecuencia? ¿Por qué sí o por qué no?
4. ¿Qué aspectos de comunidad tiene la universidad?

II. LAS ACTITUDES HISPÁNICAS HACIA LA MUERTE

Sin duda alguna, el anglosajón que visita un país hispánico se sorprende ante la importancia que se le da a la muerte. En vez de ser una cosa escondida, la muerte es una preocupación
5 constante del pueblo hispánico. La gente hispánica parece vivir pensando en la muerte: en los familiares y amigos difuntos (¡que en paz descansen!),[1] en los entierros, en los asesinatos, accidentes, enfermedades
10 y todas las tragedias del mundo moderno.

Hay fenómenos lingüísticos que muestran esta preocupación por la muerte. Un «muerto de hambre», una «mosca muerta», «de mala muerte», son términos muy comunes para referirse a un pobre, a un
15 hipócrita o a una cosa sin valor, respectivamente. La última, «de mala muerte», interesa por su sentido figurativo. Refleja una actitud hacia la muerte que también se expresa en el dicho: «Dime cómo mueres y te diré quién eres», hecho famoso en un ensayo del
20 mexicano Octavio Paz.[2] Otros refranes son «Buena

difuntos   *deceased*
entierros   *funerals* /
    asesinatos   *murders*

mosca   *fly*

sin valor   *worthless*

dicho   *saying*

refranes (*m*)   *proverbs*

---

[1]*¡Que en paz descansen!*   May they rest in peace! This expression is typically used whenever mention is made of a dead person, especially a relative or friend. Others are: *Dios lo guarde.* God keep him. *Que descanse con Dios.* May he rest with God.

[2]The proverb means: "Tell me how you die, and I'll tell you what you're worth."

muerte es buena suerte» y «En la muerte se ve, cada
uno quién fue». Todas estas frases implican que de
alguna manera la muerte define la vida y que una
muerte mala implica un vida mala o sin valor.

25   La actitud hispánica hacia la muerte se originó en
la Edad Media. Durante la época medieval la muerte   Edad Media   *Middle Ages*
constituía el paso decisivo hacia la vida eterna; era el
principio de la vida verdadera, que sería gloriosa si
uno había vivido bien en la tierra. A esta visión con-
30 soladora de la muerte, se unía otra: la de *La danza de
la muerte*, un largo poema medieval. Se presentaba a
la muerte como igualadora de todas las distinciones   igualadora   *equalizer*
sociales y económicas de la tierra. Esta idea se expre-
sa así en los refranes: «La muerte a nadie perdona» y
35 «No hay tal pompa que la muerte no rompa».   pompa   *splendor* / rompa
                    break (romper)

    Tal vez la expresión española más conocida de
esta actitud esté en los versos de un poeta del siglo
XV, Jorge Manrique,[3] que dice en sus *Coplas*:

Nuestras vidas son los ríos
40 que van a dar en la mar,   van a dar   *end up*
que es el morir;
allí van los señoríos   señoríos   *dominions*
derechos a se acabar   derechos   *straight*
y consumir;
45 allí los ríos caudales,   caudales   *rushing*
allí los otros, medianos   medianos   *medium size*
y más chicos;   chicos   *small*
allegados, son iguales   allegados   *having arrived*
los que viven por sus manos
50 y los ricos.

Sigue el poema con una lista de los aspectos transito-   transitorios   *temporary*
rios del mundo: la belleza física, la fuerza juvenil, la
riqueza, el poder político, etcétera.

    Estos ejemplos revelan que la actitud medieval
55 presentaba la muerte como algo casi deseable: «al
morir, descansamos» dice Manrique. En la época
moderna la vida asume más importancia, pero aún

---

[3]*Jorge Manrique* (1440–1478)   A famous medieval Spanish poet. His *Coplas a la muerte de su
padre* contain a cogent expression of the medieval attitude toward life and death.

existen rastros de la idea medieval, que son suficientes para mantener cierta atracción hacia la muerte, o
60 al menos disminuir el miedo que se le tiene.
Claramente lo expresa un dicho: «Nacer es empezar a
morir, y morir es empezar a vivir».

En la sociedad hispánica moderna la muerte fas-
cina, intriga y, aun más, desafía al hombre. Los ries-
65 gos implícitos en la corrida de toros son un ejemplo de
esta atracción. El hombre y el toro luchan a muerte,
y el hecho de que el toro muere más frecuentemente
no cambia el simbolismo. Muchos toreros han muerto
en la corrida a través de los años.

70 Octavio Paz sugiere que la propensión del mexicano hacia la pelea violenta con navajas o pistolas
durante las fiestas y el uso excesivo de las bebidas
alcohólicas reflejan esta misma actitud. Aunque Paz
habla del mexicano, su idea es válida para toda
75 Hispanoamérica: «Para el habitante de Nueva York,
París o Londres, la muerte es la palabra que jamás se
pronuncia porque quema los labios. El mexicano, en
cambio, la frecuenta, la burla, la acaricia, duerme con
ella, la festeja, es uno de sus juguetes favoritos y su
80 amor más permanente.» Paz dice que la muerte no le
da miedo al mexicano porque «la vida le ha curado de
espantos».[4] Los estudios sicológicos revelan la presencia de la muerte con más frecuencia en los sueños
de la gente hispánica.

COMPRENSIÓN

A.   Escoja la frase más apropiada para completar la oración.

1.   Un muerto de hambre se refiere a...
     a. un hipócrita.
     b. un hambre feroz.
     c. una persona pobre.

2.   El dicho «Dime cómo mueres y te diré quién eres» sugiere...
     a. que los pobres mueren temprano.

---

[4] *«la vida le ha curado de espantos»*   "life has cured him of shocks"; that is, he has suffered every
possible misfortune in life so death cannot be anything worse.

b. que no eres nadie cuando estás muerto.

c. que la muerte define y da valor a la vida.

3. El poema de Manrique dice que después de morir el trabajador...

a. y el rey son iguales.

b. vive por sus manos.

c. es un rico.

4. Octavio Paz dice que en muchos lugares la palabra muerte...

a. no se entiende.

b. nunca se dice.

c. no tiene significado.

B. Responda a las siguientes preguntas personales.

1. ¿Ha visto Ud. una corrida de toros? ¿Tiene interés en ver una?

2. ¿Cree que es importante el riesgo mortal en la vida? ¿Ha saltado Ud. con un «bungee» o en un paracaídas? ¿Practica los deportes extremos?

III. LAS ACTITUDES INDÍGENAS HACIA LA MUERTE

Los indígenas americanos también tenían sus propias ideas acerca de la muerte, y después de la conquista, éstas pasaron a formar parte de la cultura
5   hispanoamericana de algunos países.

El Obispo Diego de Landa, que investigó la cultura maya en el siglo XVI, nos dice que los mayas sentían gran tristeza ante la muerte. Enterraban a la gente común bajo el piso de su casa, la cual abando-   **piso** *floor*
10 naban después. A los nobles —los sacerdotes— los enterraban con más cuidado, colocando las cenizas en   **cenizas** *ashes*
el centro de las pirámides. Algunas tribus tenían la costumbre de hervir el cadáver hasta poder separar la   **hervir** *to boil*
carne de los huesos, los cuales usaban para recons-
15 truir la cara del muerto con resina. Guardaban estas   **resina** *resin*
figuras en una especie de álbum familiar de los ante-   **especie** *(f) kind /*
pasados. Los mayas, al igual que otros grupos, prac-   **antepasados** *ancestors*
ticaban sacrificios humanos.

Los incas del Perú tenían un concepto de la
20 muerte muy semejante al europeo. Creían que des-
pués de la existencia terrenal había otra vida eterna.   **terrenal** *earthly*
Si uno había vivido bien, terminaba en el cielo, que
ofrecía todos los placeres, y si no, iba al infierno, que   **placeres** *(m) pleasures /*
era un lugar muy frío.   **infierno** *hell*

25 Quizás los aztecas hayan tenido el concepto más interesante. Dice Eduardo Matos Moctezuma, conocido arqueólogo mexicano, que: «el hombre prehispánico concebía la muerte como un proceso más de un ciclo constante, expresado en sus leyendas y mitos. La leyen-
30 da de los Soles nos habla de esos ciclos que son otros tantos eslabones de ese ir y devenir, de la lucha entre la noche y el día,... Es lo que lleva a alimentar al sol para que éste no detenga su marcha y el por qué de la sangre como elemento vital, generador de movimiento. Es la
35 muerte como germen de la vida.» Concebían la existencia como un círculo: el nacimiento y la muerte eran sólo dos puntos en ese círculo. Creían que la humanidad había sido creada varias veces antes y que siempre había sufrido un cataclismo terrible. Lo que determi-
40 naba el lugar del alma no era la conducta en la vida, sino el tipo de muerte y la ocupación que en vida había practicado la persona: los guerreros muertos en batalla o sobre la piedra de sacrificio iban al paraíso oriental, que era la casa del sol, donde vivían en jardines llenos
45 de flores. Después de cuatro años volvían a la tierra en forma de colibríes.

Las mujeres que morían en el parto iban al pa-
raíso occidental, la casa del maíz. Al bajar a la tierra, lo hacían de noche como fantasmas. Esta tradición,
50 junto con algunas historias españolas del mismo tipo, han sido conservadas en la leyenda de «la llorona», una mujer que camina por la tierra de noche amenazando a las mujeres y a los niños.

El infierno de los aztecas quedaba al norte y pre-
55 sentaba nueve pruebas para las almas antes de que éstas pudieran llegar al descanso final: ríos caudalosos, vientos helados, fieras que comían los corazones, etc. Para ayudar al muerto en estas pruebas era costumbre enterrar varios instrumentos y armas con el
60 cadáver.

Aunque todas las civilizaciones indígenas cono-
cían el sacrificio humano, ninguna lo practicaba tanto como los aztecas. Los sacrificios servían, principalmente, como alimento para los dioses que
65 demandaban la vida contenida en la sangre y el corazón humanos.

Buen ejemplo era el culto azteca de Huitzi-
lopochtli, su dios protector identificado con el sol y que todos los días tenía que luchar contra las estrellas

conocido   *well-known*

concebía   *conceived of*

eslabones   *links* / devenir *becoming*

germen (*m*)   *seed*

cataclismo   *catastrophe*

guerreros   *warriors*

colibríes (*m*) *hummingbirds* / parto *childbirth*

llorona   *crying or moaning woman* / amenazando *threatening*

pruebas   *tests*
caudalosos   *raging*
fieras   *beasts*

estrellas   *stars*

70 y contra su hermana la luna para darle otro día de
vida al hombre. Los aztecas se consideraban elegidos
del sol y por eso se dedicaban a la guerra ritual —lla-
mada guerra florida— no para conquistar nuevos   florida   *select, elitist*
territorios, sino para conseguir prisioneros para el
75 sacrificio. Según los cronistas, se hacían más de
20.000 sacrificios por año. El público estaba obligado
a asistir a estos ritos bajo pena de castigos severos, lo   pena   *penalty* / castigos
que hace pensar que la muerte constituía una presen-   *punishment*
cia constante en la vida diaria de los aztecas, como lo
80 era también en la vida española. Al mezclarse estas   Al mezclarse   *On mixing*
dos culturas, la muerte siguió ocupando un lugar cen-
tral en los cultos de la vida.

COMPRENSIÓN

A. Complete según el texto.

1. Los mayas enterraban a la gente común _____.
2. Los incas tenían un concepto de la muerte _____.
3. Según los aztecas, las mujeres que morían en el parto iban a
    _____.
4. Las civilizaciones indígenas que practicaban el sacrificio humano
    incluían _____.

B. Responda a las siguientes preguntas personales.

1. ¿Piensa Ud. que después de la muerte el alma sigue viviendo?
2. ¿Teme Ud. a la muerte? Explique.

IV. PRÁCTICAS FUNERARIAS

Esta atención que se le da a la muerte
resulta en una serie de prácticas y costumbres que reflejan las creencias religiosas y las tradiciones populares.
5   Una de las más conocidas es el
velorio, una vigilia para honrar al difunto y consolar   velorio   *wake* / vigilia
a sus familiares. Frecuentemente se sirven comidas y   *vigil*
bebidas y para la mayoría de los asistentes constituye
una ocasión social. Se hace comúnmente en casa y
10 con el ataúd presente. Para muchos es un acto muy
importante.

Esta exposición de artesanía mexicana fue especialmente diseñada para el Día de los Muertos. ¿Qué actitud refleja?

Otra costumbre importante es la de publicar un anuncio en el periódico, a veces en la primera plana. Estos anuncios o «esquelas de defunción» llevan el
15 nombre del difunto y de los miembros de su familia. También se ven anuncios publicados por amigos, socios o empleados del muerto. Tienen la misma

anuncio   *advertisement /* plana   *page /* esquela de defunción   *death notice*

socios   *partners*

función que los obituarios en los Estados Unidos con la diferencia de que aquéllos son mucho más eviden-
20 tes que éstos.

La costumbre de vestirse de luto también es muy común en la sociedad hispánica. La viuda guarda luto relativamente severo durante uno, dos o más años y toda la familia tiene la obligación de llevar una vida
25 restringida, sin fiestas ni diversiones, durante cierto tiempo.

También se acostumbra ofrecer misas especiales por el alma del difunto y encender velas votivas. Con todo esto se trata de asegurar que entre el alma en el
30 paraíso.

Una superstición muy común es que las almas que no pueden entrar en el paraíso están condenadas a vagar como fantasmas por la tierra de noche. Cuando una persona muere a manos de un asesino y
35 no recibe la extremaunción, o sea los ritos finales, su alma vuelve a la tierra para vengarse del responsable. Estas almas «en pena» son la fuente de muchos cuentos y leyendas que se utilizan para inspirarles miedo a los niños malcriados.
40 Otra costumbre relacionada con la muerte es la de celebrar el «Día de los Muertos», el dos de noviembre.[5] Durante ese día se recuerda a los muertos o a la muerte como fenómeno. En algunos sitios, como en México, se hacen dulces y panes en forma de calaveras y esque-
45 letos, y en los pueblos pequeños hispánicos la gente pasa el día en el cementerio, donde limpian alrededor de los sepulcros y colocan flores frescas en la tumba de los familiares. Los sicólogos contemporáneos sugieren que la tendencia norteamericana a clasificar la muer-
50 te como un tabú para los niños crea efectos negativos en el adulto, ya que éste no aprende a vivir con la muerte y no sabe enfrentarla cuando se presenta. Este problema no existe para el niño hispánico.

Un fenómeno interesante en el mundo hispánico
55 es la preocupación por los restos mortales. En los casos de personas ilustres se pueden crear verdaderas

viuda *widow*

restringida *restricted*

misas *masses*
encender *to burn* / velas
votivas *votive candles*

vagar *to wander*

extremaunción *last rites*

«en pena» *in agony*

malcriados *misbehaving*

calaveras *skulls* /
esqueletos *skeletons*

sepulcros *graves*

enfrentarla *to face it*

restos *remains*

[5]*Día de los Muertos* Also called *Día de los Difuntos*, known in English as All Souls' Day. This religious holiday is a more important event in the Hispanic world than in the United States.

polémicas sobre su destino. Tal es el caso de Cristóbal
Colón. Hoy día existen dos tumbas que guardan los
restos de Colón, una en la catedral de Sevilla y la otra
60 en Santo Domingo. Colón murió en España, pero su
familia hizo trasladar el cadáver a Santo Domingo, la
primera colonia del Nuevo Mundo.[6] En la confusión
de la época de independencia los restos fueron trasla-
dados otras veces y las autoridades terminaron per-
65 diéndolos. Todavía no se sabe por seguro en qué
tumba están verdaderamente los restos de Colón.

    Otro caso interesante es el de Evita Perón, espo-
sa del presidente Juan Perón de la Argentina. Por la
popularidad de Evita, el gobierno que depuso a Perón   depuso *deposed*
70 mandó enterrar el ataúd con los restos de su esposa en
Italia. Cuando Perón regresó a la Argentina, después
de dieciocho años de exilio, le prometió al pueblo la
devolución de los restos de la querida Evita. Cuando   devolución *return*
el gobierno vaciló en permitirlo, un grupo de «pero-
75 nistas» se robó el cadáver de otra figura pública y
demandó la devolución de los restos de Evita a la
Argentina, a cambio de los restos del otro político.   a cambio de *in exchange*
Constituyeron unos «restos en rehenes». El gobierno   *for* / en rehenes *held*
consintió y todos los restos se colocaron en su lugar   *hostage*
80 apropiado.

    En resumen vemos que la muerte es cosa natural
para los hispanos cuando dicen: «Para el último viaje,
no es menester equipaje». Y cuando dicen: «Cuando   menester *necessary* /
viene la Chata, ¿qué hacer sino estirar la pata?» o   equipaje (*m*) *luggage* /
85 «Al morir no hay huir», indican que la muerte es   Chata *popular name*
inevitable.   *for death* / estirar la
     pata (*slang*) *to die* /
     no hay huir *there's no*
     running away

COMPRENSIÓN

A. Decida si las siguientes oraciones son verdaderas o falsas según el texto.

   1. Una esquela de defunción es un anuncio de muerte.
   2. El Día de los Muertos se celebra en diciembre.

---

[6]*Santo Domingo* An island in the Caribbean where the first Spanish-American government was
located. It is now divided between two countries—the Dominican Republic and Haiti (formerly a
French colony). The capital city of the Dominican Republic is *Santo Domingo*.

3. La muerte en el mundo hispánico se considera una cosa natural.
4. La tumba de Colón se encuentra sólo en Sevilla.
5. Evita Perón fue una figura popularísima en la Argentina.

B. Responda a las siguientes preguntas personales.

1. ¿Ha asistido Ud. a un velorio? ¿a un entierro?
2. ¿Cuál fue su reacción?

PRÁCTICA

I. Ejercicios de vocabulario

A. Indique los sinónimos.

1. muerto	a.	asustar
2. funeral	b.	sin valor
3. de mala muerte	c.	hermosura
4. belleza	d.	tumba
5. esquela	e.	difunto
6. sepulcro	f.	nota
7. espantar	g.	entierro

B. Complete con una palabra relacionada a la palabra entre paréntesis.

1. (atraer) La muerte ejerce una _____ fuerte.
2. (victoria) Anuncia su regreso _____.
3. (enfermo) Las _____ a veces traen la muerte.
4. (consolar) La viuda necesita el _____ de los amigos.
5. (igual) La muerte puede verse como la gran _____.
6. (investigación) Es necesario _____ el concepto.
7. (ruido) Los mayas lamentaban _____ la muerte.

C. Elija la palabra más apropiada de la lista para completar las oraciones.

contraste	mezcla	fantasma
acostumbrado	diaria	enterrar
disminuir	alma	obsesión
elegido		

1. Los aztecas se creían el pueblo _____ del sol.
2. La cultura hispanoamericana es una _____ de la cultura indígena y la española.
3. El concepto de la muerte presenta un punto de _____ cultural.
4. El niño del mundo hispánico está _____ a la muerte.
5. La llorona es un _____ conocido.

6. La muerte está presente como parte de la vida _____.
7. La preocupación con los restos mortales se vuelve a veces una _____.

II. Puntos de contraste cultural

1. ¿Qué actitud hacia la muerte es más saludable, la hispánica o la norteamericana?
2. ¿Cómo se comparan *Halloween* y el Día de los Muertos?
3. ¿Sabe Ud. dónde están los restos de George Washington o de Abraham Lincoln?

III. Debate

Los niños no deben tener contacto con la muerte si es posible evitarlo.

IV. El arte de escribir: descripción de paisajes y objetos

La descripción de los paisajes o las cosas es semejante a la descripción de las personas. Es cuestión de utilizar adjetivos y otras palabras para hacer que el lector visualice el paisaje o el objeto. Por ejemplo:

La casa de la estancia era grande y las dependencias del capataz estaban cerca.

La descripción se puede mejorar con más detalles:

La casa de la estancia era grande y un poco abandonada; y las dependencias del capataz, que se llamaba Gutre, estaban muy cerca.

1. Con los compañeros de clase escriba una descripción de su salón de clase. Cada alumno debe añadir un detalle.
2. Escriba Ud. una descripción de algo que conoce bien o que pueda observar mientras escriba. Trate de incluir todos los detalles importantes.

V. Ejercicios de composición dirigida

A. Llene los espacios en blanco para hacer un resumen de la lectura.

La _____ hispánica hacia la muerte es _____ a la actitud de la mayoría de los norteamericanos. Los hispánicos ven la _____ como una cosa natural que da _____ a la vida. No _____ de esconderla ni de los niños, quienes aprenden a experimentar las emociones de la muerte desde muy _____. Muchos sicólogos _____ que esta _____ es más saludable que nuestra práctica de esconder lo más _____ su presencia.

B. (De aquí en adelante se presentarán en esta sección algunos temas de composición que requerirán su opinión o actitud personal. Las palabras entre
paréntesis deberán ser suplementadas por otras, donde sea conveniente.)
Describa su actitud personal hacia:

1. la presencia cotidiana de la muerte
    (dar miedo, natural, escondido, gustar, creer, evitar, vida)
2. los entierros
    (costoso, lujoso, sencillo, asistir, preferir, deber, gastar, niño)
3. sus propios restos mortales
    (entierro, cementerio, querer, cerca de, no importa, es mejor,
    preocuparse)
4. el tipo de muerte más atractivo
    (ninguno, heroico, violento, pacífico, rápido, lento, joven, viejo)

VI. Situación

Imagínese Ud. que un amigo le ofrece una medicina que ha descubierto él que
le hace a Ud. vivir hasta la edad de 200 años. ¿La tomaría o no? Discuta las
ventajas y desventajas de una vida larga. ¿Cómo tendríamos que cambiar para
ser felices durante 200 años?

Aspectos económicos
de Hispanoamérica

La Bolsa de Valores en la Ciudad de México. ¿Por qué perdió

la bolsa la mitad de su valor en los primeros meses de 1995?

VOCABULARIO ÚTIL

Estudie estas palabras antes de leer el ensayo.

Verbos

aumentar   *to increase*
crecer   *to grow (in size)*
estimular   *to stimulate*
mejorar   *to improve*
producir   *to produce*

Sustantivos

el comercio   *trade*
el cultivo   *crop, growing*
el desempleo   *unemployment*
la deuda   *debt*
   la deuda externa   *foreign debt*
el empleo   *employment, job*
el, la extranjero, -a   *foreigner*
el extranjero   *abroad, outside the country*
el intercambio   *interchange, trade*

el negocio   *business*
la pobreza   *poverty*
el, la propietario, -a   *property owner*
la renta   *income*
la riqueza   *richness, riches*
la teoría   *theory*

Adjetivos

actual   *current*
agrícola   *agricultural*
creciente   *growing*
extranjero, -a   *foreign, alien*
fabricado, -a   *manufactured, made*
interno, -a   *internal*
lento, -a   *slow*
pobre   *poor*
rico, -a   *rich*

ENFOQUE

Una de las mayores preocupaciones políticas y sociales de los gobiernos de Hispanoamérica ha sido el desarrollo económico. Aunque sus suelos son ricos en materia prima, mucha gente vive en la pobreza, lo que hace difícil cualquier tentativa de mejorar su nivel de vida. Este problema tiene sus raíces en la historia de cada región.

materia prima   *raw materials*

En esta unidad se presentan algunas de las razones históricas que pueden explicar este problema económico y algunos de los resultados actuales.

ANTICIPACIÓN

¿Cuánto sabe Ud. sobre los problemas económicos de Hispanoamérica? Antes de comenzar a leer, con unos compañeros de clase, haga una lista de los puntos que probablemente aparecerán en la lectura.

I. LOS ANTECEDENTES HISTÓRICOS

Uno de los motivos básicos de los viajes de Cristóbal Colón fue el económico. El interés en el comercio hizo que se buscara una nueva **ruta** a las tierras del Oriente. Antes de darse cuenta del descubrimiento de un «nuevo mundo» los Reyes Católicos, Fernando e Isabel,[1] lo llamaron «las Indias».[2]

Lo primero que atrajo la atención de los agentes de los monarcas fue la gran riqueza mineral que representaban el oro, la plata y las piedras preciosas que usaban los indígenas. Casi inmediatamente se comenzó a desarrollar una gran industria minera. En la ciudad de Potosí, en lo que hoy es Bolivia, se descubrió en 1545 una verdadera montaña de oro y plata. Todavía hoy se dice en español que algo de gran valor «vale un potosí». En un siglo, Potosí llegó a ser la ciudad más grande del hemisferio, con más de 150.000 habitantes.

En la agricultura, los reyes de España estimularon el cultivo de varios productos no conocidos en Europa, como la **caña** de azúcar, el tabaco, el **cáñamo** y el **lino**. También hicieron llevar a América **semillas** de casi todas las plantas que existían en España.

La presencia de los indios **proveyó** a los colonos de mano de **obra** en cantidad suficiente. Los indios tenían una tradición ya establecida de entregar gran

ruta route

caña cane / *cáñamo*
hemp / lino *flax* /
semillas seeds

proveyó... obra provided
the colonists with
manual labor

---

[1] *los Reyes Católicos, Fernando e Isabel* The marriage of Fernando of Aragón and Isabel of Castile in 1469 unified Spain as a single nation. Fernando and Isabel were king and queen of Spain in 1492 when America was discovered and were responsible for the creation of colonial policy.

[2] *las Indias* The official name of the new world colonies. It was given because they were originally thought to be the East Indies, for which Columbus was searching.

parte de sus productos a sus jefes, así que fue fácil
para ellos sustituir un amo por otro.

amo   *master*

30   A pesar de todo esto, el desarrollo se vio obstaculizado por las teorías económicas de esa época. El
monarca español veía las colonias como posesión personal y prohibía el comercio con otros países.
También se pensaba que la riqueza nacional consistía
en la acumulación más que en la venta de productos.
35   Esta idea favorecía los minerales preciosos, pero desfavorecía los productos agrícolas y manufacturados.

obstaculizado   *hindered*

venta   *sale*
desfavorecía   *slighted*

Además de esas teorías, era la práctica premiar a
los que servían bien a la monarquía con grandes par-
celas de tierra. Este sistema, llamado «la encomien-
40   da»,[3] también exigía que los indios trabajaran para el
encomendero, quien vivía cómodamente de sus rentas.
Resultó en una clase social de «criollos»,[4] que poseían
casi toda la tierra para el fin de la época colonial.

premiar   *to reward*

exigía   *demanded*

Cuando ganaron la independencia de España en
45   el primer cuarto del siglo XIX, casi todas las naciones
nuevas dependían de los minerales o de un cultivo o
un producto único. Los gobiernos necesitaban urgen-
temente dinero y mercados para sus productos. Los
productos que exportaban servían para pagar la
50   importación de artículos fabricados, y como resultado
no hubo nunca mucho intercambio económico con los
países vecinos. Llegó cada país a tener dos economías: una internacional en que participaban principalmente los ricos, y otra interna de intercambio de
55   mercancías elementales. A los propietarios ricos, que
dependían del extranjero, no les interesaba el desarrollo interno del país, ni lo facilitaban con la construcción de caminos ni de sistemas bancarios.
Además, como los ricos controlaban la economía, los
60   gobiernos reformistas no tenían suficientes recursos
para poder hacer mejoras.

ganaron   *they gained*

mercancías   *merchandise*

bancarios   *banking*

recursos   *resources*

~~~~~~

[3]*encomienda*   The feudal system of granting land and its inhabitants to a loyal and faithful colonist. The latter received a tax from the natives who lived on and tilled the land and in return was
obligated to protect and defend his serfs. Although the people were not technically slaves, the result
was practically the same. The holder of the land grant was called the *encomendero.*

[4]*criollos*   Creoles: in colonial Spanish America, people of pure European descent born and raised
in the colonies.

COMPRENSIÓN

A. ¿Son ciertas o falsas estas oraciones? Corrija las falsas.

1. Un motivo básico por el viaje de Colón fue el hambre.
2. Potosí era una montaña de minerales preciosos.
3. «La encomienda» era el sistema de mandar productos agrícolas a España.
4. El monarca español estimulaba el comercio entre las varias colonias.
5. A los propietarios ricos no les interesaba el desarrollo de la economía internacional.

B. Responda a las siguientes preguntas personales.

1. ¿Quiere Ud. ser dueño(a) de una casa algún día? ¿de una hacienda?
2. ¿Cree Ud. que es accesible un estado económico mejor que el de sus padres? ¿Por qué sí o por qué no?
3. ¿Le importa mucho la seguridad económica? Explique.
4. ¿Hasta qué punto tienen efecto en su futuro las teorías económicas del gobierno de hoy?

II. SOLUCIONES MODERNAS

Cuando a fines del siglo XIX surgió la idea del desarrollo económico, hubo tres elementos importantes que llegaron a formar el lema de los partidos reformistas. El primero era el de estimular la industrialización interna para reducir la importación de productos fabricados. El obstáculo principal era que se necesitaba invertir grandes capitales sólo disponibles en el extranjero, y esto significaba una creciente deuda externa.

Otro paso deseable era la distribución de la tierra, que estaba concentrada en las pocas manos de la clase criolla, a los pequeños propietarios, o campesinos. Este proceso, llamado «reforma agraria»,[5] tenía el propósito de disminuir el poder económico de la oligarquía y de aumentar la producción de comestibles. Sin embargo,

surgió *appeared*

lema (*m*) *slogan*

invertir *to invest*
disponibles *available*

campesinos *peasants*

comestibles (*m*) *food*

[5]*reforma agraria* The general term used to mean some kind of redistribution of land into smaller parcels owned by a larger number of people.

el resultado fue que los pequeños propietarios no tenían ni los recursos ni la voluntad de producir más de
lo que consumían y la producción disminuye.
20 Frecuentemente se veían obligados a vender su tierra
a empresas con más motivación económica.

El tercer elemento era el de establecer una mejor
posición frente a las naciones avanzadas, especialmente frente a los Estados Unidos. La idea era conseguir
25 una unión económica de los países hispanoamericanos, semejante a la que habían formado las naciones
europeas. La tradición de competencia por los mismos
mercados, sin embargo, hacía difícil este paso.
Además, en muchos países, el capital extranjero tiene
30 interés en impedir que se desarrolle el mercado, ya que
esto disminuiría su dominio. En 1960 fue formada la
Asociación Latinoamericana de Libre Comercio,[6] una
tentativa hacia la integración económica, a la cual
pertenecen muchas naciones. Los países centroameri-
35 canos han intentado estimular el comercio regional y
también la Argentina y el Brasil han tomado algunos
pasos en esa dirección.

recursos *resources /*
voluntad *will*

obligados *obliged*
empresas *enterprises*

conseguir *to achieve*

semejante *similar*
competencia *competition*

disminuiría *would diminish*

tentativa *attempt*

COMPRENSIÓN

A.   ¿Son ciertas o falsas las oraciones? Corrija las falsas.

1.   Era importante estimular la industrialización interna.
2.   La «reforma agraria» significa modernizar las prácticas agrícolas.
3.   Un propósito de la distribución de la tierra era para disminuir el poder de la oligarquía.
4.   Hispanoamérica siempre ha demostrado mucha cooperación econó-mica.

B.   Responda a las siguientes preguntas.

1.   ¿Cómo es la economía de los Estados Unidos en estos días? ¿Qué problemas existen?

---

[6]*Asociación Latinoamericana de Libre Comercio* (ALALC)   Latin America Free Trade
Association (LAFTA); a loosely-structured common market to which most of the nations of Latin
America belong. Regional trade still accounts for less than 20% of the total in Latin America,
however.

2. ¿Cuáles son algunas medidas económicas deseables para los Estados Unidos?
3. ¿Qué se puede hacer para ayudar a los pobres en los Estados Unidos? ¿Qué medidas prefiere Ud.?

III. LA SITUACIÓN ACTUAL

En vista de esta serie de dificultades, es obvio que el progreso será lento. Hoy día la población hispanoamericana crece a un promedio de 2,7% por año. Aun los países más industrializados no pueden proporcionar empleo para tal cantidad de gente. Las grandes ciudades experimentan un aumento anual mucho mayor a causa de la migración constante del campo a la ciudad. Como resultado, es posible que el desempleo de las ciudades llegue al 20%.

El caso reciente de México demuestra algunas de las dificultades que puede traer el progreso rápido en los países hispanoamericanos. Experimentó México unos años de desarrollo económico bastante rápido. Este progreso se basó en gran parte, como se ha dicho, en la inversión de capital del extranjero. Mucho de este capital venía de inversionistas grandes de los Estados Unidos. A finales de 1994 el gobierno no pudo evitar una devaluación del peso y lo hizo sorpresivamente. Este paso causó una reacción de miedo entre los inversionistas, especialmente en el extranjero, y hubo una venta masiva de acciones y bonos mexicanos. Sólo una inyección del gobierno estadounidense de unos 40 mil millones[7] de dólares pudo evitar una catástrofe nacional completa. Se ve que la dependencia del capital extranjero muestra algunos de los mismos peligros que tiene la dependencia de un producto de exportación.

El caso de El Salvador, el país más pequeño de Hispanoamérica y el de más densidad de población, muestra que la reforma agraria sigue desafiando a los

En vista *In view*

proporcionar *to provide*
experimentan *experience*

inversión *investment*

venta *sale* / acciones *stocks* / bonos *bonds* / estadounidense *(adj)* U.S.

desafiando *challenging*

---

[7] *40 mil millones* Forty billion in U.S. terms. *Billón* in Spanish means a million million or what is called a trillion in the U.S.

*Los tipos de cambio del
peso mexicano. ¿Cuál de
las divisas vale más que
el dolár americano?*

CENTRO DE CAMBIO

Currency	Compra-Venta Ns	
Dolar Americano	7.43	7.495
Dolar Canadiense	5.00	5.60
Libra Esterlina	10.20	11.71
Marco Alemán	4.70	5.23
Franco Suizo	5.80	6.50
Franco Francés	1.30	1.52
Yen Japonés	0.064	0.070
Peseta Española	0.052	0.062
US Travel Check	6.60	

CUENTE SU DINERO

gobiernos modernos. Las siguientes estadísticas revelan el problema: unas seis familias ricas poseían más
tierra que 133.000 familias pobres; unas dos mil pro-
35 piedades abarcaban casi 40% de la tierra; unas tres-
cientas mil familias rurales no poseían tierra alguna.
Se calcula que la cantidad mínima de tierra necesaria
para sostener a una familia es de nueve hectáreas.
Para una población de casi 5.000.000 de habitantes se
40 requeriría dos países del tamaño de El Salvador.

Esta situación produjo una creciente actividad gue-
rrillera durante la década de 1980. El gobierno moderado trató de establecer un sistema de reforma agraria
y produjo reacciones igualmente violentas de parte de
45 los dos extremos: el de izquierda y el de derecha. Esta
violencia duró varios años hasta que elementos de paí-

poseían *possessed*

abarcaban *took in*
tierra alguna *any land at
all*

nueve hectáreas *about
twenty-two acres*

ses vecinos y de la ONU[8] intervinieron para producir un acuerdo de paz en 1992. Sin embargo, el acuerdo no resolvió el problema básico de la disposición de la tie-
50 rra. Todo esto es otro ejemplo del peso de la historia colonial que creó esta imposible situación económica.

Después de la muerte en 1975 del dictador Franco, España ha tenido interés en establecer mejores relaciones comerciales con sus antiguas colonias. Ha
55 aprovechado su cultura, idioma e historia comunes en una búsqueda de intercambios económicos y culturales. De su lado España ha concedido préstamos y créditos a algunos países. España ingresó en 1986 en la Comunidad Europea[9] y las relaciones con el inmenso
60 mercado de Hispanoamérica representan un elemento bastante atractivo para todos los miembros de la Comunidad. La entrada al mercado europeo por medio de España también es atractivo para los hispanoamericanos.
65 Otra mejora de los últimos años en Hispanoamérica es que se ha visto una baja en la evasión de capital que tanto frenaba el progreso económico. Cuando los ciudadanos de un país no tienen confianza en su economía y su dinero, mandan su capital al
70 extranjero. Esto resulta en una falta de capital doméstico para financiar el crecimiento económico. Con la estabilidad política que han podido lograr en la región, ese capital se está repatriando rápidamente en los últimos años, lo cual promete un futuro con más esperan-
75 za. Pero el caso de México muestra la fragilidad que caracteriza esta opinión pública.

intervinieron intervened
acuerdo agreement

peso weight, importance

Ha aprovechado *[Spain] has taken advantage of*

concedido granted

por medio de *through*

evasión flight
frenaba slowed down

falta lack
crecimiento growth
estabilidad stability /
lograr achieve /
repatriando repatriating

COMPRENSIÓN

A. Responda según el texto.

1. ¿Qué acto del gobierno mexicano causó la crisis en 1994?
2. ¿Qué aspecto del problema de la tierra salvadoreña refleja las prácticas coloniales?

---

[8]*ONU (Organización de las Naciones Unidas)* The United Nations.

[9]*Comunidad Europea* The European Community, or Common Market, is made up of fifteen industrialized countries of Western Europe. It is now called the European Union and is abbreviated UE in Spanish.

3. ¿Qué hizo el gobierno salvadoreño durante la década de los 80?

4. ¿De qué tamaño tendría que ser El Salvador para mantener su población?

5. ¿Qué aprovecha España para mejorar sus relaciones comerciales con sus antiguas colonias?

B. Responda a las siguientes preguntas personales.

1. ¿Debe el gobierno de los Estados Unidos ayudar a los países del Tercer Mundo? ¿Por qué sí o por qué no?

2. ¿Qué ventajas y desventajas hay en esa ayuda?

3. ¿Debe los Estados Unidos ayudar económicamente a la CEI (Comunidad de Estados Independientes, antigua Unión soviética)? ¿Por qué sí o por qué no?

4. ¿Debemos ayudar sólo a los gobiernos amistosos o a todos los que lo necesitan?

IV. LA CULTURA DE LA POBREZA

La pobreza en Hispanoamérica tiene una larga tradición, tan larga que, según la opinión de muchos observadores, adquiere aspectos de una cultura o   **adquiere** *acquires*
5 subcultura. Este estilo de vida o cultura pasa de generación en generación y sirve de mecanismo de supervivencia en un mundo hostil. El antropólogo Oscar Lewis[10] ha sugerido que esta cultura no varía de un país a otro; las medidas adoptadas por la   **supervivencia** *survival*
10 gente en situaciones similares muestran una cierta universalidad, y la pobreza en cualquier nación moderna presenta las mismas dificultades humanas.

El profesor Lewis describe varias características de la pobreza en la capital de México que pueden ser
15 observadas fácilmente en cualquier otro país. La tercera parte de la población es pobre; esta gente tiene una mortalidad más alta y un promedio vital más bajo que los otros dos tercios. Contiene por lo tanto una mayor proporción de jóvenes.   **tercera parte** *one third*

    mortalidad *death rate* / **promedio vital** *life expectancy* / **por lo tanto** *therefore*

---

[10]*Oscar Lewis* (1914–1970) a North American anthropologist who studied poverty in Mexico extensively. His books *Five Families* and *The Children of Sánchez* are major contributions to the understanding of the culture of poverty.

Unos campesinos peruanos al fin de la jornada. ¿Es un cultivo típico el que se ve al fondo?

20   Por su falta de instrucción los pobres tienden a existir al margen de la sociedad en que viven. No son miembros de los sindicatos de trabajadores ni de los partidos políticos. Tampoco hacen uso de los elementos considerados como índices del progreso: los ban-
25 cos, los hospitales, las tiendas grandes, los aeropuertos o los museos.

sindicatos de trabajadores
labor unions

El sector pobre de la población tiene varias características económicas. Una es la escasez de empleo. Por eso hay un gran porcentaje de niños que trabajan
30 para ayudar a la familia. Los que pertenecen a esta cultura no pueden ahorrar dinero y tienden a vivir al día o aún de comida a comida, comprando lo necesario varias veces al día. Viven en el presente. Su actitud hacia el futuro es fatalista, y tienen poco interés
35 en planear su vida.

escasez *(f)   scarcity*

pertenecen   *belong*
ahorrar   *to save* / al día
   day by day

Socialmente, hay una tendencia a recurrir a la violencia para resolver los conflictos —entre vecinos, entre esposos, entre padres e hijos. La madre ejerce la mayor influencia en las familias, de las cuales una
40 alta proporción no tiene padre. El alcoholismo es común porque la bebida hace olvidar las pésimas condiciones de vida.

recurrir   *to resort*

Existe además bastante desconfianza hacia las
instituciones políticas y sociales como la policía, las
45 agencias del gobierno y aun la iglesia. Hay una actitud
cínica hacia las medidas para mejorar las condiciones
de vida que son aprobadas por la sociedad establecida.
Al mismo tiempo, hay una creciente conciencia entre
los pobres de su situación económica, y de la gran dife-
50 rencia entre ellos y las clases media y alta. Esta creciente conciencia ha hecho que los partidos tradicionales
tengan que pensar al menos en alguna solución. El
hecho de que los pobres son el blanco principal de
movimientos revolucionarios que utilizan tácticas gue-
55 rrilleras constituye una preocupación constante de casi
todos los gobiernos actuales de Hispanoamérica.

desconfianza   *mistrust*

aprobadas   *approved*

blanco   *target*
guerrilleras   *guerrilla*

COMPRENSIÓN

A. Complete según el texto.

1. La pobreza ha existido durante tanto tiempo que ha adquirido

_____.

2. El profesor Lewis describió la pobreza _____.
3. En la cultura de la pobreza la actitud hacia el futuro es

_____.

4. En esa cultura hay mucha desconfianza _____.
5. Socialmente, hay una tendencia a recurrir a la violencia para

_____.

B. Responda a las siguientes preguntas.

1. ¿Hay una cultura de la pobreza en los Estados Unidos?
2. ¿Ahorra Ud. dinero? ¿Piensa que va a ahorrar después de graduarse?
3. ¿Hace Ud. uso de algunas instituciones de la sociedad como los
    museos, los bancos y los aeropuertos?
4. ¿Compra su familia mucha comida a la vez (*at one time*)? ¿Por qué
    sí o por qué no?

PRÁCTICA

I. Ejercicios de vocabulario

A. Encuentre en el texto seis pares de palabras que deriven de la misma pala-
    bra básica.

Modelo   economía / económico

B.   Escriba la forma apropiada de la palabra entre paréntesis.

Modelo   (economía) el desarrollo *económico*

   1. (pobre)   la cultura de la _____
   2. (reforma)   un gobierno _____
   3. (producir)   aumentar _____ de alimentos
   4. (colonia)   el gobierno _____
   5. (favor)   un elemento que _____ el progreso
   6. (exportar)   estimular la _____ de minerales
   7. (construir)   la _____ de caminos
   8. (industria)   fomentar la _____ del país
   9. (universo)   la pobreza muestra cierta _____
 10. (crecer)   una _____ conciencia de sus condiciones

II. Puntos de contraste cultural

   1.   ¿Cuáles son algunas de las diferencias entre la organización económica de las colonias hispanoamericanas y las inglesas?
   2.   El siglo XIX es una época de gran progreso en los Estados Unidos. ¿Existe el mismo progreso en Hispanoamérica?
   3.   ¿Por qué no ha sido muy importante la idea de la reforma agraria en los Estados Unidos?

III. Debate

La ayuda financiera que el gobierno da a los pobres tiende a quitarles las ganas de trabajar.

IV. El arte de escribir: narración

La narración generalmente describe alguna serie de acciones. Aunque no siempre, la mayoría de las veces se cuentan en el tiempo pasado. El pretérito y el imperfecto son los tiempos verbales más comunes. El imperfecto generalmente describe el fondo o la situación de la narración, mientras el pretérito normalmente describe lo que pasó.

Para escribir una narración se comienza igual que con los otros tipos de composición —decidiendo qué tema se va a tratar y qué detalles se van a incluir, tal vez haciendo una lista de los detalles. Después, hay que darles algún orden razonable —frecuentemente se usa el orden cronológico.

Generalmente hay tres partes diferentes de la narración: la que describe el fondo o la situación, la serie de acciones específicas y la sección final que narra el resultado de las acciones o una nueva situación.

Ahora, lea esta serie de oraciones y póngalas en un orden lógico.

1. Los europeos querían una ruta marítima al Oriente.
2. Los Reyes Católicos estaban en Granada.
3. Las noticias cambiaron el mundo para siempre.
4. Colón salió de Palos de Moguer hacia las Islas Canarias.
5. Después de explorar un poco, volvió a España.
6. Colón les pidió a los Reyes Católicos que le pagaran el viaje.
7. Viajó más de dos meses sin ver tierra.
8. La reina Isabel auspició (*sponsored*) el viaje.
9. Creía que la isla que descubrió en ese viaje estaba cerca del Japón.
10. Era el año de 1492.

Ahora, escriba Ud. una composición sobre algo que hizo recientemente. Primero, prepare una lista de los detalles que va a incluir y luego póngalos en orden lógico.

V. Ejercicio de composición dirigida

Dé su opinión personal utilizando las palabras apropiadas de la lista.

1. la idea de la pobreza como una «subcultura»
   (desempleo, gobierno, educación, violencia, alcoholismo, abandono, desconfianza, conciencia)
2. la pobreza en los Estados Unidos
   (ciudad, campo, empleo, población, crecer, jóvenes, familia, programa, trabajar, público)
3. soluciones a los problemas económicos de los Estados Unidos
   (petróleo, inflación, importar, exportar, transporte, automóviles, gobierno, gastar)
4. el salario mínimo
   (joven, empleo, edad, difícil, fácil, trabajo, inflación, explotación, pobreza, nivel)

VI. Las noticias

En esta sección se presentarán artículos periodísticos sobre el tema de la unidad. Lea los siguientes artículos y prepárese para informarle a sus compañeros de clase sobre el significado general y su relación con el tema del capítulo.

MERCOSUR Y LA UE NEGOCIAN ACUERDO MARCO INTERREGIONAL

Acuerdo Marco Interregional
Interregional Framing Accord

La Unión Europea (UE) y los cuatro países del Mercosur (Argentina, Brasil, Paraguay y Uruguay) han cerrado a mediados de septiembre el 40% de las negociaciones que deben

a mediados de *around the middle of*

5 *desembocar en la firma de un Acuerdo Marco*
Interregional... El documento pondrá las bases
para desarrollar la mayor zona de libre cambio
del mundo que hoy contaría con más de 580
millones de consumidores potenciales.

10 *La creación de esta gran zona de libre cambio en*
el siglo XXI está siendo impulsada principalmente
por España y Portugal... Frente a la tendencia
general de concentrar los esfuerzos europeos en la
reconstrucción de las economías y los sistemas
15 *políticos de la Europa del Este, la diplomacia*
española ha situado sus objetivos comerciales en
el desarrollo de dos zonas que le son más comu-
nes por razones históricas, económicas y cultura-
les: América Latina y el Norte de África.

20 *La idea de llegar a un acuerdo con Mercosur*
ha calado finalmente entre el resto de Estados
miembros al perfilarse como un método impres-
cindible para que Europa tome posiciones fren-
te a EE.UU. en uno de los mercados que se
25 *perfilan con mayor capacidad de desarrollo a*
medio plazo. El acuerdo significaría para los
países de Mercosur la atracción de más inver-
siones directas, la creación de nuevas empresas
conjuntas, mayor acceso a la tecnología y know
30 *how europeos, más asistencia técnica para cul-*
minar la integración de Mercosur y un enorme
impulso a las exportaciones, según el Instituto
de Relaciones Europeo-Latinoamericanas.

La UE... obtendría un acceso privilegiado a un
35 *mercado emergente del que se beneficiarían su*
industria y sus servicios y mantendría un prota-
gonismo político en el Cono Sur frente a la
influencia geográfica de EE.UU.

Con su asociación con Mercosur, Europa tiene
40 *un triple objetivo: transmitir su experiencia en*
la construcción de un bloque regional abierto,
consolidar la solidez económica y la implanta-
ción de sistemas democráticos en esos países y
aprovechar lo que Bruselas denomina «ensimis-
45 *mamiento» de EE.UU. Este país vive [demasiado]*
concentrado en las querellas entre demócratas y

desembocar *result*

zona de libre cambio *free*
trade zone

está siendo impulsada *is*
being driven

situado *placed*

ha calado *has caught on*
perfilarse *being outlined*

a medio plazo *medium*
term

empresas conjuntas *joint*
enterprises
culminar la integración
complete the coming
together

protagonismo *important*
presence / Cono Sur
Southern Cone
(southern part of South
America)

bloque (*m*) *block*

ensimismamiento *looking*
inward
querellas *quarrels*

republicanos y en su rol mundial, —dicen en
Bruselas— para consolidar su posición en unos
mercados de gran crecimiento y futuro.

El País Internacional (Madrid)

OCUPA MÉXICO EL LUGAR 131
DE LOS PAÍSES EN DESARROLLO: BM

50   *México ocupa el lugar 131 de las 163 naciones*
en desarrollo [el 163 es el más rico de este
grupo], con una riqueza per cápita de 74 mil   riqueza   *wealth*
dólares, según el informe del Banco Mundial
(BM) en donde emplea un nuevo sistema de
55   *medición de la riqueza de los países que tiene en*   medición   *measurement /*
cuenta tanto los factores económicos como los   tiene en cuenta   *takes*
sociales y medio-ambientales, a diferencia de los   *into account /* medio-
anteriores, que sólo se fijaban en los ingresos.   ambientales
                                                         environmental / se
                                                         fijaban en los ingresos
                                                         looked at income

Del resto de países latinoamericanos, la lista del
60   *BM sitúa a Brasil en el puesto 112 (47 mil...),*
Venezuela en el 123 (58 mil), Uruguay en el 125
(64 mil), Chile en el 128 (70 mil), Puerto Rico en
el 144 (114 mil), Argentina en el 147 (120 mil).

Haití se ubica en el puesto 23 de los más pobres   se ubica   *is located*
65   *del mundo (5 mil). En línea ascendente, le*   En línea ascendente
siguen Nicaragua en el puesto 37 (6 mil),   *Moving upward*
Honduras en el 44 (10 mil), Guatemala en el 66
(18 mil), y Perú, Ecuador y República
Dominicana en el 69, 70 y 71 (18 mil).

70   *El Salvador está en el puesto 73 (20 mil),*
Bolivia en el 75 (22 mil), Paraguay en el 81 (25
mil), Colombia en el 82 (26 mil), Cuba en el 98
(35 mil), Costa Rica en el 102 (36 mil), y
Panamá en el 109 del total... (43 mil).

Uno más uno (México)

VII. Situación

Imagínese Ud. que acaba de heredar 10 millones de dólares que no esperaba
heredar. Ahora tiene una serie de decisiones que tomar sobre su futuro. ¿Cuáles
son las decisiones más importantes? ¿Qué actos de caridad haría Ud.? ¿Dónde
y cómo viviría? ¿Qué haría? ¿Trabajaría o se dedicaría a pasar largas vacacio-
nes? ¿Qué compraría?

Unidad 8

Los movimientos
revolucionarios del siglo XX

Esta huelga organizada por los sindicatos de
mineros tuvo lugar en Lima, Perú. ¿Cuáles son otras razones
por las cuales la gente hace huelgas?

VOCABULARIO ÚTIL

Estudie estas palabras antes de leer el ensayo.

Verbos

efectuar   *to effect, to cause to occur*
ejercer   *to exercise*
eliminar   *to eliminate*
encabezar   *to head, to lead*
exigir   *to demand*
fracasar   *to fail*
modificar   *to modify, to change*
pertenecer   *to belong*
reforzar(ue)   *to reinforce*
sacrificar   *to sacrifice*

Sustantivos

el apoyo   *support*
la dictadura   *dictatorship*
el ejército   *army*

el éxito   *success*
   tener éxito   *to succeed*
el fracaso   *failure*
la fuerza   *force*
la huelga   *strike*
   en huelga   *on strike*
la ideología   *ideology, political belief*
el poder   *power*
el, la rebelde   *rebel*
el secuestro   *kidnapping*

Otras palabras y expresiones

algo   *something, somewhat*
autocrático, -a   *autocratic, dictatorial*
poderoso, -a   *powerful*

ENFOQUE

En gran parte del mundo hispánico existe una serie de condiciones básicas que pueden producir movimientos revolucionarios. La gran pobreza, los gobiernos a veces autocráticos, la poca movilidad económica y otras condiciones favorecen la creación de grupos de guerrilleros urbanos y rurales. Aunque la frase «las revoluciones latinoamericanas» ha llegado a ser un cliché, para poder entenderla es necesario examinar más a fondo algunos fenómenos políticos.

Esta unidad va a tratar de aclarar algunos de estos fenómenos para que Ud. pueda entender mejor las noticias actuales.

ANTICIPACIÓN

Véase los mapas al principio de este libro. Haga una lista de los países y sus capitales en Centroamérica y Norteamérica. Indique en qué parte del país está situada cada capital. ¿Cómo influye la geografía de un país en su desarrollo político y económico?

I. REVOLUCIÓN Y «GOLPE DE ESTADO»

golpe (*m*) de estado   *coup d'état, palace revolt*

Durante nuestro siglo, en casi todos los países hispanoamericanos se han efectuado más cambios de gobierno por la fuerza que por vía democrática. Sin

por vía   *by way of*

5   embargo, estos cambios, que raramente tienen las características de revoluciones, son simples golpes de estado. Éstos se pueden definir como cambios que sólo sustituyen un elemento por otro sin que se modifiquen los verdaderos poderes socioeconó-

10   micos. Algunos autores sugieren que en algunos países el golpe de estado ha asumido la misma función que tienen las elecciones parlamentarias en el sistema europeo. Es decir que cuando un presidente pierde el apoyo del congreso, sus rivales organizan un golpe en

sugieren   *suggest*

15   vez de fijar elecciones. El procedimiento tiene una serie de reglas tradicionales y generalmente se lleva a cabo con gran eficacia.[1] Claro que se elimina el elemento popular porque el cambio es de una fuerza militar a otra, de un grupo económico poderoso a otro

fijar   *set a time for*

20   grupo semejante, o de un partido autocrático a otro de tendencias iguales. Lo esencial es que las verdaderas bases del poder no cambian, sino sólo los individuos que lo ejercen.

Las verdaderas revoluciones implican cambios

25   mucho más profundos en la distribución del poder. Ocurren de una clase social a otra, de los propietarios a los empleados, o de los oficiales a los soldados rasos del mismo ejército. Según la mayoría de los especialistas en política hispanoamericana, ha habido sólo

soldados rasos   *common soldiers*

30   tres revoluciones en el siglo XX: la de México de

---

[1]It has been said that some coups are settled by a phone call between two generals who compare forces and declare a winner. Although some are violent, many involve little or no actual shooting.

1910, la boliviana de 1952 y la cubana de 1959. Esto significa que en los tres casos se efectuó una modificación radical en la organización de los elementos del poder. El movimiento sandinista en Nicaragua, si
35 hubiera logrado resistir las grandes presiones internacionales, habría sido el cuarto caso de una revolución verdadera. Han existido otros movimientos que casi alcanzaron niveles de revolución, como la elección y caída de Allende en Chile[2] y el movimiento peronista
40 en la Argentina,[3] pero la gran mayoría de los cambios han sido más bien golpes de estado.

radical   *basic*

COMPRENSIÓN

A. Elija la respuesta que mejor complete las siguientes oraciones.

1. En Hispanoamérica se han efectuado más cambios de gobiernos por...

   a. revoluciones.   b. elecciones democráticas.   c. golpes de estado.

2. Una verdadera revolución ocurrió en...

   a. el Ecuador.   b. México.   c. el Perú.

3. El golpe de estado sólo cambia... en el poder.

   a. los individuos   b. las bases   c. las fuerzas militares

4. Si los sandinistas hubieran resistido la presión, habría(n) sido...

   a. la cuarta revolución.   b. otro movimiento más.   c. más conocidos.

5. Las verdaderas revoluciones implican un cambio en la distribución del...

   a. ejército.   b. poder.   c. estado.

[2]*Allende*   Allende came to power in 1970 by the electoral process but with a somewhat revolutionary platform which was beginning to change the actual power base until he was overthrown by the military in 1973.

[3]*movimiento peronista en la Argentina*   Juan Perón became president twice, in 1946 and 1974, with a very specialized power base.

B. Responda a las siguientes preguntas.

1. ¿Qué condiciones harían que Ud. se volviera revolucionario(a)?
2. ¿Sabe Ud. lo que dice la Declaración de la Independencia norteamericana sobre la revolución?
3. ¿Dónde hubo un golpe de estado recientemente? ¿Por qué ocurrió? ¿Quién ganó?
4. ¿Cree Ud. que podría haber una situación donde las fuerzas armadas norteamericanas tomaran el poder? Explique.
5. ¿Qué pasaría si lo hicieran?

II. LA REVOLUCIÓN MEXICANA DE 1910

Después de un largo período de dictadura, un pequeño ejército formado principalmente por hombres del norte de México se levantó violentamente, **se levantó** *rose up* produciendo en el año 1910 una revolución en el país. La guerra duró varios años y terminó con una nueva constitución nacional en 1917. Como ocurre en muchos movimientos violentos, la ideología se creó después de la guerra. Pancho Villa y Emiliano Zapata,[4] que luchaban al frente de ejércitos desorganizados y populares, se convirtieron en héroes nacionales. Los soldados respondían al carisma de los **carisma** (*m*) *charisma* líderes sin saber mucho ni de ideologías ni de teorías políticas. También sentían deseos de vengarse de la opresión que habían sufrido bajo la dictadura de Porfirio Díaz.[5] Sin embargo, la lucha produjo una ideología que favoreció a las clases bajas a expensas de los ricos del régimen anterior. **régimen** (*m*) *regime*

La constitución de 1917, que todavía rige en **rige** *rules* México, incluyó varios artículos dedicados a la justicia social, especialmente para los trabajadores urbanos. Permitió por primera vez los sindicatos, y éstos vinieron a ocupar un puesto de poder en la vida

---

[4]*Pancho Villa y Emiliano Zapata* The two most popular revolutionary leaders of the Mexican Revolution of 1910. Neither was really an ideological leader, and both were eventually excluded from the new government. Both men, however, retain an almost mystical image to the present day.

[5]*Porfirio Díaz* President of Mexico from 1872 to 1911. His oppressive regime and his reluctance to relinquish the office formed the basic political motivation for the revolution.

Pancho Villa (a la izquierda) y Emiliano Zapata en un momento de unidad. ¿Cuál es la imagen que tienen hoy día estas figuras de la Revolución mexicana de 1910?

nacional. Además, se promulgaron leyes para dismi-
25 nuir el poder de dos grupos importantes del régimen
anterior: la Iglesia y las compañías e individuos
extranjeros.

En el primer caso, se estableció un sistema de
enseñanza pública para todo el pueblo. La educación
30 había estado en manos de la Iglesia desde los principios de la colonia. En el segundo caso, se declaró que
el suelo mexicano, incluso los minerales del subsuelo,
pertenecía al pueblo. Esto daba al gobierno el derecho
de prohibir la explotación del petróleo por elementos
35 extranjeros. Bajo el presidente Lázaro Cárdenas
(1934–1940) todo el petróleo fue expropiado;
entonces quedó en manos del gobierno. En vista de
los descubrimientos posteriores, este hecho asumió
después muchísima importancia económica.

40 Muchos han criticado la Revolución por ayudar
principalmente a la clase media y a los capitalistas
nacionales, y por no beneficiar al pueblo. Entre las
únicas verdaderas mejoras figuran el aumento del
alfabetismo y la construcción de un mayor número de
45 hospitales y de otras obras públicas.

promulgaron *passed*

suelo *ground, soil /*
incluso *including*

petróleo *oil*

alfabetismo *literacy*

El Partido Revolucionario Institucional (PRI), una coalición creada en la década de los 20 ha tenido casi un monopolio del poder político durante unos 70 años. Aunque ha restringido la libertad democrática,
50 también ha traído una estabilidad política bastante sólida. Pero últimamente otros partidos han comenzado a atacar ese poder exclusivo y el PRI, respondiendo a la presión pública, ha tenido que abrir el proceso electoral. El desafío será mantener en el futu-
55 ro la estabilidad política tradicional en México, y a la vez permitir un proceso democrático más abierto.

Aunque no ha sido perfecta la Revolución, no se puede negar que ha llegado a crear un orgullo de ser mexicano entre el pueblo de ese país.

ha restringido *has restricted*

desafío *challenge*
a la vez *at the same time*

COMPRENSIÓN

A. Responda según el texto.

1. ¿Por qué siguieron los soldados a hombres como Villa y Zapata?
2. ¿Qué documento produjo la revolución de 1910?
3. ¿Qué cambios trajo la Revolución Mexicana al sistema de educación de México?
4. ¿Qué mejoras verdaderas ha logrado la Revolución?
5. ¿Qué es el PRI y qué ha hecho durante 70 años?

B. Responda a las siguientes preguntas.

1. ¿Puede nombrar unos revolucionarios en la historia de los Estados Unidos?
2. ¿Ha visitado México Ud.? ¿Quisiera visitar ese país? ¿Qué parte?
3. ¿Cuáles son los problemas más graves del México contemporáneo?

III. BOLIVIA EN 1952, CUBA EN 1959 Y NICARAGUA EN 1979

A mediados del siglo XX Bolivia, además de ser el único país del continente sin puerto marítimo, tenía una gran población indígena sin tierra, y depen-
5 día de su producto único, el estaño. En 1952 el Movimiento Nacional Revolucionario asumió el poder e inició dos cambios radicales: la reforma agraria y la nacionalización del estaño.

A mediados de *Around the middle of*
puerto marítimo *seaport*

estaño *tin*

Como en muchos otros casos la reforma agraria
10 redujo la producción de comestibles porque los campesinos no tenían interés en producir más de lo que
consumían. El estaño perdió su importancia y no produjo los ingresos necesarios para comprar la comida
que faltaba. Los resultados generales de la
15 Revolución boliviana no han sido muy prometedores.

De todas las revoluciones del siglo XX en
Hispanoamérica, después de la de México, la que más
atención atrajo en los Estados Unidos ha sido la cubana. El movimiento del «26 de julio»[6] fue encabezado
20 por Fidel Castro y Ernesto «Che» Guevara, quienes
entraron victoriosos en La Habana el primero de
enero de 1959. La personalidad de Fidel y su imagen
pública le atrajeron mucho apoyo popular. La barba,
la gorra militar, el rechazo del lujo generalmente aso-
25 ciado con su puesto de presidente, lo identificaron
—sinceramente o no— con el pueblo que lo había
ayudado tanto en su lucha militar.

La presencia del «Che» Guevara, argentino de
nacimiento, reforzó esta identificación. Guerrillero de
30 profesión, Che aumentó su imagen casi mística cuando fue a Bolivia a morir heróicamente en la lucha
revolucionaria de ese país en 1967.

Después de la victoria revolucionaria vino el problema de encontrar un mercado para su producto
35 único: el azúcar. Nacionalizaron las maquinarias norteamericanas y los Estados Unidos ya no quiso comprar su producto. Al proclamarse Leninista Castro, la
Unión soviética inició casi tres décadas de apoyo frente a un embargo económico impuesto a petición de los
40 Estados Unidos. Desapareció el apoyo cuando desapareció la Unión soviética y desde entonces Cuba ha
sufrido una caída severa en sus condiciones económicas. Parece que toda esta presión resultará en unos
cambios básicos en el sistema de gobierno cubano.
45 La larga dictadura de las varias generaciones de
la familia Somoza en Nicaragua dio origen a una opo-

redujo *reduced*

ingresos *income*

apoyo *support* / barba
beard / gorra *cap* /
rechazo *rejection*

maquinarias *machinery*

impuesto *imposed* / a
petición de *at the
request of*

---

[6]*26 de julio*   This is the date, in 1953, of the first attack by the rebels and so became the name
of the movement.

sición popular encabezada por el «Frente Sandinista
de Liberación Nacional».[7] Cuando llegó al poder en
1979 proclamó una ideología izquierdista. Fidel
50 Castro les prestó apoyo económico y también el apoyo
militar que requerían para luchar contra sus enemigos nacionales e internacionales. Esta oposición vio-
lenta presionó al gobierno a permitir elecciones y la   presionó   *pressured*
victoria electoral de Violeta Chamorro puso fin a la
55 revolución sandinista. Aunque lograron mejoras en el
sistema de educación y en la salud pública, no pudieron estabilizar la economía ni pacificar la oposición.
No queda mucha influencia del movimiento sandinista en la Nicaragua de hoy.

COMPRENSIÓN

A. Responda según el texto.

1. ¿Cuál fue el problema que produjo la reforma agraria en Bolivia?
2. ¿Qué hombres famosos se asociaron con la Revolución cubana?
3. ¿Por qué dejó la Unión soviética de apoyar al gobierno cubano?
4. ¿Qué presión le puso los Estados Unidos a Cuba?
5. ¿A qué familia depusieron los sandinistas?
6. ¿Qué mejoras lograron los sandinistas antes de perder el poder?

B. Responda a las siguientes preguntas.

1. ¿Qué responsabilidad tiene los Estados Unidos hacia los países
    pobres como Bolivia?
2. ¿Por qué salieron tantos cubanos de su país después de la victoria de
    Castro?
3. ¿Puede Ud. nombrar algunos héroes revolucionarios de los Estados
    Unidos? ¿Qué hicieron?
4. ¿Puede Ud. imaginarse las condiciones que podrían conducir a una
    revolución en los Estados Unidos?

---

[7]*Sandinista*   The name is derived from Augusto César Sandino (1895–1934) who headed the
resistance in Nicaragua to the U.S. occupation (1927–1933) and was thus a national hero.

IV. LOS GUERRILLEROS

Uno de los héroes del movimiento del 26 de julio en Cuba fue Ernesto «Che» Guevara (1928–1967), prototipo del guerrillero hispanoamericano. Los
5   rebeldes cubanos pasaron varios años en la sierra sirviendo como símbolo de la oposición a la dictadura de Fulgencio Batista, el presidente cubano. «Che» Guevara sirvió en esa época como maestro material y espiritual en los métodos de la guerra de
10   guerrillas. La base de esta guerra, tan común en la época contemporánea, es el ejército popular, secreto y móvil, que cuenta con el apoyo del pueblo para obtener provisiones. Guevara, en su manual sobre la organización de los guerrilleros (libro que forma parte de
15   la lectura básica sobre el asunto), dice acerca de las posibilidades de éxito: «Donde un gobierno haya subido al poder por alguna forma de consulta popular, fraudulenta o no, y se mantenga al menos una apariencia de legalidad constitucional, el brote gue-
20   rrillero es imposible de producir por no haberse agotado las posibilidades de la lucha cívica.» Es decir que la guerrilla no puede funcionar sin el apoyo del pueblo ni puede funcionar contra un gobierno que mantenga la apariencia de libertad.
25   Por motivos propagandísticos los grupos guerrilleros por lo general se llaman a sí mismos «frentes de liberación» o «ejércitos populares» mientras los gobiernos amenazados los denominan «terroristas».
        El caso de España muestra la dificultad que presentan
30   tales grupos. La región vasca del norte de España tiene una larga historia de sentimiento separatista. Los vascos tienen una cultura algo distinta y su lengua es de origen desconocido.[8] Han luchado contra el dominio del gobierno de Madrid por muchos años,
35   pero últimamente esta lucha ha resultado en una trágica violencia de tipo guerrillero. Los vascos rebeldes exigen la separación completa del país vasco para crear una nación independiente. La nueva constitu-

cuenta con   depends on

consulta   consent

brote (m)   outbreak
haberse agotado   having exhausted

denominan   call

vasca   Basque

[8]*origen desconocido*   Basque, unlike the other regional languages of Spain, is not a romance language. The region is called *Euzkadi* in Basque. The terrorists use the initials ETA for *Euzkadi ta Askatasuna* or "Euzkadi and freedom."

*En agosto de 1961 Che
Guevara habló en una
conferencia económica y
social en el Uruguay.*

ción española, adoptada en 1978, hace posible cierto
40 grado de autonomía para las regiones españolas,[9] pero   grado   *degree*
esto no parece satisfacerles. Sus métodos incluyen ata-
ques de sorpresa contra la policía nacional, bombas
que estallan en lugares públicos, secuestros de perso-   estallan *explode*
nas ilustres y poderosas, y otros actos de violencia. Su   ilustres *famous*
45 influencia en los sindicatos vascos es tan grande que   sindicatos *unions*
los empresarios se ven obligados a pagarles un
«impuesto revolucionario» a los rebeldes para evitar
que hagan huelga. Así los rebeldes ganan dinero para
sus otras actividades. Según un informe de *El País*,

[9]*las regiones españolas*   Spain has fourteen traditional regions: Galicia, Asturias, León, Navarra,
Cataluña, Aragón, Castilla la Vieja, Castilla la Nueva, Extremadura, Andalucia, Murcia, Valencia,
Canarias (islands in the Atlantic), and Baleares (islands in the Mediterranean of which Mallorca is
the largest). The regions had not had official status for some time, but the 1978 constitution
allowed those wishing it to acquire some autonomy similar to that enjoyed by the states in the U.S.

50 periódico de Madrid, una carta de los dirigentes
etarras a los terroristas dice que «la vida de un terrorista ‹vale cien veces más que la de un hijo de un txaku-
rra› (término despectivo para designar a un policía)...
[y] los dirigentes ordenan a los terroristas que sigan
55 colocando bombas en automóviles de policías,
pese al riesgo de que también mueran niños.» El
resultado de estas declaraciones es que, según un
sondeo de 1992, el problema que más les preocupa a
los españoles es el terrorismo. El pueblo vasco ya no
60 apoya a los terroristas que llevan más de veinte años
en su esfuerzo. En 1995 hubo un atentado fracasado
contra el rey Juan Carlos y su familia. El responsable
principal era un hombre de más de cincuenta años
de edad, participante en las acciones de ETA desde
65 su primer asesinato del almirante Carrero Blanco en
1974.

Uno de los propósitos de los grupos terroristas es
desestabilizar el gobierno y provocar una reacción
excesiva de parte de las autoridades. Por ejemplo, se
70 ha acusado a varios miembros del gobierno español
de actos ilegales en la guerra contra el terrorismo
vasco. Hubo una organización secreta llamada GAL
(Grupo Antiterrorista de Liberación) que se dedicó a
matar a los terroristas sin el beneficio de un proceso
75 judicial. Posiblemente recibió el permiso y el apoyo
financiero del gobierno nacional y el escándalo afec-
tó mucho el esfuerzo oficial contra el terrorismo.

dirigentes etarras leaders of ETA

vale is worth

despectivo pejorative

colocando placing

pese al riesgo despite the risk

sondeo survey

atentado attempt

almirante (m) admiral

desestabilizar destabilize

COMPRENSIÓN

A. Responda según el texto.

1. ¿Qué manual escribió Che Guevara?
2. ¿Qué exigen los terroristas vascos? ¿Dónde?
3. ¿Qué es el «impuesto revolucionario» de los vascos?
4. ¿Qué quieren los terroristas provocar de parte del gobierno?

B. Responda a las siguientes preguntas.

1. ¿Ha participado Ud. en una manifestación? ¿A favor o en contra de qué?
2. ¿Cree que valen la pena las manifestaciones?
3. ¿Va a votar Ud. para el próximo presidente?

4. ¿Le gusta participar en la política de la universidad? Explique.
5. ¿Presta mucha atención a la política nacional? ¿Por qué sí o por qué no?

PRÁCTICA

I. Ejercicios de vocabulario

A. Indique la palabra que corresponde a la definición.

1. un sistema de pensamiento político   a. partido
2. un grupo basado en afinidad de ideologías b. secuestros
3. un partido de rebeldes secretos   c. ideología
4. táctica de los guerrilleros   d. guerra
5. los soldados como grupo   e. dictadura
6. una actividad del ejército   f. represión
7. lo opuesto a la guerra   g. guerrilleros
8. método de un gobierno tiránico   h. paz
9. un gobierno que usa represión   i. ejército

B. Complete con la forma apropiada de la palabra entre paréntesis.

1. (economía)   las condiciones _____
2. (violencia)   una rebelión _____
3. (espíritu)   el héroe _____
4. (constitución) poderes _____
5. (revolución)   las tácticas _____

C. Indique los sinónimos.

1. cambios   a. líder
2. jefe   b. rebeldes
3. guerrilleros c. modificaciones
4. obrero   d. disminución
5. baja   e. trabajador

II. Puntos de contraste cultural

1. ¿Cuáles son las diferencias en la importancia de la agricultura entre los Estados Unidos e Hispanoamérica?
2. ¿Por qué no ha habido necesidad de una reforma agraria en los Estados Unidos?
3. Han existido grupos de guerrilleros en los centros urbanos de los Estados Unidos, pero nunca en el medio rural. ¿Por qué es distinta la situación en Hispanoamérica y los Estados Unidos?

III. *Debate*

Un país debe ayudar un movimiento revolucionario en un país vecino si es ideológicamente atractivo.

IV. *El arte de escr.ibir: exposición (primera parte)*

La exposición es esencialmente una explicación o una declaración de algo. Frecuentemente es algo abstracto o literario, pero puede ser cualquier cosa.

En un ensayo el objectivo es hacer que entienda el lector la idea, de modo que por lo general se dirige a su inteligencia y no a sus sentimientos.

Para escribir una exposición es necesario formular una pregunta y responder a esa pregunta en el ensayo. La extensión y la complejidad del ensayo resultarán de la complejidad del tema. Si se hace una pregunta como *¿De qué tratan las obras de Borges?*, se tendría que escribir un libro entero para agotar el tema. Pero, si se pregunta *¿De qué trata el cuento «Espuma y nada más» del colombiano Téllez?*, se podría contestar así:

Téllez presenta uno de los mejores estudios que se han hecho del culto al coraje. El problema se dramatiza por medio de dos personajes que se encuentran en un momento de crisis, y por medio del doble nivel del conflicto: el social y el sicológico.

Claro, en cualquier ensayo puede variar la cantidad de puntos que se incluyen.

Ahora, lea estas preguntas posibles y con unos compañeros de clase decida cómo se pueden reformular para hacer una exposición más corta.

1. ¿Qué ideología tenía la Revolución mexicana?
2. ¿Qué querían los sandinistas?
3. ¿Por qué se estudia en la universidad?
4. ¿Qué es la literatura?
5. ¿Qué hace un presidente?
6. ¿Quién es Fidel Castro?

Ahora, escriba una exposición sobre algo que ha aprendido en otra clase. No se olvide de poner atención en el proceso de limitar el tema.

V. *Ejercicio de composición dirigida*

Dé su opinión personal, utilizando las palabras apropiadas de la lista.

1. las razones de la violencia en la política
    (opresión, frustración, desconfianza, proceso electoral, fraudulento, tortura, libertad)
2. la reacción oficial apropiada frente a los secuestros políticos
    (rescate, asilo político, desalentar, preso, tener éxito, fracasar, animar, cooperación)

3. la violencia política en los Estados Unidos
   (asesinar, presidente, seguridad, policía, candidato, carisma, televisión, campaña electoral)
4. la violencia urbana y la inseguridad personal en los Estados Unidos
   (autoridad, respecto, familia, móvil, ataque, escuela, pobreza, miedo, robo, violación sexual)

VI. Las noticias

Haga Ud. un resumen de estos artículos.

LA OTRA COLOMBIA

...Junto con la de Costa Rica, la democracia colombiana ha sido calificada históricamente como la otra más estable de América Latina, pero el presidente Ernesto Samper —que sabe por qué lo dice— afirma: «Esa es la tarea del Gobierno de Colombia: conjurar crisis».

Es por eso por lo que el estado de excepción que decretó el 15 de agosto Samper para sofocar la violencia, según dijo, coloca a la nación en su estado de normalidad: la conmoción interior, que es la versión actual del estado de sitio, ha regido a lo largo de 35 años durante la segunda mitad de este siglo. Y la violencia no merma, sino que aumenta. La cifra de 19.458 homicidios, entre enero y junio, que citó el presidente para argumentar la mano dura, sobrecogió a muchos, pero no sorprendió a nadie.

«El uso de estas artimañas [el estado de excepción] puede dar resultados inmediatos como estratagema para mantener el poder, pero también atenta contra la unidad nacional y termina por acabar con la estabilidad política...» ...en Colombia opera la guerrilla más antigua del continente y en los últimos tres años los frentes insurgentes aumentaron de 80 a 125.

Quienes se quejan de la mala imagen de Colombia en el exterior no se cansan de hablar de las virtudes de sus gentes y de las maravillas naturales de esta porción del planeta localizada en el neotrópico americano. Es la séptima potencia mundial en biodiversidad... Este país

Glosas marginales:

calificada   *classified*

conjurar crisis (*f, pl*)   *to ward off crises* / estado de excepción   *a law giving the government extraordinary powers in emergency situations* / conmoción interior   *internal unrest* / estado de sitio   *state of siege* / ha regido   *has been in control* / a lo largo de   *for* / merma   *decrease*

sobrecogió   *startled*

artimañas   *tricks*

estratagema   *stratagem*
atenta   *attacks*

frentes (*m*) insurgentes   *rebel battlefronts*

alberga el 57% de los páramos del mundo, el
10% de las especies de plantas y animales que
todavía existen; por sus aires vuela el 18% de
35 las aves conocidas y el 10% de los insectos, con
2.500 variedades de mariposas...

alberga *contains* /
páramos *high plains*

aves (*f*) *birds*

...En esta suerte de paraíso terrenal ocurren
cosas terribles. El presidente denunció 700
secuestros en el primer semestre del año, la
40 mayoría atribuidos a la guerrilla (en este país
operan las comunistas Fuerzas Armadas
Revolucionarias de Colombia, el Ejército de
Liberación Nacional y ...[el] Ejército Popular de
Liberación y Movimiento 19 de Abril M–19). La
45 Asociación de Familias de Desaparecidos contabiliza 1.386 víctimas y los organismos de
Derechos Humanos suman 12.850 muertes
políticas desde 1977, a manos de la fuerza
pública. Delitos contra la vida, cometidos al
50 amparo de un sistema judicial inoperante que
apenas dicta sentencia en dos de cada cien
casos denunciados. Incluso, cuando la justicia
falla, como ocurrió hace mes y medio cuando la
Procuraduría ordenó la destitución del general
55 Alvaro Velandia al comprobar su responsabilidad en la desaparición y muerte de Nidia Erika
Bautista, militante del Movimiento 19 de Abril,
en 1987, la cúpula militar soslayó el hecho y,
arrogante, condecoró a Velandia...

suerte de *sort of* / terrenal
earthly

Desaparecidos *Missing
(people)* / contabiliza
counts

Delitos *Crimes*
amparo *shelter*
dicta *hands down*
casos denunciados *cases
brought*
Procuraduría *Prosecutor's
office* / destitución
discharge / comprobar
proving

cúpula *top brass* /
soslayó *ignored* /
condecoró *decorated*

El País Internacional (Madrid)

BOMBAZO EN LA CIUDAD COLOMBIANA DE BUCARAMANGA; UN MUERTO Y 7 HERIDOS

60 Por lo menos una persona murió y otras siete
resultaron heridas esta madrugada al estallar
un coche bomba estacionado en el sótano de un
céntrico edificio de esta ciudad, capital del estado de Santander...

estallar *explode*
sótano *basement*

65 La explosión tuvo lugar en la sede de la
Corporación Financiera de Santander, que sufrió
serios daños en cuatro plantas del edificio uti-
lizadas para oficinas de negocios. Según el
comandante de la policía de la región... en el

sede (*f*) *main office*

70 *atentado murió un vigilante del inmueble y otras
siete personas que caminaban por la zona resultaron heridas por la onda expansiva de la
explosión.*

vigilante (*m*)   watchman

onda expansiva   *shock
wave*

75 *...Hasta el momento, las autoridades no han
dado con los autores de este hecho, pero ver-
siones de testigos señalan que el automóvil fue
dejado en el estacionamiento por cinco hombres
presumiblemente pertenecientes a un grupo
guerrillero.*

Uno más uno (México)

Continúa el asesinato de campesinos en Colombia

80 *«Parece que esta vez fue la guerrilla», dijeron los
supervivientes de otra matanza ocurrida el
martes 29 en la zona bananera de Urabá, en el
norte de Colombia... Veintitrés obreros agrícolas,
militantes de Esperanza, Paz y Libertad (EPL),*
85 *organización que surgió en 1991 cuando el
maoísta Ejército Popular de Liberación depuso
las armas, fueron asesinados cuando viajaban
en camiones desde sus casas a las plantaciones
de banano...*

supervivientes (*m/f*)
survivors / matanza
slaughter / obreros
agrícolas   *farm workers*

maoísta   *followers of Mao
Zedong*

90 *Los supervivientes dijeron que un grupo de pis-
toleros interceptó los camiones, obligó a bajar a
los campesinos y los ametralló en un campo de
fútbol... El recrudecimiento del conflicto armado
en Urabá, donde el pasado día 12 fueron*
95 *asesinadas 18 personas a la puerta de una discoteca, fue uno de los argumentos... para decretar el estado de excepción.*

ametralló   *machine gunned*
recrudecimiento
worsening

El País Internacional (Madrid)

VII. *Situación*

Imagínese Ud. que es víctima de un secuestro político. Los guerrilleros le dicen
que lo han hecho para conseguir la libertad de unos presos políticos y que lo(la)
van a matar si no cooperan las autoridades. ¿Qué les diría Ud. a los guerrilleros
en su propia defensa? Si permiten que Ud. haga una llamada a las autoridades,
¿qué les diría Ud.?

La educación en el mundo hispánico

Una clase en la Universidad de Granada, España.
¿Hay mucha diferencia entre esta clase y las de
la universidad a la cual Ud. asiste?

VOCABULARIO ÚTIL

Estudie estas palabras antes de leer el ensayo.

Verbos

contratar *to contract*
convenir (ie) *to be convenient; to suit*
dictar *to teach, to lecture*
diferir (ie) *to differ, to be different*
elegir (i) *to choose*
especializarse *to major, to specialize*

Sustantivos

la elección *choice*
la instrucción *instruction, teaching*
la investigación *research*
el, la maestro, -a *teacher*
la manifestación *demonstration*

la matrícula *tuition*
la nota *grade*
el título *degree (education)*

Adjetivos

educativo, -a *educational*
escolar *pertaining to school*
estudiantil *pertaining to students*
explícito, -a *explicit*
gratuito, -a *free*
implícito, -a *implicit*
primario, -a *primary*
privado, -a *private*
secundario, -a *secondary; high school*
superior *higher*

ENFOQUE

La organización y los métodos de enseñanza reflejan los valores, los ideales y la situación socioeconómica de un pueblo. Además de aumentar los conocimientos tecnológicos, el sistema de enseñanza se dedica a transmitir la cultura de una generación a otra.

Esto se hace explícitamente en las clases de historia, de política o de religión; pero el sistema de enseñanza también tiene una influencia implícita en la sociedad a través de los métodos usados en la enseñanza, los cursos ofrecidos o la selección de alumnos.

Este ensayo se dedica a la explicación de las grandes diferencias entre el sistema de enseñanza del mundo hispánico y el del norteamericano.

ANTICIPACIÓN

Trate Ud. de adivinar el significado de las palabras subrayadas dentro del contexto de la educación.

1. Durante la primera época árabe España fue el centro de la enseñanza superior en Europa.
2. La meta final era el ingreso a la universidad.
3. Hasta el siglo XIX la facultad de teología era la más importante, después la facultad de derecho o de jurisprudencia comenzó a prevalecer.
4. Para pasar de un año a otro el alumno tenía que aprobar los exámenes finales.

I. HISTORIA DE LA ENSEÑANZA HISPÁNICA

Durante la primera época árabe (siglos VIII–XIII) España fue el centro de la enseñanza superior en Europa. La tradición griega, traída por los moros, se extendió por todo el continente desde

5 Córdoba. La conocida tolerancia de los moros hacia las ideas heterodoxas los colocó al frente de los impulsos renovadores de la época. Sobre esta tradición fueron establecidas las primeras universidades españolas:

10 las de Salamanca, Palencia y Sevilla en el siglo XIII. Estas universidades, como también sus contemporáneas de Oxford, Bolonia (Italia) y París, tenían una estructura bastante floja —consistían en un grupo de profesores privados que se ponían de acuerdo para dar

15 sus clases en un sitio común. Su categoría oficial venía de una carta real y de una autorización del Papa. En la Universidad de París el profesorado tenía el poder, mientras que en la de Bolonia el poder estaba en manos de los estudiantes. Las universidades españo-

20 las, y las hispanoamericanas, siguieron el modelo italiano. Las universidades del resto de Europa y de los Estados Unidos prefirieron el modelo francés. Esto, en parte, explica algunas diferencias básicas en las actitudes de los estudiantes aún hoy día. El concepto

25 principal de Bolonia era que un grupo de estudiantes contrataba a un profesor para que éste les dictara una clase de filosofía, por ejemplo. En París, los estudiantes tenían que pagar la matrícula de las clases que les

se extendió *spread*

heterodoxas *heretical /* los... frente *situated them in the forefront /* impulsos renovadores *impulses toward change*

floja *loose*

categoría *status*
carta real *royal degree /* Papa (*m*) *Pope /* profesorado *faculty*

les... clase *would teach them a class*

recomendaban los profesores. Esta distinción todavía
30 se mantiene hasta cierto punto, pero con la diferencia
de que en la mayoría de los casos es el gobierno o un
grupo religioso el que les paga a los profesores.

Durante el Renacimiento (siglos XV–XVII)
aumentó la importancia de la educación y en esta
35 época se fundaron en España la Universidad de
Alcalá de Henares —hoy de Madrid— y la mayoría de
las americanas: Santo Domingo en 1538; México y
Lima en 1551; Bogotá en 1563; Córdoba, en la
Argentina, en 1613; Quito en 1622; Sucre, Bolivia, en
40 1624; Guatemala en 1676, etcétera. Casi todas estas
instituciones fueron fundadas por órdenes religiosas,
principalmente por los dominicos y los jesuitas.

Las universidades tradicionales tenían sólo cuatro facultades:[1] Teología, Leyes, Artes y Medicina. La
45 facultad de Artes (hoy Filosofía y Letras) tenía dos
funciones: preparación para las otras facultades y
preparación de maestros de enseñanza secundaria. La
de Teología, dedicada a la formación de sacerdotes,
era la más importante hasta el siglo XIX cuando las
50 de Derecho y Medicina comenzaron a prevalecer, y las   Derecho   *law*
universidades se convirtieron en centros de investiga-
ción científica y añadieron otras facultades: las de
Ingeniería, Comercio, Farmacia, etcétera.   Ingeniería   *engineering*

La enseñanza primaria y secundaria se considera-
55 ba una responsabilidad personal y era una actividad
religiosa o privada. La manera en que el alumno se
preparaba para la universidad quedaba por su cuenta.
Hasta el siglo XIX no existía el concepto de la educa-
ción como bien nacional. Las ideas económicas del   bien (*m*)   *asset*
60 siglo XIX comenzaron a darle valor monetario a un
pueblo educado. Además, los ideales democráticos
dieron doble impulso al desarrollo de sistemas públi-
cos de enseñanza: 1) la igualdad de oportunidad exi-   exigía   *demanded*
gía escuelas pagadas por el gobierno; 2) para poder
65 ejercer sus nuevas obligaciones cívicas, el pueblo necesitaba alcanzar cierto nivel de conocimientos.   alcanzar   *to reach*

~~~~~~

[1]*facultades* The word *facultad* means "faculty" only in the specialized sense of the professors of a "school" or "college." The more usual translation for the *Facultad de Medicina* would be the School of Medicine. Faculty in its most common sense in English is *profesorado* (professoriate) or *cuerpo docente* (teaching corps).

En el siglo XX apareció, la idea de asistencia obligatoria, aunque por lo general ésta era más un ideal que una realidad. La falta de recursos impedía
70 que la enseñanza llegara a los niños rurales. Hoy día la asistencia es obligatoria hasta los doce o catorce años en la mayoría de los países hispanos, y la instrucción también es gratuita.

asistencia   *attendance*

impedía   *prevented*

COMPRENSIÓN

A. Responda según el texto.

1. ¿Cuáles fueron las tres primeras universidades de España y cuándo se fundaron?
2. ¿Cuál era la diferencia entre la organización de las universidades de París y Bolonia?
3. ¿Cuándo comenzaron a ser importantes las facultades de Derecho y de Medicina?
4. ¿Qué significa el concepto de la educación como bien nacional?
5. ¿Cuándo apareció la idea de asistencia obligatoria?

B. Responda a las siguientes preguntas personales.

1. ¿Cree Ud. que la universidad debe ser gratuita como la escuela secundaria?
2. ¿Cuánto cuesta matricularse en su universidad? ¿Le parece mucho?
3. ¿Tienen los estudiantes mucho poder en la dirección de su universidad? ¿Cree que deben tenerlo?
4. ¿Cree Ud. que la educación va a tener mucha importancia en su vida futura? ¿Por qué?
5. ¿Cree que la universidad debe proporcionar más o menos materias electivas en su programa? Explique.

II. «EDUCACIÓN» Y «ENSEÑANZA»

Para entender algo del concepto de la enseñanza en el mundo hispánico y de cómo difiere del de los Estados Unidos es necesario aclarar algunas
5 cuestiones de terminología. La palabra «educación» tradicionalmente se refiere al proceso total de formar a un adulto de un niño. Incluye, pero no se limita a la instrucción recibida en la escuela. El niño también recibe su educación de su familia, de la

aclarar   *to clarify*

Una escuela primaria en San Juan, Puerto Rico. ¿Qué opina Ud. del uso de uniformes en la escuela primaria o en la secundaria?

10 Iglesia y de sus experiencias. El proceso académico es la «enseñanza». La palabra deriva de «enseñar», la tarea del maestro. Sólo recientemente se encuentra la palabra «educación» usada en el sentido del proceso escolar.

15   Los niveles de la instrucción académica son la enseñanza pre-escolar, la enseñanza primaria o elemental, la enseñanza media o secundaria y la enseñanza superior o universitaria. Como se verá, estos niveles no son exactamente iguales a sus equivalentes 20 en el sistema norteamericano.

    Otros términos pueden confundir al estudiante norteamericano. La palabra «curso» significa todo un año escolar: por ejemplo, «el sexto curso de medicina». «Materia» es una serie de clases dedicadas a un 25 curso. El curso, entonces, consiste en varias materias que por lo general están prescritas sin que el estudiante tenga ninguna elección. El concepto de «requisitos» apenas existe, puesto que casi todas las materias, dentro del curso son obligatorias. Hay casos 30 en que el alumno puede elegir entre secciones: por ejemplo, el curso de lenguas modernas ofrece elección entre varias lenguas, pero en cualquier caso se estudia la misma serie de materias —gramática, cultura, literatura, etcétera.

tarea   *task*

Materia   *Course*

prescritas   *prescribed, required* / requisitos *requirements*

35   El «bachillerato» es más o menos equivalente al diploma secundario en los Estados Unidos y no al título universitario. Éste, por ser más especializado, no tiene nombre genérico sino que se le llama por el título profesional: profesor para los graduados de la
40   Facultad de Filosofía y Letras, médico para los de Medicina, ingeniero para los de Ingeniería, abogado o licenciado para los de Leyes (Derecho)[2], etcétera. Las «facultades» equivalen más o menos a las «escuelas» profesionales de las universidades norteamericanas,
45   con la diferencia de que se hacen responsables de la enseñanza total del alumno. Esto quiere decir que hay profesores de inglés o de castellano en la Facultad de Medicina y otros en la Facultad de Ingeniería. Esto muestra dos contrastes muy importantes con el siste-
50   ma norteamericano: la especialización que, en algunos países, comienza temprano, y la falta de posibilidad de elección de las materias por el alumno. Es posible, por lo general, tomar clases en otras facultades pero no cuentan para el título.

genérico   *general*

COMPRENSIÓN

A.   Complete según el texto.

1.   El proceso total de formar a un individuo se llama _____.
2.   Un curso consiste en varias _____.
3.   Cuando un individuo termina su enseñanza secundaria, recibe un

   _____.
4.   Al graduarse de la Facultad de Filosofía y Letras, uno lleva el título de _____.
5.   En las universidades hispánicas comienza temprano la _____.

B.   Responda a las siguientes preguntas personales.

1.   ¿Cuántos años va a tardar Ud. para completar su educación superior? ¿Cuatro? ¿Más? ¿Por qué?
2.   ¿Cuándo va a graduarse?

~~~~~~~~

[2]*Leyes (Derecho)*   These two terms are used interchangeably to refer to law. *Licenciatura*, properly a law degree, has more and more come to be used to refer to what is the equivalent of a master's degree in the United States.

3. ¿Cree Ud. que es mejor especializarse temprano o esperar para estar más seguro?

4. ¿Le parece su universidad muy, poco o nada difícil?

III. LA ORGANIZACIÓN DE LA ENSEÑANZA HISPÁNICA

Aunque sería imposible describir en detalle todos los sistemas de enseñanza de los países hispánicos, se puede dar una idea general de éstos.

5 Hay jardines de infancia que acep-   **jardines** (m) **de infancia** *kindergartens*
tan alumnos desde los dos o tres años hasta los seis.
Esta etapa no es obligatoria y relativamente pocos   **etapa** *level, stage*
niños asisten.

La enseñanza primaria abarca desde los seis años   **abarca** *covers*
10 hasta los doce. En la mayoría de los países hispánicos
es obligatoria y gratuita. Termina con un certificado
de sexto grado.   **sexto** *sixth*

La próxima etapa es la de los «colegios» o «li-   **colegios** *high schools /*
ceos».[3] La enseñanza media o secundaria en   **liceos** *high schools*
15 Hispano-américa generalmente se divide en dos ciclos
que suman cinco o seis años en total. Por lo general el
primer ciclo, o ciclo básico, termina en el bachillerato elemental o general y el segundo en el bachillerato.
Este segundo ciclo representa una preparación más
20 especializada para una carrera profesional.

En muchos sistemas existen escuelas separadas
especializadas para comercio, para maestros y para
las fuerzas militares. Estas escuelas comienzan por lo
general después de la escuela primaria, o sea a los
25 trece o catorce años. Esto requiere una decisión relativamente temprana sobre el destino del alumno.

Las materias de la escuela primaria son las mis-
mas que en los Estados Unidos: idiomas, matemáticas   **idiomas** (m) *languages*
elementales, estudios sociales (historia y geografía,
30 tanto nacional como universal), ciencias naturales,
ciudadanía, higiene y estética (arte y música). Hay   **ciudadanía** *civics*
generalmente también cursos de desarrollo moral y
social que tienen el propósito de transmitirles valores   **propósito** *purpose*

---

[3]*«colegios» o «liceos»* The European system of names is used both in Spain and Spanish America. Many universities have their own *colegios* to prepare students for entrance. The *«bachillerato»* is difficult to compare to the U.S. system.

personales a los niños.

35   El día escolar en la escuela primaria es generalmente más corto que en los Estados Unidos: dura cinco
horas en vez de seis. Sin embargo, la enseñanza tiende
a ser más concentrada durante este tiempo. Algunas
materias como la gimnasia o la práctica de la música y
40 del arte no se incluyen en el curriculum general.

    La enseñanza media o secundaria generalmente
inicia la especialización del alumno. Después de recibir
el certificado de la escuela primaria, los jóvenes eligen
entre varios campos de estudio: las humanidades, para
45 los que piensen cursar la carrera de maestro o profesor
en la universidad; las ciencias para la ingeniería o la
medicina; la escuela vocacional, etcétera. Por lo general tienen que aprobar un examen de ingreso o de selección antes de ser aceptados en la escuela elegida.

50   Existe en los países hispánicos un número relativamente grande de escuelas secundarias militares que
dan el título de bachiller y también un nombramiento a la categoría de oficial en las fuerzas armadas.
Esto casi nunca se hace al nivel universitario como en
55 los Estados Unidos.

    En muchos países hispánicos los exámenes finales
en las escuelas secundarias se dan por materia y el
alumno recibe una nota final entre 0 y 10.
Generalmente el 6 es la nota mínima de aprobación. Si
60 recibe menos de 6 en cualquier materia, tiene que
repetirla, pero puede seguir al próximo nivel en las
materias aprobadas. Un 10 se califica de «sobresaliente» y un 9 de «notable» en muchos casos. En algunos
países no se acostumbra mucho dar exámenes parcia-
65 les durante el año —el alumno se juega todo en la nota
recibida en el examen final. Este examen casi siempre
tiene al menos una parte oral, en la que el alumno se
presenta ante un tribunal de profesores que le hacen
preguntas sobre la materia en cuestión. Por lo general
70 el alumno tiene muy poca idea del nivel de sus conocimientos antes de ese momento. No es necesario decir
que la época de los exámenes, que dura dos o tres
semanas, debido al tiempo requerido para los exámenes orales, inspira cierto miedo en el alumno.

75   En casi todos los países hispánicos el sistema
escolar se organiza a nivel nacional. Hay, por lo general, un ministerio de educación que, con sus conseje-
ros profesionales, determina la forma que tendrá el
sistema en todos los niveles.

en vez de   *instead of*

sobresaliente   *excellent*
notable   *very good*
exámenes parciales (*m*)
   midterm exams / se
   juega todo *everything*
   rides on

tribunal (*m*)   *panel*

Comprensión

A. Responda según el texto.

1. ¿Qué nivel es el colegio en los sistemas hispánicos?
2. ¿Qué materias no tiene el día típico en la escuela primaria?
3. ¿Cuándo comienza la especialización entre humanidades y ciencias?
4. ¿A qué nivel se ofrecen los estudios militares en los sistemas hispano-americanos?
5. ¿Qué notas se usan en el sistema hispánico?

B. Responda a las siguientes preguntas.

1. ¿Qué opina Ud. de la práctica de los exámenes orales en el sistema hispánico?
2. ¿Qué piensa Ud. del concepto de dar clases sobre el desarrollo moral y social?
3. ¿Piensa Ud. que el fútbol, el arte y la educación física deben ser parte del curriculum de la universidad?
4. ¿Cree que debemos tener un curriculum nacional uniforme? ¿Por qué?
5. ¿Le gustan sus clases generalmente? Explique.

IV. Las universidades en el mundo hispánico

Desde el establecimiento de la Universidad de Salamanca en el siglo XIII hasta la actualidad, la universidad ha ocupado una posición de importancia en la sociedad hispánica. El título
5   lo universitario de doctor en medicina o licenciado en derecho es muchas veces un símbolo de prestigio más que una preparación práctica. Así que se encuentran en todas las carreras personas que poseen un título
10   profesional que no tiene mucha relación con su verdadera profesión. Además de esto, las facultades se componen en gran parte y a veces casi exclusivamente de profesionales. Invitar a un médico de la comunidad a dar una clase en la facultad de medicina es uno de los
15   honores más grandes que se le puede hacer.

Esta costumbre tiene la ventaja de proveer instrucción práctica especializada y variada. La desventaja es que el médico o abogado que sólo se presenta en la universidad tres o cuatro veces a la semana para
20   dictar sus clases tiene poca oportunidad para el con-

ventaja   *advantage*

tacto fuera de clase, que forma parte importante de la experiencia educativa.[4]

La mayoría de las universidades mantiene cierta autonomía sobre sus asuntos internos aunque, como
25 en cualquier país, existen presiones sociales. Por lo general el sistema de universidades se encuentra bajo la jurisdicción del gobierno nacional, y no bajo la de los estados o provincias. Aun cuando hay centros provinciales, están obligados a seguir el curriculum de la
30 universidad nacional si quieren que sus títulos sean legalmente válidos. Esta práctica refuerza el control que ejerce el gobierno federal sobre el sistema entero. Sólo las universidades privadas, que casi siempre son religiosas, tienen algo de libertad en el campo de la
35 experimentación educativa. Esto ha resultado en la creación y expansión de las universidades católicas en el mundo hispánico. Éstas han sido centros de innovación y modernización en muchos de los países.[5]

En la mayoría de las universidades hispánicas la
40 matrícula es casi gratuita y por eso teóricamente accesible a todos. En la práctica, sin embargo, los jóvenes pobres tienen que trabajar para ganarse la vida. Además, los exámenes de ingreso muchas veces requieren preparación especial que sólo puede ser
45 alcanzada por medio de escuelas privadas.

presiones *(f)* *pressures*

refuerza *reinforces*

ingreso *entrance*

alcanzada *gained*

COMPRENSIÓN

A. Elija la respuesta que mejor complete la oración según el texto.

1. La Universidad de Salamanca fue creada...

a. en el siglo XX.   b. antes de Cristo.   c. en el siglo XIII.

[4]Most administrators feel that the widespread practice of part-time teaching is undesirable: salaries are kept low, teacher-student contact is minimal, rational curriculum planning is difficult, faculty communication is poor, etc. Typically, universities outside large cities have made progress toward establishing a full-time faculty since they have fewer community resources to draw on. The same prestige factor which induces eminent physicians and attorneys to teach for very little pay makes eliminating the practice difficult. In the humanities, it is not uncommon for a professor to have three or four different schools to go to each day.

[5]Many administrative and curricular reforms are impossible in the traditional universities due to several factors mentioned. The tenure system in which one professor is chosen in each subject for a life term stifles change. The private universities can avoid some of these problems as can new public institutions.

2. Los profesorados hispanos se componen en gran parte de...

   a. profesores.   b. mujeres.   c. profesionales.

3. Últimamente las universidades católicas han sido centros de...

   a. desestabilización.   b. experimentación   c. control
                              educativa.   momentario.

4. Generalmente las universidades son controladas a nivel...

   a. local.   b. nacional.   c. católico.

B. Responda a las siguientes preguntas.

1. ¿La universidad a la que Ud. asiste queda bajo el control del gobierno o de una organización nacional, estatal o local? Explique.
2. ¿Qué ventajas y desventajas tiene su sistema?
3. ¿Es fácil o difícil ingresar en su universidad? ¿Por qué?
4. ¿Cuál es el departamento más famoso de su universidad? ¿Por qué?
5. ¿Cuáles son las ventajas y desventajas de una universidad privada?

V. La vida estudiantil

Se puede decir que los estudiantes universitarios componen una clase aparte. Tienen más contacto que el resto de la población con las actividades políticas de la nación y del mundo. Están más conscientes de los problemas y de sus posibles soluciones. Durante el siglo XX esta conciencia a veces se ha manifestado en forma de actividades importantes para la política nacional. En algunas ocasiones el resultado ha sido la violencia, como ocurrió durante las manifestaciones de los estudiantes mexicanos en Tlatelolco en 1968.[6] En Hispanoamérica los estudiantes universitarios participan activamente en el gobierno de la universidad; por lo general mucho más que sus colegas norteamericanos. La primera manifestación estudiantil del siglo XX fue el movi-

---

[6] *Tlatelolco* A historical plaza in Mexico City where a student demonstration was stopped by the military. A large number of students died—some people claimed as many as 500—although the government vigorously denied it.

miento de la reforma universitaria iniciado en la
Universidad de Córdoba, Argentina, en 1918.
Rápidamente se extendió por el continente y en
20 muchos centros se convirtió en un nuevo sistema de
gobierno universitario con mucho poder en manos de
las juntas estudiantiles.

juntas estudiantiles
student councils

    Es importante recordar que el sistema de exáme-
nes finales, donde el candidato se presenta a fin de
25 curso y el hecho de que la asistencia a clases no es
obligatoria le dejan al individuo el tiempo necesario
para la política. Aunque la mayoría de los cursos son
de cuatro o seis años, es bastante común encontrar
estudiantes que llevan el doble de ese tiempo sencilla-
30 mente porque no han querido presentarse a los exámenes.

se presenta a   *presents
him/herself*

    Debido a la división de la universidad en faculta-
des especializadas, los centros hispánicos muchas
veces no tienen un solo «campus» como en los
35 Estados Unidos. Los estudiantes que asisten a la
Facultad de Ingeniería, por ejemplo, no toman clases
en otras facultades. Frecuentemente las facultades
están en varias partes de la ciudad y por eso la vida
estudiantil es distinta.

Debido a   *Due to*

40   La mayoría de los estudiantes viven en casas par-
ticulares o en pensiones porque pocas universidades
hispánicas tienen residencias oficiales para estudiantes. Las pensiones que se encuentran cerca de la universidad suelen estar llenas de estudiantes y así hay
45 cierto contacto entre ellos. Como en los Estados
Unidos, hay cafeterías en las facultades donde los
estudiantes se reúnen durante el día.

suelen estar   *are usually*

se reúnen   *get together*

    Los estudiantes hispánicos también tienen sus
actividades sociales —bailes, fiestas, grupos dedica-
50 dos a intereses especiales. Estas actividades son casi
siempre funciones de los estudiantes de una facultad
porque se identifican más fuertemente con su facultad que con la universidad total. Los grupos musica-
les, por ejemplo, llamados «tunas» o «estudiantinas»
55 siempre representan una facultad.

    Algunas universidades nuevas y las que se han
reconstruido en el siglo XX a veces sí tienen su «campus» general, pero la falta de residencias y el hecho de
que están generalmente ubicadas en un medio urbano,
60 no apoyan ese sentido típico de muchas universidades

reconstruido   *rebuilt* / sí
tienen   *do have* /
hecho   *fact* / ubicadas
located

norteamericanas de ser el centro de la vida del estudiante. El sentido algo apartado del «campus» ubicado en el medio rural o en un pueblo pequeño, como en
muchos casos de universidades norteamericanas, es
65 muy raro en el mundo hispánico. La universidad no
tiene ni quiere tener una función social en la vida del
estudiante. Después de todo, no fomenta el concepto
de la carrera universitaria como una época definida en
que el estudiante deja al lado la vida real. Se limita la
70 universidad hispánica a su función pedagógica.

    El sistema de enseñanza se crea como reflejo de
los valores sociales del país, pero puede constituir una
fuerza que actúa sobre esos mismos valores para cam-
biarlos o para modificarlos. Aunque la organización y
75 la tradición del sistema son conservadoras, el proceso
de educar a los jóvenes es revolucionario y crea las
condiciones propias para el cambio.

algo apartado *somewhat apart*

fomenta *foster*

deja al lado *leaves aside*

reflejo *reflection*

propias *appropriate*

COMPRENSIÓN

A. Responda según el texto.

1. ¿Por qué son una clase aparte los estudiantes universitarios?
2. ¿Qué ocurrió en la Universidad de Córdoba en 1918?
3. ¿Por qué es fácil tomar mucho tiempo para terminar la carrera en la universidad hispánica?
4. ¿Por qué no es necesario tener un «campus» en las universidades hispánicas?
5. ¿Cómo son diferentes las universidades hispánicas y las norteamericanas en cuanto a la función social?

B. Responda a las siguientes preguntas.

1. ¿Cree Ud. que es bueno tener residencias para estudiantes en las universidades? ¿Por qué?
2. ¿Dónde y cómo vive Ud. mientras asiste a la universidad?
3. ¿Por qué vive donde vive?
4. ¿Está contento(a) o quisiera mudarse?
5. ¿Cree que es mejor que un(a) estudiante universitario(a) viva en casa con sus padres? Explique.

PRÁCTICA

I. Ejercicios de vocabulario

A. Indique la palabra que corresponde a la definición.

    1. una sección profesional de la universidad   a. bachillerato
    2. los profesores   b. colegio
    3. curso de estudios secundarios   c. aprobar
    4. el conjunto de materias que llevan al título   d. profesorado
    5. la escuela secundaria   e. educación
    6. lo que estudian los abogados   f. facultad
    7. salir bien en el examen final   g. autonomía
    8. grupo de profesores que juzgan el examen   h. curso
    9. el control sobre sus propios asuntos   i. derecho
    10. proceso de formar un adulto   j. tribunal

B. Dé la forma apropiada de la palabra entre paréntesis.

    1. el día (escuela) _____
    2. la asistencia (obligar) _____
    3. la enseñanza (segundo) _____
    4. un grupo (estudiante) _____
    5. la investigación (ciencia) _____

C. Indique los sinónimos.

    1. colocar   a. derecho
    2. leyes   b. lugar
    3. crecer   c. aumentar
    4. enseñanza   d. asentar
    5. excelente   e. por separado
    6. entrada   f. ingreso
    7. aparte   g. instrucción
    8. sitio   h. sobresaliente

D. Complete con una palabra relacionada a la palabra entre paréntesis.

    1. (conocer)

        a. Es el _____ profesor de español.
        b. Se dedica a aumentar los _____ tecnológicos.
        c. Yo lo _____ en la escuela secundaria.

    2. (autorizar)

        a. Necesita la _____ del profesor.
        b. Es un acto _____ ante la ley.
        c. ¿Quién _____ este movimiento?

3. (educar)

a. Hay necesidad de reforma _____.
b. Los padres tienen la responsabilidad de _____ al niño.
c. Muestra su mala _____.

4. (obligar)

a. Cumple con sus _____.
b. Es una clase _____.
c. Se vio _____ a repetirla.

II. Puntos de contraste cultural

1. ¿Cuáles son algunas implicaciones de la diferencia de modelos universitarios entre el mundo hispánico y el mundo anglosajón?
2. ¿Qué diferencia implica el hecho de que se distingue entre educación y enseñanza en la cultura hispánica, mientras que *education* abarca las dos cosas en inglés?
3. ¿Qué diferencias hay en el curriculum secundario de los dos sistemas?
4. ¿Qué significan las diferencias entre la vida estudiantil hispánica y la de los estudiantes norteamericanos?

III. Debate

Las universidades no deben cobrar matrícula, sino que deben ser mantenidas por el estado.

IV. El arte de escribir: exposición (segunda parte)

Este segundo tipo de exposición no es muy diferente al tipo que vimos en la unidad anterior. Es cuestión de explicar su opinión o su visión de algún tema. Frecuentemente se pueden usar las técnicas siguientes: los ejemplos aclaran las ideas, la descripción es más detallada, hay una comparación o un contraste con algo que el lector ya conoce, etcétera.

Generalmente la exposición es un modo de escribir algo formal. Por eso requiere alguna distancia de la personalidad del autor, y es común el uso de la voz pasiva y de las expresiones impersonales. Es de notar que la exposición no trata de convencer al lector que acepte su opinión, sino claramente explicarla. Sugiere también el uso de un tono neutral y una actitud objetiva de parte del autor.

Ahora, con unos compañeros de clase, escoja las oraciones que son y las que no son apropiadas para una exposición. En el caso de las que no son apropiadas trate de cambiarlas.

1. ¡Ojalá que creas lo que te voy a decir!
2. Es obvio que se trata de una opinión personal.

me compra libros y con algunos me engancho
tanto que cuando no los quiero terminar releo
una y otra vez las mismas páginas... porque te
95 *abren la cabeza, te dan más seguridad y te per-*
miten conocer más cosas... »

me engancho *I get caught up*

La Prensa (Buenos Aires)

VII. Situación

Imagínese Ud. que puede cambiar de lugar con uno(a) de sus profesores(as).
¿Con cuál cambiaría? ¿Por qué? Ahora, su profesor(a) es «estudiante». ¿Cómo
lo(la) va a tratar? ¿Cómo va a tratar a los estudiantes en general? ¿Da Ud.
muchos exámenes? ¿Qué les va a decir el primer día de clase?

3. Siempre he pensado que eso es indudable.
4. No dejes de leer ese libro.
5. ¡Qué película más fenomenal!
6. Muchas personas comparten esta opinión.
7. Es necesario entender el origen de esta idea.
8. Esta pintura es muy divertida en su tema.

Ahora, escriba Ud. una exposición sobre una opinión o una interpretación suya
de una obra de arte, una película o una novela.

V. Ejercicio de composición dirigida

Dé su opinión personal, utilizando las palabras apropiadas de la lista.

1. la elección de la carrera a los dieciséis años
   (temprano, arrepentirse, decidirse, joven, maduro, equivocarse, malgastar)
2. la educación vocacional y el estudio de filosofía y letras
   (útil, trabajo, dinero, moralidad, desarrollo, ampliar, mundo)
3. el poder estudiantil contra el poder del profesorado
   (equilibrio, contribución, joven, anciano, exámenes, notas, sistema,
   democrático)
4. el costo de la educación superior
   (público, privado, impuestos, matrícula, bien social, mejora personal,
   gratuito, gobierno)

VI. Las noticias

Haga Ud. un resumen de cada uno de estos artículos.

UN LUGAR EN EL MUNDO

«Papá, me voy a estudiar a Buenos Aires.» La
frase como ocurre todos los años, cayó como
una bomba y sacudió los cimientos de numero-
sas casas en distintas zonas del país.

sacudió *shook* / cimientos *foundation*

5 *La invasión de chicos desde el interior hacia la*
Capital Federal no se detiene. A pesar de haberse
creado universidades en las provincias, muchos
jóvenes dejan sus ciudades porque no tienen la
posibilidad de seguir la carrera que les gusta.

A pesar de *In spite of*

10 *Otros, simplemente, se lanzan al desafío de*
conocer y triunfar en el centro neurálgico de la
Argentina.

se lanzan al desafío *throw themselves into the challenge* / centro neurálgico *nerve center*

Claro que superada esa primera conmoción hogareña, aparece otro trance tanto o más com-
15 *plicado. «¿Pero adónde vas a ir a vivir nena?»*

hogareña *(adj) household / **trance** (m) difficulty*

Para ayudar a responder esa pregunta clave, la Dirección General de Becas y Bienestar Universitario de la UBA elaboró una guía de residencias, hoteles y pensionados.

clave *(adj) key*
Becas *Scholarships*
UBA *Universidad de Buenos Aires / elaboró created*

20 *El titular del organismo, Luis Borgarucci, explicó que «todos los establecimientos mencionados han sido visitados por personal profesional»...*

Algunos de estos pensionados, sobre todo los que albergan solamente a mujeres, están dirigi-
25 *dos por congregaciones religiosas. En tanto otras, por ejemplo, las residencias Santa María del Plata y San Francisco de Asís, hacen hincapié en el ambiente familiar que ofrecen a los alumnos.*

albergan *take in*

hacen hincapié *(m) stress*

30 *Con respecto a la lista de precios, el rubro otros servicios es el termómetro que marca la diferencia en los valores.*

rubro *label*

Esto sucede porque ciertas instituciones cuentan con campo de deportes, estacionamiento, biblio-
35 *teca, asesoramiento pedagógico, e incluso, hasta entregan abonos para el Mozarteum.*

asesoramiento *consulting tutoring / abonos season tickets*

[Ejemplos de la lista:]

Residencia San José, *O'Higgins 2215 y Gorostiaga 1908. 774–0598/Pensión completa.*
40 *Habitaciones compartidas. Otros servicios/ Inscripción 500 pesos y cuotas de 650.*

compartidas *shared*
Inscripción *Sign-up fee*

Residencia Santa María del Plata, *Teniente General Juan Domingo Perón 2108. 953–2454/ Media pensión. Habitaciones compartidas.*
45 *Otros servicios/500 pesos.*

Hotel Gales, *Pringles 523. 862–5853/ Habitaciones individuales y colectivas/200 pesos y 160. Quienes traigan heladera, televisor, plan-cha, estufa o ventilador, deberán abonar un*
50 *recargo de 20 pesos.*

heladera *refrigerator*
estufa *stove / ventilador (m) fan*

Pensión de Roberto Lissa, *Av. San Martín 3963. 553–6400/Una individual y el resto habi-*

taciones compartidas. Otros servicios/Individual 300 pesos; compartidas: dos camas, 250 pesos;
55 *tres camas, 150.*

La Prensa (Buenos Aires)

LECTURA VELOZ

...De acuerdo a los datos suministrados por la UNESCO, mientras en los Estados Unidos cada chico lee por año un promedio de 10,5 libros, y
60 *en Japón y en España 9,8 y 5,3 textos respecti-vamente, en el mismo período, un niño argentino apenas lee un 0,3 (un texto cada tres alumnos, anualmente). Las cifras invitan a la reflexión.*

suministrados *supplied*

promedio *average*

Pablo Casal (17) es un pelilargo flaquísimo que mueve a la risa cuando interviene en la charla.
65 *«La verdad es que yo sí me siento es desventaja en relación a los otros chicos que leyeron muchos libros desde chiquitos. A veces siento que ellos siempre me ganan en las discusiones porque yo... Es como si no pudiera hablar bien,*
70 *a veces no me salen todas las palabras para decir lo que quiero, me trabo y me pongo ner-vioso, entonces, mejor me callo. Me cuesta mucho leer, no sé, no tengo paciencia, o es que no estoy acostumbrado... Mis viejos de chiquito*
75 *me decían que leyera pero no les hacía caso, prefería ver la tele, pero creo que a lo mejor ten-drían que haber insistido más... mis viejos estu-vieron flojos, pero las maestras de la primaria también».*

pelilargo *long-haired / flaquísimo very skinny*

me trabo *I get mixed up*

no les hacía caso *I didn't pay any attention to them*

flojos *lazy*

80 *El caso de Inés Mendoza (16) es distinto. «En casa todos leen, me compraron libros siempre y leí algunos buenísimos», se entusiasma esta peli-rroja que, según confía, no mira la televisión «porque no tiene nada interesante para ver».*
85 *«...Los libros que te obligaron a leer en la escue-la eran muy aburridos. Esos manuales así de gordos», dice, gesticulando con las manos y con cara de fastidio.*

pelirroja *redhead*
confía *confides*

gesticulando *gesturing*
cara de fastidio *irritated expression*

... [Y] Lucía Magi tiene 13 años... «Querida
90 *Susy, Querido Paul», lo leí cuando era re-chiquita y no me olvidé más. Mi mamá siempre*

re-chiquita *very little*

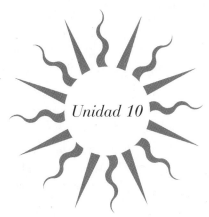

La ciudad en el mundo hispánico

Algunos rascacielos de Caracas, Venezuela. ¿Qué

tipo de edificios se encuentran probablemente

alrededor del parque en primer término?

VOCABULARIO ÚTIL

Estudie estas palabras antes de leer el ensayo.

Verbos

almorzar (ue) *to eat lunch*
asociar *to associate*
atraer *to attract*
fundar *to found, to create*
provenir (ie) *to come from*
reunirse *to meet, to join with*
rodear *to surround;*
    rodeado de *surrounded by*

Sustantivos

el almuerzo *lunch*
el banco *bank, bench*
el barrio *neighborhood, area of a
    city*
la compra *purchase;*
    hacer compras *to shop;*
    ir de compras *to go shopping*

el centro *center; downtown*
la esquina *corner (outside)*
el lazo *tie, connection*
el museo *museum*
el núcleo *nucleus, center*
el piso *floor, story (of a building)*
la población *population*
el recuerdo *memory*
el sabor *flavor, taste*
la soledad *solitude, loneliness*
el tesoro *treasure*
el, la vecino, -a *neighbor, resident
    of a "barrio"*

Adjetivos

antiguo, -a *old, antique*
campestre *rural*

ENFOQUE

Según los historiadores, las primeras ciudades de la región mediterránea nacieron de la alianza de varias tribus motivadas por necesidades económicas, sociales y religiosas. Las descripciones de la fundación de las grandes ciudades como Atenas y Roma siempre hacen hincapié en el aspecto religioso: se consultaba con los dioses para saber dónde se debía construir la ciudad. Lo primero que se hacía era consagrar el lugar a un dios cívico, lo que creaba lazos permanentes para la gente, que así no podía abandonar la ciudad. El templo, las ceremonias, los sacerdotes, todo se relacionaba con el lugar. Para los pueblos antiguos la ciudad era el centro de su religión y la razón princi-

hacen hincapié en
    emphasize
consagrar *to consecrate*

pal de su existencia. Ésta es la tradición en que se formó la sociedad española.

Las grandes ciudades indígenas de América tuvieron orígenes semejantes. Tenochtitlán, el centro de la civilización azteca, fue establecido en el lugar indicado por un dios. Los aztecas eran una tribu del norte que había vagado por el valle de México, llamado Anáhuac («cerca del agua»), hasta que recibieron la visión maravillosa de un águila, con una serpiente en la boca, posada sobre un nopal. Allí se pararon y construyeron su ciudad sobre un lago, poniendo las casas sobre largas estacas.

La ciudad ejerció siempre una gran atracción sobre el pueblo como el centro de lo bueno de la vida. Esta atracción aumentó durante el Renacimiento europeo[1] con el nuevo papel comercial que asumieron las grandes ciudades mediterráneas.

En esta lectura vamos a examinar algunas de las grandes ciudades hispánicas y las actitudes de los hispanos hacia la vida urbana.

vagado   *wandered*

águila   *eagle*
posada   *perched /*
   nopal (*m*)   *cactus*
estacas   *stakes, sticks*

ANTICIPACIÓN

¿Conoce Ud. una ciudad hispánica? Con un(a) compañero(a) de clase, haga una lista de todas las ciudades hispánicas posibles. ¿Cuáles son algunas características de cualquier ciudad grande? ¿Cuáles son las ventajas y las desventajas de la vida urbana?

I. LAS CIUDADES DEL MUNDO HISPÁNICO

Desde la dominación romana, la historia de España ha sido una historia de ciudades. El concepto romano —y por lo tanto occidental— de civilización se ve en la raíz de la palabra misma: *civitas*, que se refería a las asociaciones religiosas y políticas que formaban las asambleas de familias y tribus.

5

---

[1]*Renacimiento europeo*   The Renaissance (or rebirth of classical culture after the Middle Ages) during the 14th and 15th centuries also marked the rise of the city in Western civilization. Cities were centers of culture and, because of the rise of the banking and export-import systems, they became commercial centers of great economic power.

En otras palabras, la «civilización» es el resultado de
la ciudad. El espacio en el cual se juntaban las asam-
10 bleas se llamaba *urbs*, de donde proviene la palabra
«urbano».

    En la península ibérica, los romanos utilizaron
los centros de población ya existentes, y éstos vinieron
a ser los lugares más importantes. Allí se situaron pri-
15 mero las autoridades romanas y después el senado y
los centros culturales y recreativos.

    Las invasiones germánicas no cambiaron mucho
esta situación. Los visigodos se adaptaron a la forma
de vida romana, aunque tenían más interés en la
20 sociedad rural del feudalismo. La única ciudad
importante de la época visigoda era Toledo, que fue la
primera capital de la península. Esta ciudad simboli-
za la gloria medieval de España.

    Cuando los árabes invadieron España ocuparon
25 las ciudades que encontraron, pero establecieron su
centro en la ciudad sureña de Córdoba. Gran parte de
esta culta y brillante ciudad fue destruida durante la
Reconquista por ser símbolo del poder islámico. Sólo
queda la mezquita principal como recuerdo de su
30 pasado glorioso. Un poco más al sur de Córdoba está
la ciudad de Granada, donde se encuentra la
Alhambra, el magnífico palacio de los reyes moros.
Los viajeros extranjeros, entre ellos Washington
Irving, se han maravillado ante esta creación de for-
35 mas geométricas y abstractas comparable sólo con el
Taj Mahal de la India.

    La capital actual, Madrid, sólo comenzó a ocupar
un lugar de importancia en la vida española en el
siglo XVI. Fue Felipe II el que trasladó la corte de
40 Toledo a la comunidad de Majrit en 1560, a fin de
observar la construcción de su propio monumento, El
Escorial.[2] Felipe quería situar la capital en el centro
para afirmar la unidad nacional, concepto bastante
tenue en aquella época. En poco tiempo Madrid se
45 convirtió en el núcleo de la vida nacional.

    Hoy día Madrid es una ciudad de 4,1 millones de
habitantes que sintetiza la cultura moderna española.

Glosses (margin):
- se juntaban *gathered*
- situaron *situated*
- senado *senate*
- sureña *southern*
- culta *cultured*
- mezquita *mosque*
- viajeros *Travellers*
- maravillado *marveled*
- tenue *tenuous*
- sintetiza *synthesizes*

---

[2]*El Escorial* The Moorish name for Madrid was *Majrit*. Felipe II ordered the construction of *El Escorial*, a group of buildings containing a church, a monastery, and a palace, because of a vow made to St. Lawrence (*San Lorenzo*) prior to an important victory over the French in 1557. It is 30 miles northwest of the modern city.

3. Siempre he pensado que eso es indudable.
4. No dejes de leer ese libro.
5. ¡Qué película más fenomenal!
6. Muchas personas comparten esta opinión.
7. Es necesario entender el origen de esta idea.
8. Esta pintura es muy divertida en su tema.

Ahora, escriba Ud. una exposición sobre una opinión o una interpretación suya de una obra de arte, una película o una novela.

V. Ejercicio de composición dirigida

Dé su opinión personal, utilizando las palabras apropiadas de la lista.

1. la elección de la carrera a los dieciséis años
   (temprano, arrepentirse, decidirse, joven, maduro, equivocarse, malgastar)
2. la educación vocacional y el estudio de filosofía y letras
   (útil, trabajo, dinero, moralidad, desarrollo, ampliar, mundo)
3. el poder estudiantil contra el poder del profesorado
   (equilibrio, contribución, joven, anciano, exámenes, notas, sistema, democrático)
4. el costo de la educación superior
   (público, privado, impuestos, matrícula, bien social, mejora personal, gratuito, gobierno)

VI. Las noticias

Haga Ud. un resumen de cada uno de estos artículos.

UN LUGAR EN EL MUNDO

«Papá, me voy a estudiar a Buenos Aires.» La frase como ocurre todos los años, cayó como una bomba y sacudió los cimientos de numerosas casas en distintas zonas del país.

sacudió   *shook* / cimientos *foundation*

5 *La invasión de chicos desde el interior hacia la Capital Federal no se detiene. A pesar de haberse creado universidades en las provincias, muchos jóvenes dejan sus ciudades porque no tienen la posibilidad de seguir la carrera que les gusta.*

A pesar de   *In spite of*

10 *Otros, simplemente, se lanzan al desafío de conocer y triunfar en el centro neurálgico de la Argentina.*

se lanzan al desafío   *throw themselves into the challenge* / centro neurálgico   *nerve center*

Claro que superada esa primera conmoción hogareña, aparece otro trance tanto o más complicado. «¿Pero adónde vas a ir a vivir nena?»

hogareña (*adj*) *household* / trance (*m*) *difficulty*

15

Para ayudar a responder esa pregunta clave, la Dirección General de Becas y Bienestar Universitario de la UBA elaboró una guía de residencias, hoteles y pensionados.

clave (*adj*) *key*
Becas *Scholarships*
UBA *Universidad de Buenos Aires* / elaboró *created*

20 *El titular del organismo, Luis Borgarucci, explicó que «todos los establecimientos mencionados han sido visitados por personal profesional»...*

Algunos de estos pensionados, sobre todo los que albergan solamente a mujeres, están dirigidos por congregaciones religiosas. En tanto otras, por ejemplo, las residencias Santa María del Plata y San Francisco de Asís, hacen hincapié en el ambiente familiar que ofrecen a los alumnos.

albergan *take in*

25

hacen hincapié (*m*) *stress*

30 *Con respecto a la lista de precios, el rubro otros servicios es el termómetro que marca la diferencia en los valores.*

rubro *label*

Esto sucede porque ciertas instituciones cuentan con campo de deportes, estacionamiento, biblioteca, asesoramiento pedagógico, e incluso, hasta entregan abonos para el Mozarteum.

35

asesoramiento *consulting tutoring* / abonos *season tickets*

[Ejemplos de la lista:]

Residencia San José, *O'Higgins 2215 y Gorostiaga 1908. 774–0598/Pensión completa.*
40 *Habitaciones compartidas. Otros servicios/ Inscripción 500 pesos y cuotas de 650.*

compartidas *shared*
Inscripción *Sign-up fee*

Residencia Santa María del Plata, *Teniente General Juan Domingo Perón 2108. 953–2454/ Media pensión. Habitaciones compartidas.*
45 *Otros servicios/500 pesos.*

Hotel Gales, *Pringles 523. 862–5853/ Habitaciones individuales y colectivas/200 pesos y 160. Quienes traigan heladera, televisor, plancha, estufa o ventilador, deberán abonar un*
50 *recargo de 20 pesos.*

heladera *refrigerator*
estufa *stove* / ventilador (*m*) *fan*

Pensión de Roberto Lissa, *Av. San Martín 3963. 553–6400/Una individual y el resto habi-*

taciones compartidas. Otros servicios/Individual
300 pesos; compartidas: dos camas, 250 pesos;
55 *tres camas, 150.*

La Prensa (Buenos Aires)

LECTURA VELOZ

...De acuerdo a los datos suministrados por la   suministrados   *supplied*
UNESCO, mientras en los Estados Unidos cada
chico lee por año un promedio de 10,5 libros, y   promedio   *average*
en Japón y en España 9,8 y 5,3 textos respecti-
60 *vamente, en el mismo período, un niño argentino*
apenas lee un 0,3 (un texto cada tres alumnos,
anualmente). Las cifras invitan a la reflexión.

Pablo Casal (17) es un pelilargo flaquísimo que   pelilargo   *long-haired /*
mueve a la risa cuando interviene en la charla.   flaquísimo   *very*
65 *«La verdad es que yo sí me siento es desventaja*   *skinny*
en relación a los otros chicos que leyeron
muchos libros desde chiquitos. A veces siento
que ellos siempre me ganan en las discusiones
porque yo... Es como si no pudiera hablar bien,
70 *a veces no me salen todas las palabras para*
decir lo que quiero, me trabo y me pongo ner-   me trabo   *I get mixed up*
vioso, entonces, mejor me callo. Me cuesta
mucho leer, no sé, no tengo paciencia, o es que
no estoy acostumbrado... Mis viejos de chiquito
75 *me decían que leyera pero no les hacía caso,*   no les hacía caso   *I didn't*
prefería ver la tele, pero creo que a lo mejor ten-   *pay any attention to*
drían que haber insistido más... mis viejos estu-   *them*
vieron flojos, pero las maestras de la primaria   flojos   *lazy*
también».

80 *El caso de Inés Mendoza (16) es distinto. «En*
casa todos leen, me compraron libros siempre y
leí algunos buenísimos», se entusiasma esta peli-   pelirroja   *redhead*
rroja que, según confía, no mira la televisión   confía   *confides*
«porque no tiene nada interesante para ver».
85 *«...Los libros que te obligaron a leer en la escue-*
la eran muy aburridos. Esos manuales así de
gordos», dice, gesticulando con las manos y con   gesticulando   *gesturing*
cara de fastidio.   cara de fastidio   *irritated*
                                                         expression
... [Y] Lucía Magi tiene 13 años... «Querida
90 *Susy, Querido Paul», lo leí cuando era re-*   re-chiquita   *very little*
chiquita y no me olvidé más. Mi mamá siempre

me compra libros y con algunos me engancho
tanto que cuando no los quiero terminar releo
una y otra vez las mismas páginas... porque te
95 *abren la cabeza, te dan más seguridad y te per-*
miten conocer más cosas... »

me engancho *I get caught*
   up

La Prensa (Buenos Aires)

VII. Situación

Imagínese Ud. que puede cambiar de lugar con uno(a) de sus profesores(as).
¿Con cuál cambiaría? ¿Por qué? Ahora, su profesor(a) es «estudiante». ¿Cómo
lo(la) va a tratar? ¿Cómo va a tratar a los estudiantes en general? ¿Da Ud.
muchos exámenes? ¿Qué les va a decir el primer día de clase?

Unidad 10

La ciudad en el mundo hispánico

Algunos rascacielos de Caracas, Venezuela. ¿Qué tipo de edificios se encuentran probablemente alrededor del parque en primer término?

VOCABULARIO ÚTIL

Estudie estas palabras antes de leer el ensayo.

Verbos

almorzar (ue) *to eat lunch*
asociar *to associate*
atraer *to attract*
fundar *to found, to create*
provenir (ie) *to come from*
reunirse *to meet, to join with*
rodear *to surround;*
    rodeado de *surrounded by*

Sustantivos

el almuerzo *lunch*
el banco *bank, bench*
el barrio *neighborhood, area of a
    city*
la compra *purchase;*
    hacer compras *to shop;*
    ir de compras *to go shopping*

el centro *center; downtown*
la esquina *corner (outside)*
el lazo *tie, connection*
el museo *museum*
el núcleo *nucleus, center*
el piso *floor, story (of a building)*
la población *population*
el recuerdo *memory*
el sabor *flavor, taste*
la soledad *solitude, loneliness*
el tesoro *treasure*
el, la vecino, -a *neighbor, resident
    of a "barrio"*

Adjetivos

antiguo, -a *old, antique*
campestre *rural*

ENFOQUE

Según los historiadores, las primeras ciudades de la región mediterránea nacieron de la alianza de varias tribus motivadas por necesidades económicas, sociales y religiosas. Las descripciones de la fundación de las grandes ciudades como Atenas y Roma siempre hacen hincapié en el aspecto religioso: se consultaba con los dioses para saber dónde se debía construir la ciudad. Lo primero que se hacía era consagrar el lugar a un dios cívico, lo que creaba lazos permanentes para la gente, que así no podía abandonar la ciudad. El templo, las ceremonias, los sacerdotes, todo se relacionaba con el lugar. Para los pueblos antiguos la ciudad era el centro de su religión y la razón princi-

hacen hincapié en
emphasize
consagrar *to consecrate*

pal de su existencia. Ésta es la tradición en que se formó la sociedad española.

Las grandes ciudades indígenas de América tuvieron orígenes semejantes. Tenochtitlán, el centro de la civilización azteca, fue establecido en el lugar indicado por un dios. Los aztecas eran una tribu del norte que había vagado por el valle de México, llamado Anáhuac («cerca del agua»), hasta que recibieron la visión maravillosa de un águila, con una serpiente en la boca, posada sobre un nopal. Allí se pararon y construyeron su ciudad sobre un lago, poniendo las casas sobre largas estacas.

vagado   *wandered*

águila   *eagle*
posada   *perched* /
   nopal (*m*)   *cactus*
estacas   *stakes, sticks*

La ciudad ejerció siempre una gran atracción sobre el pueblo como el centro de lo bueno de la vida. Esta atracción aumentó durante el Renacimiento europeo[1] con el nuevo papel comercial que asumieron las grandes ciudades mediterráneas.

En esta lectura vamos a examinar algunas de las grandes ciudades hispánicas y las actitudes de los hispanos hacia la vida urbana.

ANTICIPACIÓN

¿Conoce Ud. una ciudad hispánica? Con un(a) compañero(a) de clase, haga una lista de todas las ciudades hispánicas posibles. ¿Cuáles son algunas características de cualquier ciudad grande? ¿Cuáles son las ventajas y las desventajas de la vida urbana?

I. LAS CIUDADES DEL MUNDO HISPÁNICO

Desde la dominación romana, la historia de España ha sido una historia de ciudades. El concepto romano —y por lo tanto occidental— de civilización se ve en la raíz de la palabra misma: *civitas*, que se refería a las asociaciones religiosas y políticas que formaban las asambleas de familias y tribus.

5

---

[1]*Renacimiento europeo*   The Renaissance (or rebirth of classical culture after the Middle Ages) during the 14th and 15th centuries also marked the rise of the city in Western civilization. Cities were centers of culture and, because of the rise of the banking and export-import systems, they became commercial centers of great economic power.

En otras palabras, la «civilización» es el resultado de la ciudad. El espacio en el cual se juntaban las asam-
10 bleas se llamaba *urbs*, de donde proviene la palabra «urbano».

se juntaban   *gathered*

En la península ibérica, los romanos utilizaron los centros de población ya existentes, y éstos vinieron a ser los lugares más importantes. Allí se situaron pri-
15 mero las autoridades romanas y después el senado y los centros culturales y recreativos.

situaron   *situated*
senado   *senate*

Las invasiones germánicas no cambiaron mucho esta situación. Los visigodos se adaptaron a la forma de vida romana, aunque tenían más interés en la
20 sociedad rural del feudalismo. La única ciudad importante de la época visigoda era Toledo, que fue la primera capital de la península. Esta ciudad simboli-za la gloria medieval de España.

Cuando los árabes invadieron España ocuparon
25 las ciudades que encontraron, pero establecieron su centro en la ciudad sureña de Córdoba. Gran parte de esta culta y brillante ciudad fue destruida durante la Reconquista por ser símbolo del poder islámico. Sólo queda la mezquita principal como recuerdo de su
30 pasado glorioso. Un poco más al sur de Córdoba está la ciudad de Granada, donde se encuentra la Alhambra, el magnífico palacio de los reyes moros. Los viajeros extranjeros, entre ellos Washington Irving, se han maravillado ante esta creación de for-
35 mas geométricas y abstractas comparable sólo con el Taj Mahal de la India.

sureña   *southern*
culta   *cultured*

mezquita   *mosque*

viajeros   *Travellers*
maravillado   *marveled*

La capital actual, Madrid, sólo comenzó a ocupar un lugar de importancia en la vida española en el siglo XVI. Fue Felipe II el que trasladó la corte de
40 Toledo a la comunidad de Majrit en 1560, a fin de observar la construcción de su propio monumento, El Escorial.[2] Felipe quería situar la capital en el centro para afirmar la unidad nacional, concepto bastante tenue en aquella época. En poco tiempo Madrid se
45 convirtió en el núcleo de la vida nacional.

tenue   *tenuous*

Hoy día Madrid es una ciudad de 4,1 millones de habitantes que sintetiza la cultura moderna española.

sintetiza   *synthesizes*

---

[2]*El Escorial*   The Moorish name for Madrid was *Majrit*. Felipe II ordered the construction of *El Escorial*, a group of buildings containing a church, a monastery, and a palace, because of a vow made to St. Lawrence (*San Lorenzo*) prior to an important victory over the French in 1557. It is 30 miles northwest of the modern city.

La historia de España se refleja en la Plaza Mayor,[3]
que recuerda los primeros años de la ciudad, en el
50 Palacio Real y en la Plaza de España, rodeada de rascacielos modernos. En el Museo del Prado y en El
Escorial se encuentra el tesoro artístico de España:
obras no sólo de artistas españoles sino también de
holandeses e italianos de los siglos XVI y XVII, cuyos
55 países formaban parte del Imperio español.

    Otra ciudad española que floreció el siglo XVI fue
Sevilla. Ésta simboliza la España romántica de
Carmen, de Don Juan, de los gitanos. La imagen
española más conocida en el resto del mundo, y que
60 generalmente se reproduce en los afiches de viajes,
corresponde a la región de Andalucía en el sur y a su
capital, Sevilla. Esta ciudad, que perteneció al reino
árabe desde 712 hasta 1248, experimentó su verdadero florecimiento en el siglo XVI, época en que fue el
65 principal puerto fluvial de España. Después del descubrimiento de América, Sevilla se convirtió en el
centro de las grandes casas comerciales que financiaban las nuevas expediciones. Atrajo a gente de toda
Europa y su nombre se llegó a asociar con lo exótico,
70 lo romántico y lo misterioso.

    Sevilla ha mantenido esa personalidad hasta hoy.
La Triana, barrio gitano, el espectáculo de la Semana
Santa[4] la famosa feria[5] traen el recuerdo del pasado
romántico. Velázquez y Murillo nacieron en Sevilla, y
75 la catedral del siglo XV, uno de los mayores edificios
góticos del mundo, contiene muchos de los tesoros
traídos del Nuevo Mundo.

    Otra ciudad española importante es Barcelona,
un puerto comercial mediterráneo. Es el punto de

---

rascacielos (*m*)
    skyscrapers

tesoro   *treasure*

floreció   *flourished*

gitanos   *gypsies*

afiches (*m*)   *posters*

puerto fluvial   *river port*

Atrajo   *It attracted*

góticos   *Gothic*

---

[3]*Plaza Mayor*   Virtually all Hispanic cities have a main *plaza* or open space surrounded by
government buildings and usually the cathedral. It may be called the *Plaza Mayor* or it may bear
the name of some national hero or in Mexico it may be called the *Zócalo*.

[4]*la Semana Santa*   Holy Week is traditionally one of the more elaborate spectacles in Spain, with
religious processions and ceremonies. In Sevilla the passion and fervor of this period are considered
to be unequaled anywhere in the world.

[5]*famosa feria*   Just as Holy Week is observed with religious fervor, the *feria* or fair of Sevilla which
follows it is characterized by a similar, though secular, intensity. Ten square blocks of colorful private booths, a large carnival and numerous restaurants are constructed and serve as the scene of
ten days of constant partying. By day the grounds are filled with men and women on horseback or
in horse-drawn carriages, dressed in typical costumes. The origin of the *feria* was a stock show, but
it has become the major festival of the year for the *sevillanos*.

Una muchacha vestida para montar a caballo en la Feria de Sevilla, España. ¿Tenemos en los Estados Unidos alguna fiesta donde la gente se viste con ropa especial?

80 contacto entre España y Europa y por eso es la ciudad más europea del país. Su importancia data de la revolución industrial del siglo XIX.

Barcelona se encuentra en la región de Cataluña. Esta región simboliza la independencia e individualis-
85 mo del carácter español. A pesar de los esfuerzos del gobierno del dictador Franco por imponer el idioma castellano, el catalán, que es una lengua distinta, todavía dominaba en las calles de Barcelona. Los conocidos pintores Miró y Dalí se consideraban cata-
90 lanes antes que españoles. Ahora que el gobierno de España es democrático, el catalán se habla oficialmente en toda Cataluña.

Barcelona se enorgullece de su modernidad, mientras que Sevilla pone énfasis en su pasado
95 romántico y Madrid en sus tradiciones reales e imperiales. Son tres ciudades que muestran claramente la diversidad de la España de hoy.

A pesar de   *In spite of*

se enorgullece de   *takes pride in*

Con la importancia de la ciudad, tanto en la península ibérica como en las culturas indígenas, era
100 natural que durante la colonización se pusiera mucho énfasis en los centros urbanos del Nuevo Mundo. México y Lima eran las ciudades principales de las colonias, pero Buenos Aires no tardó en cobrar suma importancia comercial. La Habana, Caracas, Bogotá
105 y Santiago de Chile asumieron su verdadera importancia en el siglo XIX, pero México, Lima y Buenos Aires contienen el pasado colonial.

México fue construida, en un acto simbólico, encima de Tenochtitlán, la capital azteca. Al excavar
110 una ruta del tren subterráneo en los años sesenta los trabajadores encontraron un templo azteca que hoy se conserva en una parada del metro —buen símbolo de cómo coexisten lo nuevo y lo antiguo en México.

México siempre ha sido la ciudad principal del
115 país y tiene áreas identificadas con cada época de su historia, como las casas de hidalgos coloniales en la calle Pino Suárez cerca de la Plaza Mayor, llamada también el Zócalo, donde se encuentra tanto la Catedral como (desenterrado recientemente) el
120 Templo Mayor del imperio azteca.

Al oeste del Zócalo se encuentra la parte más moderna de la ciudad, casas del siglo XIX y edificios modernos como la Torre Latinoamericana, que posee un sistema hidráulico que mantiene la presión del
125 agua en que flota el rascacielos de 43 pisos para que no se hunda.[6] Más al oeste hay un recuerdo de la época del emperador Maximiliano,[7] el Paseo de la Reforma, una calle ancha con grandes árboles al estilo europeo. Conduce al Parque de Chapultepec, un
130 lugar popularísimo con las familias capitalinas los

suma *extreme*

metro *subway*

hidalgos *minor nobles*

desenterrado *unearthed*

---

[6]*para que no se hunda*   The water-filled subsoil of Mexico City has allowed many buildings to sink—up to fifteen feet in some cases.

[7]*el Emperador Maximiliano*   Maximilian of Austria was emperor of Mexico for a short time in the 1860s as a result of a French move to acquire a colony with the help of some misguided Mexican conservatives who were disenchanted with the liberalism of the government. Maximilian naively thought the people supported him until he died in front of a firing squad. His beautiful wife, Carlota, who had urged him to assume the position, went insane. The story is one of the great romantic tragedies of world history.

domingos por la tarde. El Parque también contiene el magnífico Museo Nacional de Antropología, construido en este siglo para conservar el pasado indígena de la nación.

135   Al sur está la Ciudad Universitaria con sus pinturas murales dentro de la tradición de Rivera, Orozco y Siqueiros, lo cual crea una vista impresionante para los casi 200.000[8] estudiantes y 26.000 profesores.

    La capital del Perú moderno, Lima, también

140 muestra el pasado lejano pero con una importante diferencia: los incas establecían sus centros urbanos en las montañas y los españoles preferían la costa. Por eso en 1535 abandonaron Cuzco, en los Andes, que había sido la primera capital. Lima, entonces, no fue

145 construida sobre las ruinas de una ciudad indígena. Lima fue llamada la Ciudad de los Reyes por el conquistador Pizarro. Su nombre actual deriva de *Rimac*, nombre quechua del río cercano.

quechua language of the Incas / cercano *nearby*

    Lo que distingue a Lima hoy es su sabor colonial.

150 La Plaza de Armas, la más importante de la ciudad está rodeada de antiguos edificios e iglesias, y la Plaza de la Inquisición[9] recuerda que Lima fue el centro de esa institución en la colonia. La iglesia de Santo Domingo, construida en 1549, contiene los restos de

155 Santa Rosa de Lima, la primera religiosa canonizada del Nuevo Mundo. Esta mujer, Isabel de Flores y de Oliva, pasó la vida ayudando a los pobres y es considerada la creadora del servicio social en el Perú.

creadora creator

    La capital de la República Argentina, Buenos

160 Aires, fue fundada en 1536 con el nombre de Puerto de Nuestra Señora de los Buenos Aires —la santa patrona de los marineros sevillanos— y fue destruida poco después por los indios. Aunque fue fundada por segunda vez, la ciudad no tuvo gran importancia

marineros sailors

165 hasta el siglo XVIII, porque España no permitió que los productos salieran sino por Lima hasta fines de ese siglo. Cuando el puerto de Buenos Aires se abrió

sino por except through

---

[8]*200.000 estudiantes* In Spanish, the functions of the period and comma in cardinal numbers are the reverse of English: e.g., *$100.000,00* in Spanish is $100,000.00 in English.

[9]*Inquisición* The Holy Inquisition was a major instrument of the Catholic Church in the Counter-Reformation. Its function was to seek out heretics, and it was frequently marked by violence.

La Plaza de Armas de Lima es un ejemplo muy elegante de la arquitectura colonial que caracteriza las ciudades americanas antiguas como Lima y México. ¿Qué estarán haciendo los militares en la foto?

al comercio, su posición geográfica le aseguró un crecimiento continuo. Además, la ciudad fomentó la
170   inmigración de europeos, que continuó durante un
siglo y medio y que dio a Buenos Aires el carácter
único de ser la ciudad más europea de América.
Ingleses, alemanes, italianos, franceses y otros europeos vinieron en grandes números y se establecieron
175   en diferentes barrios donde mantienen hasta hoy
muchas costumbres étnicas y también su lengua
nativa. Las lenguas europeas, especialmente el italiano, han influido mucho en el español que se habla en
Buenos Aires.

180   La ciudad actual es uno de los grandes centros
comerciales de todo el continente. Es muy industriali-
zada y tiene las dársenas más grandes de Hispanoamérica. Muchos de los edificios son relativamente
nuevos porque el crecimiento rápido en el siglo XIX
185   trajo la destrucción de los edificios viejos a fin de
ampliar las calles para el automóvil que comenzaba a
llenar la ciudad. En 1913 se inauguró el servicio de
subterráneos, uno de los primeros del mundo. La
Avenida 9 de Julio con sus 480 pies de ancho es la
190   mayor del mundo.

        Buenos Aires es el ejemplo perfecto de la ciudad
que sintetiza la nación y la domina con su poder
económico y su energía perpetua.

crecimiento   *growth*

dársenas   *docks, wharves*

a fin de   *in order to*
ampliar   *to widen*

480 pies (*m*) de ancho
  480-foot width

En la Plaza de Mayo, Buenos Aires, se puede ver la Casa Rosada, la residencia oficial del presidente de la Argentina. Su diseño está basado en el de la Casa Blanca de Washington, D.C. ¿Por qué usarían la Casa Blanca como modelo?

COMPRENSIÓN

A. Responda según el texto.

1. ¿Cuáles son las características principales de Sevilla y Barcelona?
2. ¿Quién estableció Madrid y por qué?
3. ¿Qué tienen en común Granada y Córdoba?
4. ¿Por qué se construyó la Ciudad de México sobre las ruinas de Tenochtitlán?
5. ¿Cómo y por qué fue distinta la fundación de Lima?
6. ¿Cuándo asumió Buenos Aires su puesto de importancia?

B. Responda a las siguientes preguntas.

1. ¿Piensa viajar por el mundo hispánico? ¿Adónde quisiera ir primero? ¿Por qué?
2. ¿Cuál de las ciudades descritas le parece más interesante? ¿Por qué?
3. ¿Le gusta más viajar principalmente por centros urbanos o prefiere el campo y los pueblos pequeños? Explique.
4. ¿Qué elementos de la ciudad atraen al turista? Explique.

II. El aspecto físico de la ciudad hispánica

 Hay ciertos aspectos físicos casi universales en la típica ciudad hispánica. En primer lugar, las grandes ciudades son más antiguas que las ciudades nor-
5 teamericanas y retienen por lo tanto un sabor más antiguo. Aun las del Nuevo Mundo fueron fundadas en el siglo XVI. Tienden a tener calles estrechas con los edificios muy juntos a la calle. Claro que existen secciones nuevas con calles anchas cons-
10 truidas para el automóvil, pero esto es más típico de las afueras que del centro de la ciudad. Por lo general, ha habido menos tendencia a derribar los edificios antiguos que en los Estados Unidos: se reforman por dentro y por fuera y mantienen su apariencia
15 original.

    Otro aspecto notable de muchas ciudades hispánicas es la falta de simetría de las calles: corren en todas direcciones sin preocuparse por los ángulos rectos, lo cual crea cruces de una complicación formida-
20 ble donde se cruzan seis u ocho calles en un mismo punto. Tanto en España como en América continúan el plan europeo de usar círculos para el tránsito de estos cruces. Los círculos frecuentemente contienen monumentos, fuentes, estatuas u otros elementos
25 decorativos.

    En general, las ciudades han crecido alrededor de una plaza central donde se encuentran la catedral, la casa de gobierno, los bancos, los negocios grandes y los mayores hoteles. Se han añadido otras plazas
30 menores en un patrón al azar, que forman los centros de los barrios residenciales de la ciudad.

    Lo más típico es encontrar alrededor de las plazas menores una iglesia, varias tiendas pequeñas, un café al aire libre, el quiosco de diarios y revistas
35 y otras necesidades de la vida de los vecinos. Cada habitante de la ciudad vive a poca distancia de una de estas plazas y es allí donde hace sus compras diarias.

    La gente en su gran mayoría vive en grandes edi-
40 ficios de apartamentos —frecuentemente «condominios», lo que produce una concentración de población relativamente alta. De esta manera las ciudades no se desarrollan como las ciudades norteamericanas de

estrechas *narrow*

afueras *outskirts*
derribar *to tear down*
se reforman *they are remodelled*

ángulos rectos *right angles* / **cruces** (*m*) *intersections* / **cruzan** *cross*

estatuas *statues*

alrededor de *around*

patrón al azar *random pattern*

café al aire libre *sidewalk cafe* / **quiosco... revistas** *newsstand*

igual población. Esta concentración resulta en ciertas
45 ventajas y ciertas desventajas. Las distancias son cor-
tas, el transporte público es muy eficaz y muy usado
y es menor la necesidad de un automóvil particular.
En cambio el amontonamiento de gente en todas partes, el tráfico abrumador y el ruido callejero pueden
50 ser desagradables. Sin embargo, los habitantes se
acostumbran a los aspectos negativos y gozan de una
vida activa e intensa.

amontonamiento
crowding / abrumador
overwhelming / ruido
callejero *street noise*

COMPRENSIÓN

A. Complete según el texto.

   1. Tres cosas que se encuentran con frecuencia en los círculos de tráfico
      son _____.
   2. Por lo general, un edificio que se suele ver en la plaza central es
      _____.
   3. Las ventajas de concentrar la población en relativamente poco espa-
      cio son _____.
   4. Las desventajas son _____.
   5. Los habitantes de las ciudades típicamente gozan de una vida
      _____.

B. Responda a las siguientes preguntas personales.

   1. ¿Piensa Ud. vivir en una ciudad después de terminar los estudios?
      ¿Por qué?
   2. ¿Prefiere vivir en una casa separada o en un apartamento? ¿Por
      qué?
   3. ¿Qué elementos de las ciudades le atraen más?
   4. ¿Le gusta la ciudad en que está su universidad? Explique.
   5. ¿Utiliza Ud. el transporte público? ¿Por qué sí o por qué no? ¿Hay
      un sistema bueno donde Ud. vive?

III. LA VIDA URBANA

Como se ha dicho anteriormente, la
vida diaria del habitante de una ciudad hispánica se concentra en el
barrio. Es aquí donde es conocido y
5 donde conoce a sus vecinos. Cuando
hace buen tiempo tiene una fuerte tendencia a salir a
la calle en busca de contacto humano.

Una tienda especializada en Montevideo, Uruguay. ¿Qué problema tiene la señora al principio y al fin de cada día?

Prefiere hacer sus compras en las pequeñas tiendas especializadas del barrio. Estas tiendas son
10 comúnmente negocios familiares que pertenecen a una familia local. Ir de compras, que generalmente se hace a pie, se convierte en una ocasión social. A la persona hispánica —gregaria por naturaleza— no le atrae mucho la anonimidad de los grandes supermer-
15 cados ni los grandes almacenes, aunque sí existen éstos en todas las ciudades. Los dueños de las panaderías, carnicerías, pescaderías, fruterías, lecherías, papelerías, tabaquerías, ferreterías, farmacias, etcétera, consideran parte de su servicio el conocer los gus-
20 tos de sus clientes regulares y también a las familias de éstos. Es muy importante charlar un rato con la persona que ha llegado a comprar algo, especialmente si ha ocurrido un cambio en el gobierno o la política del momento.
25 Generalmente, las personas que tienen que trabajar fuera del barrio vuelven a casa a almorzar. Puesto

negocios *stores*

almacenes *department stores*

papelerías *stationery stores* / ferreterías *hardware stores*

fuera *outside*

que es todavía común en varios países observar la
siesta del mediodía, todo se cierra por unas tres horas
después de la 1:00. Los niños vuelven de la escuela y
30 es en este período que las familias tienen su comida
principal del día.

Lo más importante de este estilo de vida es el sentido de comunidad que se mantiene frente a la gran
masa impersonal de las grandes ciudades modernas.
35 En las calles del barrio, o en la plaza, o reunida con
los amigos en el café de la esquina, la persona no
sufre la crisis de indentidad. Aun cuando hace las
tareas diarias —ir de compras, ir al trabajo, etcétera— se siente rodeada de vecinos que saben que uno
40 existe y que se preocupan por su bienestar.   bienestar (*m*) *welfare*

COMPRENSIÓN

A. Decida si las siguientes frases son verdaderas o falsas.

1. En la ciudad hispánica los vecinos raramente se conocen.
2. A la persona hispánica le gustan las tiendas pequeñas.
3. Para la mayoría de los hispanos la comida más importante se come
un poco después del mediodía.
4. En el mundo hispánico la vida social en el barrio no tiene importancia.

B. Responda a las siguientes preguntas personales.

1. ¿Conoce Ud. a muchos de sus vecinos? Explique.
2. Cuando Ud. va de compras, ¿prefiere las tiendas pequeñas o los
almacenes grandes? ¿Por qué?
3. ¿Va Ud. de compras frecuentemente? Explique.
4. ¿Qué cosas le gusta comprar? ¿Qué no le gusta comprar? ¿Por qué?

IV. EL SIGNIFICADO DE LA CIUDAD EN EL MUNDO HISPÁNICO

Un artículo en el periódico *El Mundo*
de San Juan, Puerto Rico, dice así:
«La más grande empresa de creación   empresa *enterprise*
de ciudades llevada a cabo por un pue-   llevada a cabo *carried*
5   blo, una nación o un imperio en toda   *out* / imperio *empire*
la historia, fue la desarrollada por España en América   desarrollada *developed*
a partir de 1492, que llenó un continente de ciuda-   a partir de *starting in*

des...» dice Fernando Terán, catedrático de Urbanismo... Las estadísticas indican que actualmente la tasa
10 de crecimiento de las ciudades llega al doble de la de la población total. Fuera de los problemas obvios, como la incapacidad de los centros urbanos de asimilar a tantas personas, el desempleo, la pobreza y el descontento social resultantes, existen otros factores
15 negativos. El éxodo de gente del campo es cada vez más grave: España, antes predominantemente rural, sólo cuenta hoy con una fuerza agrícola del 20% de los trabajadores. Esta gran migración también efectúa cambios profundos en algunas de las antiguas ins-
20 tituciones de la cultura: la familia, la Iglesia y la moral tradicional pierden algo de su importancia cuando las personas cortan sus raíces rurales para mudarse a los centros urbanos.

Si estos problemas son graves ahora, el futuro
25 promete algo espantoso. Se anticipa que el porcentaje de población urbana en Latinoamérica subirá del 49% actual al 80% en el año 2000. En números absolutos irá de 102.000.000 de habitantes urbanos en 1960 hasta 608.000.000 en el año 2000. En ese caso,
30 una ciudad como México contaría con cerca de 30.000.000 de habitantes; ¡tres veces más que la población actual de Nueva York! El dilema es obvio. Si el gobierno mejora las condiciones de los servicios sociales, viviendas, trabajos, etcétera, atraerá a más
35 gente. Además quedaría sólo un 20% de la población del continente para producir los comestibles necesarios para el otro 80%, lo que sería difícil aun con los métodos más mecanizados de agricultura.

En el siglo XIX un argentino, Domingo Faustino
40 Sarmiento,[10] formuló una interpretación de la sociedad hispanoamericana a través del conflicto entre «la civilización y la barbarie». Con la «civilización», Sarmiento identifica la ciudad de Buenos Aires y con

Glosario (margen derecho):

estadísticas *statistics /*
 tasa *rate*

asimilar *to assimilate*

resultantes *resulting*

cortan *cut*
mudarse *to move*

promete *promises /*
 espantoso *horrible*

barbarie (*f*) *barbarism*

---

[10]*Domingo Faustino Sarmiento* (1811–1888) Sarmiento was one of Spanish America's greatest essayists. He felt that the future of Argentina lay in allowing the cities, with their higher level of culture and civilization, to dominate the provincial areas. His long essay (of 1845) on a brutal gaucho named Juan Facundo Quiroga showed how the rural element was backward and primitive. Juan Manuel de Rosas was the dictator, from the provinces, who exemplified the harm done when the gaucho achieved political dominance.

la «barbarie» la pampa argentina. Este concepto sir-
45 vió como base del pensamiento hispanoamericano
durante todo un siglo. La actitud hispánica hacia la
ciudad como centro de la civilización todavía existe
como valor básico de la vida, y como lo dijo hace más
de un siglo Sarmiento: «... veremos... la campaña   campaña *countryside*
50 sobre las ciudades, y dominadas éstas en su espíritu,
gobierno, civilización, formarse al fin el gobierno cen-
tral unitario, despótico, del estanciero Juan Manuel   estanciero *rancher*
de Rosas, que clava en la culta Buenos Aires el cuchi-   clava   *buries* / cuchillo
llo del gaucho y destruye la obra de los siglos, la civi-   *knife*
55 lización, las leyes y la libertad».

COMPRENSIÓN

A. Responda según el texto.

1. ¿Qué porcentaje de los trabajadores españoles constituye la fuerza
    agrícola?
2. ¿Qué instituciones tradicionales sienten el efecto de migración hacia
    la ciudad?
3. ¿Cómo crecerá la población urbana de Latinoamérica para el año
    2000 si sigue el curso actual?
4. ¿Qué significaba «civilización y barbarie» para Sarmiento?

B. Responda a las siguientes preguntas personales.

1. ¿Cree Ud. que la vida urbana es mejor que la vida del campo? ¿Por
    qué? ¿Cuáles son algunas ventajas y desventajas?
2. ¿Preferiría criar a sus hijos fuera de la ciudad? ¿Por qué?
3. ¿Nació Ud. en una ciudad o en el campo?
4. En su opinión, ¿cuáles serían las condiciones ideales de vida?

VIDEOMUNDO: MÉXICO COLONIAL (1:39:30–1:42:00)

Mire el segmento y responda a las siguientes preguntas.

1. ¿Quiénes construyeron las ciudades coloniales de México? ¿En qué
    aspectos se ve la influencia de los constructores?
2. ¿Cómo se llaman algunas de las ciudades coloniales de México?
3. ¿Cuáles son algunas actividades que ocurren en el Zócalo?
4. ¿Dónde se encuentra la influencia indígena en estos pueblos?

PRÁCTICA

I. Ejercicios de vocabulario

A. Complete con una palabra relacionada a la palabra entre paréntesis.

1. (urbano)

    a. El proceso de _____ es constante.
    b. Los centros _____ atraen a la gente.
    c. La población del mundo se _____ cada vez más.

2. (unir)

    a. La ciudad _____ la oportunidad y la dificultad.
    b. La gente de la ciudad está más _____.
    c. Los Estados _____ es un país norteamericano.

3. (centro)

    a. En las ciudades hispánicas siempre hay una plaza _____.
    b. La actitud etno- _____ es común.
    c. La ciudad es el _____ de los servicios.

4. (imperio)

    a. La política _____ existe siempre.
    b. La capital de la España _____ fue Madrid.
    c. El _____ hace difícil las relaciones entre países.

5. (descubrir)

    a. Colón fue el _____ del Nuevo Mundo.
    b. Sus _____ sorprendieron a los europeos.
    c. Las islas del Caribe fueron _____ en 1492.

B. Indique los sinónimos.

    1. comercio   a. oeste
    2. caminante   b. indicar
    3. monarca   c. negocios
    4. nativo   d. indígena
    5. sacerdote   e. peatón
    6. señalar   f. cura
    7. occidente   g. rey

II. Puntos de contraste cultural

1. La tradición anglosajona es de comunidades pequeñas y rurales. La mediterránea es bastante distinta. Hoy día, ¿cuáles son las diferencias entre una y otra tradición?

2. ¿Cree Ud. que lo más valioso de una sociedad está en los centros urbanos o en el campo? ¿Existe una actitud antiurbana en los Estados Unidos?

3. ¿Qué diferencias existen entre los problemas de urbanización en Hispanoamérica y en los Estados Unidos?

4. ¿Qué diferencias hay entre la orientación de la vida urbana en las dos regiones?

III. Debate

A causa de la contaminación y el crimen es mejor criar a los niños en el medio rural en vez del urbano.

IV. El arte de escribir: repaso

De aquí en adelante esta sección sugerirá algunos temas de composición para que Ud. utilice todas las estrategias que ha aprendido. También repasaremos los puntos más importantes de las unidades anteriores.

Escriba Ud. una composición que resuma lo que dice el texto sobre dos de las ciudades principales. No se olvide de enumerar lo que dice el texto y poner la lista en orden lógico. Luego decida cuáles de los detalles va a incluir y cuáles no son necesarios.

V. Las noticias

Indique Ud. los puntos principales de estos artículos.

LAS CALLECITAS DE BUENOS AIRES

Las callecitas de Buenos Aires tienen ese qué sé yo... ¿viste? Es un algo tan especial, que puede dejar «piantao» al más corajudo. Porque pretender que usted o yo podemos conocer la totalidad
5 *de los barrios de la Capital Federal, realmente es pecar de osado... o de mentiroso.*

dejar «piantao» (*Ital.*) *leave in the lurch* / corajudo *brave*

pecar *to sin* / osado *daredevil*

Por ello, Geo Sys, el programa que regalamos... resulta de gran ayuda para manejarse en la tan querida y compleja Buenos Aires. Instalándolo
10 *en su PC, podrá obtener en segundos todo tipo de datos...*

Este soft, de fácil manejo y bajo costo, muestra un mapa completo de la ciudad, el cual pode-

soft (*m*) *software* / manejo *use*

mos examinar a través de un potente zoom. Geo
15 Sys permite hacer todo tipo de consultas: muestra interactivamente sobre el mapa calles, direc-
ciones, recorridos de todas las líneas de colectivos y más de 2.500 referencias de la ciudad,
entre las que se incluyen todos los museos,
20 escuelas, hospitales, comisarías, cines, teatros,
hoteles y restaurantes, entre otras cosas... Cada
una de las referencias tiene la dirección y el
teléfono consignados y, por otra parte, esta base
de datos es expandible, ya que usted puede
25 consignar sus propios datos y verlos en el mapa.

potente   *powerful*

recorridos   *routes /*
   colectivos   *shared,*
   fixed-route taxis

comisarías   *police stations*

consignados   *stored*

La Prensa (Buenos Aires)

MADRID ME AHOGA
EL AIRE DE MADRID ES
UNO DE LOS MÁS SUCIOS DE EUROPA

*La OMS [Organización Mundial de Salud]...
reveló que Madrid, junto con Atenas y Belgrado,
son las ciudades más contaminadas de Europa.*

No obstante, la calidad del aire madrileño ha
30 *mejorado en los últimos 20 años, debido a la
entrada en vigor de las directivas comunitarias
sobre emisiones, la renovación del parque de
vehículos y la sustitución de antiguas calefacciones de carbón.*

entrada en vigor   *taking
effect /* comunitarias
*of the [European]
community /* parque
(m)   equipment base /
calefacciones de carbón
coal-fired heaters

35 *El coste de la contaminación en España es de
199.000 millones de pesetas al año... Para esa
evaluación tuvieron en cuenta los costes de
reparación de estructuras y del patrimonio
artístico (como en el caso del Acueducto de*
40 *Segovia), la incapacidad laboral producida por
enfermedades respiratorias, cutáneas, oculares;
las emisiones de monóxido de carbono por kilómetro cuadrado; la pérdida de ecosistemas; la
renta per capita y la densidad de población. En*
45 *Madrid, el tráfico rodado es el responsable del
59 por ciento de los efectos de la contaminación... El informe de la OMS y las cifras reflejan
la necesidad de adoptar medidas...*

Acueducto de Segovia
   *Roman aqueduct in
Segovia /* incapacidad
laboral   *worker
disability /* cutáneas
of the skin
renta per capita   *per
capita income /* rodado
vehicular

cifras   *numbers*

Cambio 16 (Madrid)

Continúa sin resolverse el problema
del ozono en el Valle de México

A los 15 años de haberse iniciado la lucha con-
50 *tra la contaminación atmosférica y a seis de*
haberse sistematizado los esfuerzos para comba-
tirla, no se ha resuelto el problema del ozono en
la zona conurbada del Valle de México, donde   conurbada   *urbanized*
viven cerca de 17 millones de personas...

55 *...El caso de Los Ángeles ilustra bien lo difícil*
que es solucionar la presencia de altos niveles de
ozono, pues esa ciudad ha gastado en los últi-
mos 15 años miles de millones de dólares en pro-
gramas de descontaminación y no ha tenido
60 *éxito, y apenas ahora con la fabricación de*
automotores de «cero» contaminación tiene resul-
tados notorios en este sentido.

...Esta situación favorecerá a la zona metropoli-
tana de la Ciudad de México, porque las tres
65 *principales empresas automotrices que operan*   automotrices   *automotive*
aquí son estadounidenses y aplicarán la misma
tecnología a los vehículos producidos en sus
plantas mexicanas, en favor de la ecología...

Uno más uno (Ciudad de México)

VI. *Situación*

Imagínese que Ud. es un(a) gran arquitecto(a) que ha recibido una comisión de
planear una ciudad nueva para 100.000 habitantes. ¿Cómo sería su ciudad?
¿Cómo viviría la gente? ¿En casas? ¿apartamentos? ¿condominios? Para Ud.,
¿qué aspectos serían más importantes en el plan? ¿Las diversiones? ¿los centros comerciales? ¿el transporte? ¿las viviendas?

Los Estados Unidos y lo hispánico

Se ve la presencia de las grandes instituciones bancarias estadounidenses por casi todo el mundo. ¿Por qué querría establecer Citibank una sucursal en la Ciudad de Panamá?

VOCABULARIO ÚTIL

Estudie estas palabras antes de leer el ensayo.

Verbos

amenazar *to threaten*
caracterizar *to characterize*
compartir *to share*
conseguir (i) *to acquire, to get*
enfrentarse (a) *to confront, to face*
firmar *to sign*
imponer *to impose, to force on*
lograr *to manage, to achieve, to get*
proclamar *to proclaim, to announce*
quejarse *to complain*
reconocer *to recognize*
rechazar *to reject, to refuse*

Sustantivos

el acuerdo *accord, agreement;*
   ponerse de acuerdo *to reach an agreement*

la amenaza *threat*
la amistad *friendship*
el, la ciudadano, -a *citizen*
la enemistad *enmity*
el peligro *danger*
la pérdida *loss*
el, la político, -a *politician;*
   la política *policy, politics*
el tratado *treaty*

Adjetivos

aliado, -a *allied, ally*
mutuo, -a *mutual*
político, -a *political*

ENFOQUE

Al examinar la historia de las relaciones entre los Estados Unidos y los países hispánicos lo que más sorprende es la larga tradición de desconfianza y de sospechas mutuas que la han caracterizado. Tal vez sea por las grandes desigualdades económicas, o por las profundas diferencias culturales y religiosas, pero lo cierto es que no se encuentran muchas ocasiones que revelen verdadera amistad o alianza política. En el caso de España sería posible atribuir esto a la falta de intereses comunes y al hecho de que la mayor parte del territorio de los Estados Unidos perteneció en una

desconfianza *distrust*
sospechas *suspicions*

época al imperio español. Después de todo, España
era un país colonizador que se identificaba con
Europa, pero ése no era el caso de los países hispanoamericanos. Todos comparten varias tradiciones:
el pasado colonial, las guerras de independencia, la
proximidad geográfica y el americanismo que ésta
produce, un liberalismo fundamental nacido en el
siglo XVIII. Sin embargo, lejos de verificar la teoría
de Herbert Bolton[1] sobre «el destino común de las
naciones americanas», la realidad ha sido otra. El
análisis de la historia de las relaciones interamericanas resulta relativamente pesimista.

Esta unidad repasa la historia de esas relaciones
y busca algunas causas importantes.

ANTICIPACIÓN

¿Qué sabe Ud. de las relaciones interamericanas? ¿Sabe cuándo ocurrió la guerra entre México y los Estados Unidos? ¿Entre España y los Estados Unidos?
¿Cómo fue que los Estados Unidos lograron tener control sobre el canal de
Panamá? ¿Qué otras cosas ha estudiado sobre este tema? Con un(a) com-
pañero(a) de clase, haga una lista. Prepárese para presentarle su lista a la clase.

I. LOS ESTADOS UNIDOS, ESPAÑA Y LA INDEPENDENCIA AMERICANA

Los primeros contactos importantes
entre los Estados Unidos y España
ocurrieron en el siglo XVIII. Debido a
una larga historia de conflictos entre
España e Inglaterra, los españoles
5   apoyaban el movimiento de independencia en las   apoyaban   *supported*
colonias inglesas. Esta posición se basaba más en el
deseo de ver la pérdida de las colonias que en los
principios filosóficos. El imperio español compartía
10 una larga frontera con las colonias inglesas y france-
sas (aproximadamente a lo largo del río Misisipí). Sin   a lo largo   *along*
duda, España pensaba que sería más fácil defender

---

[1]Herbert Bolton   One of the best-known historians of the Southwestern United States.

esta frontera contra la nueva nación pequeña —los Estados Unidos— que contra Inglaterra.

15   Sea cual fuere el motivo, la realidad es que los españoles, aliados con los franceses, comenzaron a incomodar a los ingleses en Europa, especialmente en Gibraltar, la colonia inglesa estratégicamente situada en la península para controlar la entrada al mar
20 Mediterráneo. El ataque español comprometió la marina inglesa en Europa en el momento más grave de la guerra en América. No se sabe si esto cambió el resultado de la lucha pero, indudablemente acortó la guerra y facilitó la victoria de las trece colonias.

25   Poco después comenzó el largo proceso de pérdidas coloniales para España. Cedió el territorio del río Misisipí (conocido como Luisiana) a Francia, y poco después, se vio obligada a vender la región que ahora es el estado de Florida. Además, inspirados por el
30 ejemplo norteamericano, los criollos hispanoamericanos también lograron separarse de la madre patria. Ya para 1830 el imperio español se había reducido a las islas del Caribe, las Filipinas y algunas colonias pequeñas en la costa de África. Los Estados Unidos
35 fueron uno de los primeros países en reconocer la legalidad de las nuevas naciones, con expresiones de simpatía ideológica y moral. Declararon su apoyo en la famosa Doctrina Monroe[2] (1823) que proclamaba la soberanía del hemisferio sobre su propio destino y
40 decía además que los Estados Unidos no mirarían con indiferencia ninguna tentativa de imponer un sistema europeo en el continente.

     Después de esta época, el problema básico en las relaciones entre España y los Estados Unidos hasta
45 1898 fue el caso de la isla de Cuba. Aunque Cuba era parte del imperio, siempre existieron sentimientos de independencia. Los Estados Unidos, al mismo tiempo, valoraban la isla y no hay duda de que querían anexarla a la unión norteamericana. Había más posi-
50 bilidades que esto ocurriera si Cuba fuera independiente, y no una colonia española. En 1848, los Estados Unidos se ofrecieron a comprar el territorio

Sea... fuere *Whatever might have been*

incomodar *to harass*

comprometió *committed, engaged* / *marina* *navy*

acortó *(it) shortened*

simpatía *congeniality*

soberanía *sovereignty, rule*

valoraban *valued*

---

[2]*Doctrina Monroe*   So called because it was expressed by President James Monroe in a message to Congress in 1823.

alegando como motivo el peligro de que cayera en manos de otro poder europeo. El presidente Buchanan ofreció $50.000.000, pero en 1854 se llegó a ofrecer $120.000.000 por la isla. En ese mismo año el gobierno norteamericano tomó una posición algo agresiva basada en el peligro que podría representar Cuba para los Estados Unidos: si la isla cayera en manos de otro poder o si siguiera importando esclavos africanos —que eran ya un problema en los Estados Unidos— los Estados Unidos tendrían el derecho de tomarla por la fuerza. Esta política, que siguió en efecto hasta fines del siglo, sirvió de base a la invasión de 1898.

En 1895 los Estados Unidos comenzaron a sentirse suficientemente fuertes como para apoyar la rebelión iniciada años antes por los patriotas cubanos bajo la inspiración de José Martí. Ya para 1898 el sentimiento a favor de la guerra era tal entre el pueblo norteamericano que habría sido difícil evitarla. Cuando el acorazado *Maine* explotó en el puerto de La Habana, la causa, desconocida hasta ahora, fue atribuida a una mina explosiva colocada por los españoles. En abril de 1898, el presidente McKinley pidió al congreso permiso para entrar en la guerra entre Cuba y España.[3] Alegó como justificación cuatro razones: 1) el deseo humanitario de poner fin a la matanza, 2) la necesidad de proteger a los ciudadanos norteamericanos residentes en Cuba, 3) la protección del comercio entre Cuba y los Estados Unidos, 4) la amenaza que significaba la guerra para los estados situados a poca distancia de la isla. Es interesante comparar estas razones con las ofrecidas en el caso más reciente de Grenada. La guerra duró menos de un año, durante el cual la marina norteamericana tomó Cuba, Puerto Rico y las Filipinas. El tratado de paz firmado en París en diciembre de 1898 cedió las Filipinas, Puerto Rico y la isla de Guam a los Estados

suficientemente fuertes
strong enough

acorazado   *battleship*

matanza   *slaughter*

---

[3]*guerra entre Cuba y España*   Called the Spanish–American War in U.S. history. It began as a struggle by Cuba for independence. José Martí was one of the inspirational leaders of the movement. The Hearst newspapers were in a circulation war with the Pulitzer papers, and both sent reporters to Cuba to file sensational stories which had the effect of inflaming public opinion in the United States. The *Maine* incident was the final factor.

90 Unidos y dejó a Cuba bajo el control de una fuerza
norteamericana de ocupación. La guerra marcó el fin
del imperio colonial de España en América. A causa
de ella, surgió en la península un movimiento cultu-   surgió   *there arose*
ral llamado la Generación del 98, que buscaba la
95 causa de la decadencia de España y la manera de
volver a la grandeza anterior.

Puerto Rico sigue como parte de los Estados
Unidos. Durante los casi cien años de esta relación la
isla ha sido otro punto de conflicto. Hoy el pueblo
100 puertorriqueño demuestra tres actitudes hacia su
situación. El primer grupo quiere la estadidad o sea   estadidad   *statehood*
que la isla se incorpore como el estado 51 de los
Estados Unidos. El segundo grupo prefiere la
situación actual, que data de 1952, de ser un Estado   Estado Libre Asociado
105 Libre Asociado bajo el cual tienen algunos privilegios   *Commonwealth*
de ciudadanos regulares, aunque no todos (por ejem-
plo, tienen representación, pero sin voto en el
Congreso y no pagan impuestos federales). El tercer
grupo, con menos influencia, prefiere la independen-
110 cia. La gran mayoría quiere mantener una relación
estrecha con los Estados Unidos, pero los intelectuales   estrecha   *close*
tienen cierto temor que su cultura se pierda o que se
transforme por estar en contacto constante con su
vecino y socio gigante.   socio   *partner*
115 En la actualidad las relaciones entre España y los
Estados Unidos se limitan a las relaciones comerciales
y la presencia de España en la OTAN.[4] El problema
de las bases militares, instaladas para la guerra fría
durante la dictadura de Franco, se resolvió cuando los
120 Estados Unidos cerraron la mayoría de ellas.

COMPRENSIÓN

A. Responda según el texto.

1. ¿Cómo ayudó España a las trece colonias?
2. ¿Qué territorios españoles pasaron a los Estados Unidos en 1898?
3. ¿Qué es la Doctrina Monroe?
4. ¿Qué quería hacer Buchanan con Cuba?

~~~~~

[4]OTAN *Organización del Tratado del Atlántico del Norte*—the North Atlantic Treaty
Organization or NATO in English.

5. ¿Quién era José Martí?
6. En la actualidad, ¿en qué se basan las relaciones entre España y los Estados Unidos?

B. Responda a las siguientes preguntas personales.

1. ¿Sigue Ud. las noticias internacionales? ¿Dónde consigue la mayoría de su información?
2. ¿Cree que hay medios de comunicación libres de prejuicios? ¿Cuáles son?
3. ¿Cree que las cadenas (*networks*) de televisión presentan las noticias sin prejuicios políticos? Explique.
4. ¿Cuáles son los países con los que los Estados Unidos tienen tradicionalmente las mejores relaciones?

II. LOS ESTADOS UNIDOS Y LAS NUEVAS NACIONES AMERICANAS

Además del reconocimiento diplomático de Cuba, los Estados Unidos se ocuparon durante el siglo XIX de las fronteras con Texas y California, que
5 todavía restringían la expansión   restringían   *restricted*
norteamericana, por pertenecer a México. La Doctrina Monroe fue ampliada para incluir no sólo una prohibición de la colonización sino también la de cualquier intervención diplomática. Esto se hizo
10 porque el presidente Polk temía que los europeos se   se metieran   *would meddle*
metieran en el problema de Texas, pero fue el principio de una política dominadora de los Estados Unidos hacia México. Los Estados Unidos ayudaron a los texanos y también a los ciudadanos de California que
15 buscaban la independencia de México. Al lograr la independencia, Texas pidió incorporarse a los Estados Unidos. La petición fue aceptada, y México —aunque no se hallaba en condiciones de sostener esta lucha— inmediatamente declaró la guerra contra los Estados
20 Unidos. Por el Tratado de Guadalupe Hidalgo (1848),[5] que puso fin a la guerra, los mexicanos se vieron obligados a aceptar la pérdida de casi la mitad

---

[5] *Tratado de Guadalupe Hidalgo*   This treaty, signed in 1848, ended the war between the United States and Mexico. Most of what is now the western United States was ceded by Mexico.

de su territorio nacional, incluyendo Texas, California,
Nuevo México, gran parte del estado de Arizona y toda
25 la región al norte de estos estados. Cinco años más
tarde, por el Tratado de Gadsden, los Estados Unidos
compraron otra faja de tierra en el sur del estado de   faja   *strip*
Arizona porque ofrecía una ruta hacia el océano
Pacífico, algo que el gobierno consideraba necesario
30 para el desarrollo de California. Como consecuencia,
el gobierno mexicano quedó en pésimas condiciones,   en pésimas condiciones   *in*
lo que preparó la situación para la primera verdadera   *a terrible situation*
prueba de la Doctrina Monroe.   prueba   *test*

Debido al costo de la guerra contra los Estados
35 Unidos, el gobierno mexicano bajo Benito Juárez se   se... a   *had to*
vio obligado a suspender el pago de los préstamos que   préstamos   *loans*
le habían hecho varios gobiernos europeos. Inglaterra,
Francia y España se pusieron de acuerdo sobre la
necesidad de intervenir con una fuerza militar para
40 proteger sus intereses.[6] En realidad, veían la posibilidad de establecer una colonia en América. El más
interesado era Napoleón III, que tramó el plan y   tramó   *conceived*
mandó a Maximiliano a México. A pesar de que la
Doctrina Monroe prohibía tal invasión, los Estados
45 Unidos, que en ese momento se hallaban en medio de
la Guerra Civil, no pudieron evitarla y los mexicanos
tuvieron que defenderse solos sin la ayuda de los
Estados Unidos.

Durante la segunda mitad del siglo XIX, los
50 Estados Unidos siguieron una política de expansión.
Una tentativa de conseguir más territorio de México
fracasó cuando el Congreso rechazó el tratado. El   rechazó   *rejected*
gobierno de la República Dominicana pidió ser incor-
porado al territorio de los Estados Unidos, y éstos
55 pasaron unos años tratando de conseguir la isla.[7]
Pero la única empresa que tuvo éxito fue la compra de   empresa   *undertaking,*
Alaska de los rusos.   *venture* / rusos
                                                                           Russians

---

[6]*para proteger sus intereses*   Default on debt payments was mainly an excuse. Napoleon III sent
Maximilian, archduke of Austria, to take over and become emperor of Mexico. A large group of
Mexican conservatives supported this ill-fated move.

[7]*la isla*   The island of *Hispaniola* consisted of the former Spanish colony, the Dominican
Republic, and the former French colony of Haiti. Because Haiti served as a base for French colonial pretensions, and because the island was a strategically important naval base, the United States
was continually trying to take it.

Otra cuestión que interesaba a los Estados Unidos en esta época era la posibilidad de construir
60 un canal en Centroamérica. El mejor lugar para el canal era el istmo de Panamá, que formaba parte de Nueva Granada, ahora Colombia. El tratado con Nueva Granada en 1846 y el Tratado Clayton-Bulwer con Inglaterra en 1850 tenían como propósito asegu-
65 rar los derechos de los Estados Unidos sobre cualquier canal o ferrocarril que fuera construido en la región. El tratado con Inglaterra también buscaba imponer límites al establecimiento de colonias ingle- sas en la región y comprometía a los Estados Unidos
70 a garantizar la neutralidad de un futuro canal. Proclamó, además, que ningún canal del futuro sería propiedad de los Estados Unidos.

Así era la situación a fines del siglo XIX. Hasta ese momento las relaciones entre todos los países
75 americanos habían demostrado cierta unidad contra las continuas amenazas europeas. La Doctrina Monroe no parecía ser un documento imperialista, sino uno que afirmaba la independencia de todas las naciones americanas. La última década del siglo, sin
80 embargo, abrió una nueva época en las relaciones interamericanas, caracterizada por declaraciones de unidad cada vez más fuertes y por actos cada vez más agresivos de parte de los Estados Unidos.

istmo *isthmus*

propósito *purpose, intent*

cada... fuertes *stronger and stronger*

COMPRENSIÓN

A. Complete según el texto.

1. El Tratado de Guadalupe Hidalgo puso fin a _____.
2. Los Estados Unidos ganaron una ruta hacia el océano Pacífico por _____.
3. Napoleón III era el líder europeo más interesado en _____.
4. En el siglo XIX los Estados Unidos se interesaban en _____ en Panamá.
5. El Tratado Clayton-Bulwer buscaba imponer límites al _____ en Centroamérica.
6. La Doctrina Monroe parecía afirmar _____.

B. Responda a las siguientes preguntas.

1. ¿Cree Ud. que las relaciones interamericanas merecen más o menos atención del gobierno? Explique.

2. ¿Cree que las relaciones con México son más importantes que las relaciones con los otros países hispanoamericanos? ¿Por qué?

3. ¿Con qué país hispano parecen ser las relaciones mejores hoy día? ¿peores? ¿Por qué?

4. ¿Cree Ud. que la economía hispanoamericana va a mejorar en el futuro cercano? Explique.

III. El Panamericanismo y «El coloso del norte»

En 1889, a petición de los Estados Unidos, tuvo lugar la primera reunión panamericana en Washington. Hubo otras en 1902 en México, 1906 en Río
5 de Janeiro y en 1910 en Buenos Aires. Aunque el gobierno norteamericano siempre apoyó estas reuniones, sus acciones no contribuyeron a una idea de amistad y alianza. Primero, los Estados Unidos participaron en la guerra contra España, que
10 resultó en la adquisición de Puerto Rico por parte de los norteamericanos y en la ocupación de Cuba por un tiempo no determinado.

    Otro aspecto de la política norteamericana hacia Cuba fue la declaración en 1901 de ciertas prohibi-
15 ciones contra el gobierno cubano:[8] 1) éste no permitiría fuerzas de otras naciones en la isla, 2) no contraería deudas excesivas, 3) daría a los Estados Unidos el derecho de intervención para proteger la «independencia» del país, 4) vendería a los Estados Unidos la
20 tierra necesaria para establecer una base en la isla. En pocas palabras, el gobierno norteamericano pensaba asumir el papel de «protector» del nuevo gobierno cubano.

    Debido a ciertas reclamaciones de parte de paí-
25 ses europeos sobre deudas del gobierno dominicano, apareció la amenaza de otra invasión semejante a la que había ocurrido antes en México. Esta vez los

éste the latter (the Cuban government) / no contraería would not contract, acquire

reclamaciones (f) claims

semejante similar

---

[8]*prohibiciones contra el gobierno cubano* This is known as the Platt Amendment (to the Military Appropriations Bill of 1904). It was symbolic of U.S. arrogance for many years in Latin America. It was mentioned in the Cuban Missile Crisis of 1962 since that case, too, involved threatened intervention. The 1979 U.S. protest against the presence of Soviet combat troops in Cuba was another invocation of this policy.

Estados Unidos decidieron actuar primero, y en 1905 se apoderaron de la aduana de la isla para distribuir
30 el dinero a los gobiernos europeos.

Los recelos hispanoamericanos aumentaron como resultado de una proclamación del presidente Theodore Roosevelt en 1904 en la que se extendía la Doctrina Monroe para incluir el derecho norteameri-
35 cano de intervenir en los asuntos de los otros países en caso de una amenaza a su estabilidad y orden internos. Esta idea, llamada el «corolario de Roosevelt a la Doctrina Monroe» es clasificada por la mayoría de los historiadores como la cumbre de la arrogancia
40 norteamericana en las relaciones interamericanas. Roosevelt dijo que no había peligro de intervención en los países que «se portaran bien» y que mostraran su capacidad de gobernarse «de una manera eficaz y decente». En casos de «errores crónicos» los Estados
45 Unidos se verían obligados a actuar como «policía internacional» para restaurar el orden y la civilización en el país.

Haciendo uso de esta doctrina el presidente Taft mandó fuerzas militares a varios países centroameri-
50 canos que amenazaban sufrir algún problema interior. Uno de los efectos negativos de esta política era que tendía a favorecer a los dictadores en lugar de los partidos más democráticos.

Taft creó también la «diplomacia del dólar», una
55 tentativa para reemplazar las inversiones europeas en Hispanoamérica con dólares norteamericanos, lo que ayudaría a eliminar la amenaza europea a la soberanía de estos países. Si no pagaban las deudas, los únicos que se quejarían serían los financieros
60 norteamericanos, y el gobierno garantizaría las deudas. Los que se oponían a esta táctica declaraban que los países pequeños llegarían a ser casi propiedad de los Estados Unidos. La intervención resulta mucho más fácil cuando no hay necesidad de ponerse de
65 acuerdo con otros gobiernos acreedores.

Otra, y probablemente la más importante, de las intervenciones de los Estados Unidos fue la construcción del canal de Panamá. Hacia fines del siglo pasado el canal asumió gran importancia en la política esta-
70 dounidense a causa de la atracción comercial del Lejano Oriente y de la necesidad militar de proteger las dos costas de los Estados Unidos. Después de conseguir

se apoderaron de   *they took over* / aduana *customhouse* / recelos *suspicions*

cumbre (*f*)   *height*

se portaran bien   *behaved well* / eficaz   *efficient*

restaurar   *to restore*

reemplazar las inversiones   *replace investments*

llegarían a ser   *would become*

acreedores   *creditor*

estadounidense   *of the United States*

Lejano Oriente   *Far East*

En el año 2000 Panamá tomará control del canal de Panamá. Ahora está controlado por los Estados Unidos. ¿Qué importancia militar y económica tiene el canal?

de Inglaterra el derecho de construir y dirigir el canal
por su propia cuenta, los Estados Unidos tuvieron que
75 entrar en un acuerdo con Colombia, por cuyo territorio
iba a pasar el canal. Sin embargo, cuando iba a concluirse el tratado con Colombia el congreso de ese país
rehusó aceptar los términos, porque querían aclarar
algunos artículos relacionados con los derechos reser-
80 vados a su propio gobierno. Mientras se debatía el
problema, estalló una revolución en la región de
Panamá, una provincia de Colombia, para lograr la
independencia. Los colombianos pensaron que los
Estados Unidos habían fomentado la rebelión, ya que
85 después de tres días, Roosevelt reconoció a la nueva
república de Panamá y comenzaron las conversa-
ciones sobre un tratado de concesión por el cual los
Estados Unidos conseguían el derecho de construir el
canal, de dirigirlo para siempre y de incorporar la
90 tierra por la cual pasaba como territorio nacional.
Esta situación prevaleció hasta 1979 cuando un
nuevo tratado comenzó el proceso de darle el control
del canal a Panamá.

　　　Hubo otras intervenciones en la América Central
95 durante la segunda década del siglo y no fue hasta
1936, durante la presidencia de Franklin Roosevelt
—quien inició la política del «Buen Vecino»—

por... cuenta　*on its own*

rehusó　*refused*

estalló　*broke out*

«Buen Vecino»　*"Good Neighbor"*

cuando comenzó a haber cambios notables en las
relaciones   entre   los   Estados   Unidos   e
100 Hispanoamérica. Esta política rechazó varias prácti-   **condujo a** *led to*
cas del pasado y condujo a algunos tratados: entre
ellos, la prohibición de la intervención y de la guerra
entre países del continente. Al estallar la guerra en   **Al estallar** *Upon the*
Europa casi todos los países de América se declararon   *outbreak of*
105 aliados, por lo que durante los años de la Segunda
Guerra mundial hubo paz y amistad entre los Estados
Unidos y los países hispanoamericanos.

COMPRENSIÓN

A. Responda según el texto.

1. ¿Cuándo y dónde tuvieron lugar las cuatro primeras reuniones
    panamericanas?
2. ¿Por qué los Estados Unidos invadieron la República Dominicana?
3. ¿Qué era la «diplomacia del dólar», y quién la creó?
4. ¿Cuáles fueron algunos motivos por construir el canal de Panamá?
5. ¿Cómo eran las relaciones interamericanas durante la Segunda
    Guerra mundial?

B. Responda a las siguientes preguntas.

1. ¿Cree Ud. que los Estados Unidos se mostraron arrogantes hacia
    Hispanoamérica? Explique.
2. ¿Cree Ud. que la política actual hacia Hispanoamérica es buena?
    ¿Por qué?
3. ¿Cómo podrían los Estados Unidos mejorar las relaciones generales
    en el mundo?
4. ¿Por qué cree Ud. que los hispanoamericanos llaman «coloso del
    norte» a los Estados Unidos?
5. ¿Cuáles son los elementos básicos que influyen en las relaciones
    internacionales?

IV. LAS RELACIONES EN LA ÉPOCA DE LA POSGUERRA

Casi todas las relaciones norteamericanas después de la guerra fueron
influenciadas por la «guerra fría» entre
los Estados Unidos y la Unión soviéti-
5 ca. Los aliados hispanoamericanos
ocuparon un lugar importante en este juego diplomático porque casi todos tenían gobiernos conservadores,

pero al mismo tiempo veían el nacimiento de nuevos
movimientos izquierdistas. Por lo general, aunque

10 estos movimientos mostraban una ideología de
izquierda, sus lazos con el movimiento comunista
internacional eran débiles. Sus intereses tendían a ser
nacionalistas, antinorteamericanos y anticapitalistas.

En base a los acuerdos y tratados interameri-
15 canos, los Estados Unidos comenzaron a formular
tratados de seguridad mutua. Los gobiernos conservadores firmaban con gusto estos acuerdos porque
contenían garantías de estabilidad interna e iban
acompañados de ofertas de ayuda económica en
20 forma de armas modernas. Puesto que estos dictadores generalmente mantenían su poder gracias a las
fuerzas militares, las armas representaban una ayuda
efectiva contra cualquier grupo rebelde. De nuevo, la
política norteamericana aparecía como una política
25 dominadora que exigía cierta conducta de los países
vecinos a cambio de la ayuda económica y la amistad.
Esta nueva actitud fue formalizada en el Tratado de
Río de Janerio[9] de 1947. Se trataba en realidad de
una alianza militar —la primera de este tipo para los
30 Estados Unidos desde 1778, cuando el nuevo gobierno había aceptado la ayuda francesa.

En 1948 los representantes de 21 repúblicas se
reunieron en Bogotá para el Noveno Congreso
Internacional de Estados Americanos. En medio de
35 tumultos y violencia[10] se formularon los principios de
un nuevo cuerpo: la Organización de Estados
Americanos (OEA), que primero se había llamado La
Unión de Repúblicas Americanas y luego El Sistema
Interamericano. La nueva organización, además de
40 reconocer el alto nivel de actividad nacida durante la
guerra, creó un consejo permanente de defensa para

izquierdistas *leftist*

débiles *weak*

En base a *Based on*

con gusto *with pleasure*
iban acompañados de
were accompanied by /
ofertas *offers*

a cambio de *in exchange for*

tumultos *riots*

además de *in addition to*

consejo *council*

---

[9]*Tratado de Río de Janeiro* Known as the Rio Pact; the full name: Inter-American Treaty of
Reciprocal Assistance. It expressed adherence to the recently formed United Nations and declared
the intention to settle disputes peacefully. It also declared that an armed attack against any
American State constituted an attack against all.

[10]*tumultos y violencia* Known as the *Bogotazo*; rioting and burning broke out when a popular
political leader was assassinated. The conference seemed to be part of the motive.

coordinar la cooperación militar, es decir, la venta de
armas y el entrenamiento de oficiales. La Unión
Panamericana fue designada como Secretariado de la
45 organización y el órgano principal de las relaciones
culturales.

    A pesar de los acuerdos, la corriente anticomu-
nista en los Estados Unidos llevó al gobierno a
mezclarse en los asuntos de varias naciones para que
50 el comunismo no ganara ninguna ventaja.

    El caso más notable fue el de Guatemala. El
Partido Comunista logró alguna influencia en el gobierno de Jacobo Árbenz Guzmán, un presidente
reformista con ideología de izquierda. La oposición,
55 encabezada por el General Carlos Castillo Armas,
estaba preparando una revolución en el vecino país de
Honduras. Árbenz aceptó la ayuda ofrecida por la
Unión soviética, y eso despertó el interés de los
Estados Unidos. Éstos ofrecieron ayuda secreta a
60 Castillo Armas, en forma de armas y de entrenamiento, que fue llevado a cabo por la Agencia Central de
Inteligencia. Esto hizo posible el triunfo de la revolución en 1955. Aunque los Estados Unidos negaron sus
acciones durante diez años, las admitieron después.
65 Con un caso comprobado, los hispanoamericanos
comenzaron a culpar a los Estados Unidos cada vez
que ocurría un incidente semejante. Los Estados
Unidos siempre han negado su interés en estas situaciones, pero ocurrieron otros casos, como el de la
70 Bahía de Cochinos en Cuba en 1961, donde la misma
táctica fue empleada, aunque sin éxito.

    Cuba, por su proximidad geográfica, ha sido otro
punto de conflicto entre los Estados Unidos y los países hispanoamericanos.

75   El presidente John F. Kennedy formuló una nueva
política hacia Latinoamérica llamada «La Alianza
para el Progreso». El nuevo programa consistía en un
esfuerzo continental de cooperación, cuya base era la
oferta de ayuda económica en casos donde el gobierno
80 local demostrara algún esfuerzo propio, es decir,
donde se pudiera formar una alianza entre la ayuda
norteamericana y el capital nativo para un programa
de desarrollo. Este plan atrajo mucho interés entre los
intelectuales americanos por su indiscutible idealismo.
85 En la práctica, sin embargo, logró muy poco.

---

entrenamiento *training*

A pesar de *In spite of*

mezclarse *meddle in*

encabezada *headed*

llevado a cabo *carried
out*

negaron *denied*

caso comprobado *proven
occurrence* / culpar *to
blame*

Bahía de Cochinos *Bay of
Pigs*

esfuerzo *effort*

Una voluntaria del Cuerpo de Paz le enseña a una mujer en Belice. ¿Tiene el Cuerpo de Paz un lugar en el mundo contemporáneo?

Con la llegada al poder de los sandinistas en Nicaragua, Centroamérica volvió a ocupar la atención del gobierno norteamericano porque prestaban apoyo a los guerrilleros de los países vecinos como El
90 Salvador. Los dos países fueron la escena de violencia constante durante la década de 1980. En 1990 los sandinistas perdieron las elecciones y su poder político. En 1992 los guerrilleros salvadoreños y el gobierno moderado llegaron a un acuerdo que puso fin a la
95 lucha armada por el momento.

En 1989 en Panamá y otra vez en 1993 en Haití los Estados Unidos volvieron a sus métodos antiguos. En los dos casos intervino el ejército norteamericano para derrocar a un gobierno militar y devolver
100 a los candidatos elegidos a la presidencia. Por un lado actuaron a favor de la democracia, pero por el

prestaban   *they lent*

llegaron a un acuerdo
   agreed / puso fin   *put
   an end to* / lucha
   struggle

derrocar   *to overthrow*

otro constituyeron otras intervenciones más en la larga serie que ha caracterizado las relaciones interamericanas.

105   El caso de la guerra en 1982 entre la Argentina y Gran Bretaña por las Islas Malvinas[11] muestra otro aspecto de la complejidad de las relaciones interamericanas. Por un lado un antiguo aliado de Europa y por el otro una nación americana quieren el
110 apoyo de los Estados Unidos. Ni la Doctrina Monroe ni el Tratado de Río impidieron que el gobierno   impidieron   *didn't stop* norteamericano apoyara a los ingleses. El hecho de que el gobierno militar argentino estaba casi totalmente desacreditado en el continente añadió otro fac-   desacreditado   *discredited*
115 tor a la decisión.

    El Tratado de Libre Comercio,[12] firmado por el Canadá, los Estados Unidos y México es el primer paso a la creación de una zona de libre comercio en el hemisferio entero para el futuro. Hay diversas
120 opiniones sobre todos los efectos del tratado y no sorprende que haya bastante recelo de parte de los hispanoamericanos, en vista de la historia de sus relaciones con «el coloso del norte». Con el fin de la «guerra fría» las relaciones han perdido algo de su
125 base ideológica para concentrarse en cuestiones económicas.

    La historia hace difícil lograr una actitud de confianza y respeto mutuos. Es interesante notar   confianza   *trust* que un latinoamericano o un español y un norteam-
130 ericano pueden llegar fácilmente a ser buenos amigos a pesar de sus diferencias culturales, religiosas o económicas. Pero, cuando estas diferencias se elevan   se elevan   *are raised* al nivel nacional se vuelven verdaderos obstáculos para la paz y comprensión que todo el mundo, en el   en el fondo   *basically*
135 fondo, desea.

~~~~~~

[11]*Islas Malvinas*   Called the Falkland Islands in English. Argentina has long claimed sovereignty over these islands but Great Britain has refused to give them up. In 1982 Argentina attempted to take them by force but was unsuccessful in the face of an all-out British defense.

[12]*Tratado de Libre Comercio*   This treaty is abbreviated TLC in Spanish. It is called the North American Free Trade Agreement or NAFTA in English.

COMPRENSIÓN

A. Responda según el texto.

1. ¿Por qué atraían tanta atención los países hispanoamericanos durante la «guerra fría»?
2. ¿Qué aspecto único tenía el Tratado de Río de Janeiro?
3. ¿Cuál era la misión principal de la OEA?
4. ¿Cuáles eran las bases de la «Alianza para el Progreso», y quién originó esta política?
5. ¿Cuál ha sido el motivo principal de los conflictos centroamericanos recientes, y cuál ha sido la posición de los Estados Unidos?
6. ¿Qué dilema para las relaciones interamericanas surgió durante la guerra de las Malvinas?

B. Responda a las siguientes preguntas.

1. ¿Cree Ud. que puede haber mejores relaciones entre los Estados Unidos y los países hispánicos? ¿Cómo?
2. ¿Cuál es su opinión sobre las organizaciones internacionales como la Organización de las Naciones Unidas y la OEA? ¿la OTAN?
3. ¿Cree Ud. que puede haber una prohibición total de armas nucleares? ¿Cómo?
4. ¿Cuáles son los países más agresivos hoy día?

VIDEOMUNDO: PUERTO RICO

Mire los segmentos y responda a las preguntas.

A. Puerto Rico (1:33:45–1:39:28).

1. ¿Qué tres culturas forman al Puerto Rico moderno?
2. ¿Cuándo y por qué pasó Puerto Rico a ser parte de los Estados Unidos?
3. ¿Qué se hicieron los puertorriqueños en 1917?
4. ¿Cuáles son algunas ventajas, según los comentaristas, de la independencia para Puerto Rico?

B. Ángel Luis Rivera (2:19:55–2:22:35)

¿Cómo se llama la religión africana en Puerto Rico?

C. Deportes: Luis Mayoral, Chi Chi Rodríguez (2:42:05–2:50:45)

1. ¿Cómo ven los peloteros jóvenes a Luis Mayoral?
2. ¿Qué quiere Chi Chi Rodríguez para los ciudadanos de Puerto Rico?

Práctica

I. Ejercicios de vocabulario

A. Complete las oraciones.

1. El comunismo es una política _____.
2. Cuba ha sido importante por su _____ geográfica.
3. La «_____ para el Progreso» fue muy popular entre los intelectuales norteamericanos.
4. Los Estados Unidos recibieron California por el _____ de Guadalupe Hidalgo.
5. La Doctrina Monroe fue una respuesta a las _____ europeas de volver a colonizar América.

B. Complete con una palabra relacionada con la palabra entre paréntesis.

1. (prohibir) El tratado contiene _____ contra la intervención.
2. (Estados Unidos) La política _____ se basaba en la «guerra fría».
3. (ideal) Ese programa es caracterizado por un tono _____.
4. (ideología) El movimiento tiene semejanzas _____ con el comunismo.
5. (colonia) España fue un país _____.

II. Puntos de contraste cultural

1. ¿Cuáles son las causas de la enemistad entre los gobiernos hispanoamericanos y los Estados Unidos?
2. ¿Qué diferencias hay entre los motivos básicos de la política internacional de los Estados Unidos y los de un país hispánico?
3. ¿Cree Ud. que es posible tener unidad en el hemisferio occidental? ¿Por qué?

III. Debate

La influencia de las grandes compañías multinacionales es mala en los países en vías de desarrollo.

IV. El arte de escribir: repaso

Escriba una composición en la que exponga su opinión sobre la idea de que todos los habitantes de este hemisferio deben hablar tanto el español como el inglés. Incluya ideas que apoyen su opinión.

V. Las noticias

Lea los siguientes artículos y coméntelos entre los miembros de la clase.

CUALQUIER ATENTADO AL PROCESO DEMOCRÁTICO EN AMÉRICA SERÍA ATACAR A LA CASA BLANCA...

Cualquier atentado al proceso democrático,
sean golpes de Estado, atentados o cualquier
amenaza a algún país del continente americano
sería atacar a la Casa Blanca, advirtió aquí el
5   *subsecretario de Estado para Asuntos*
Interamericanos de EU, Michael Skol.
  El funcionario, que llegó ayer a Paraguay,
donde tendrá reuniones con el presidente Juan
Carlos Wasmosy y otros personajes de la políti-
10 *ca, recordó el caso de Haití y señaló que «ese*
hecho (la intervención de Estados Unidos) fue
una amenaza de Washington contra los que
amenazan», al destacar el respaldo que la
Casa Blanca dio al depuesto presidente Jean
15 *Bertrand Aristide, quien recuperó el poder luego*
de casi tres años.
  En declaraciones a la prensa, antes de
entrevistarse con Wasmosy, Skol aseguró que «si
es necesario, vamos a enviar tropas donde sea
20 *quebrantada la democracia, porque ella es muy*
importante».
  La alusión fue una advertencia a los mili-
tares paraguayos, cuyo principal exponente,
el comandante del ejército, general Lino César
25 *Oviedo, es acusado de insubordinación contra*
el poder institucionalizado.
  Skol subrayó que para el gobierno de
Estados Unidos es trascendental el proceso
político que vive Paraguay y elogió los avances
30 *logrados en seis años, luego del derrocamiento*
del ex dictador Alfredo Stroessner, quien go-
bernó de 1954 a 1989.
  «La democracia es la única forma de go-
bierno tolerable en el continente americano. Si
35 *Paraguay tiene problemas en este proceso, con-*
tará con el apoyo absoluto de la Casa Blanca y

atentado   *attack*

advirtió   *warned*

destacar   *point out /*
respaldo   *backing /*
depuesto   *deposed /*
luego de   *after*

quebrantada   *desecrated*

subrayó   *stressed*

elogió   *praised*
derrocamiento   *overthrow*

*de todo el mundo, es una promesa», insistió el
subsecretario de Estado.*

40 *«El poder civil debe tener plena supremacía
sobre cualquier otro poder en una sociedad
civilizada; esa ha sido siempre la postura del
gobierno estadounidense; apoyo total a las
democracias del continente», puntualizó el
funcionario.*

plena supremacía	*full supremacy*
puntualizó	*added*

45 *Fuentes cercanas a la reunión de Skol y
Wasmosy, efectuada la noche del viernes,
dijeron que el funcionario estadounidense
propuso la creación de una unidad policial
especializada para investigar los casos de
50 narcotráfico.*

*Skol, quien realiza una gira por varios paí-
ses de Sudamérica, afirmó que Estados Unidos
seguirá cooperando con el programa económico
de Paraguay, dentro de sus posibilidades.*

gira	*tour*

Uno más uno (México)

EE.UU. VIOLA LAS NORMAS HUMANITARIAS EN EL EMBARGO A CUBA, AFIRMA LA OEA

55 *En el más decidido paso dado hasta la fecha
por la Organización de Estados Americanos
(OEA) contra la política de Estados Unidos
hacia Cuba, la Comisión Interamericana de
Derechos Humanos (CIDH) de esa organización
60 ha pedido al Gobierno norteamericano que
cumpla con su obligación de proveer medicinas,
equipos médicos y alimentos básicos al régimen
de Fidel Castro. La OEA considera que EE.UU.
no está atendiendo actualmente a ese requeri-
65 miento lo que viola las normas humanitarias
internacionales y la propia reglamentación de
la organización panamericana.*

proveer	*provide*
reglamentación	*rules*

*Al mismo tiempo, la Comisión de Derechos
Humanos de las Naciones Unidas volvió a con-
70 denar el martes 7 los abusos cometidos por el
Gobierno de La Habana contra ciudadanos
cubanos y criticó la persistencia de «las
detenciones arbitrarias».*

detenciones	*arrests*

El País Internacional (Madrid)

VI. Situación

Ud. acaba de ser elegido(a) presidente de los Estados Unidos. En la campaña electoral Ud. prometió mejorar las relaciones interamericanas. Ahora tiene que cumplir con su promesa. ¿Qué va a hacer en ese campo?

La presencia hispánica
en los Estados Unidos

Uno de los lugares más famosos en Los Ángeles,

California, es la calle Olvera. ¿En qué aspectos

se ve la influencia hispana?

VOCABULARIO ÚTIL

Estudie estas palabras antes de leer el ensayo.

Verbos

adaptarse   *to adapt to*
asimilar   *to assimilate*
emigrar   *to emigrate, to move out of a country*
estallar   *to break out, to erupt, to explode*
incorporar   *to incorporate*
inmigrar   *to immigrate, to move into a country*
labrar   *to carve (wood, stone, etc.)*

Sustantivos

la ascendencia   *ancestry*
los centenares   *hundreds*
la disposición   *disposition, readiness*

el ferrocarril   *railroad*
el ganadero   *cattleman*
el ganado   *cattle;*
    la cría de ganado   *cattle raising*
la mayoría   *majority*
la migración   *migration, movement from one area to another*
la minoría   *minority*
el, la obrero, -a   *worker*
el suroeste   *southwest*

Adjetivos

anglosajón, -ona   *Anglo-Saxon*
dispuesto, -a   *disposed to, ready*
étnico, -a   *ethnic*
pacífico, -a   *peaceful*
poblado, -a   *populated*

ENFOQUE

Por varias razones históricas, la población actual de los Estados Unidos contiene casi 9% de personas de ascendencia hispana. Se calcula que hay unos 13,5 millones de personas de antecedentes mexicanos, 2,7 millones de puertorriqueños, 1 millón de cubanos y unos 5 millones de otros países hispánicos, muchos de Centroamérica. A diferencia de otros grupos étnicos, la mayor parte de éstos nunca inmigraron a los Estados Unidos, ni son descendientes de inmigrantes a este país. En el suroeste de los Estados Unidos, muchas personas fueron incorporadas a los Estados Unidos a través del Tratado de Guadalupe Hidalgo en

puertorriqueños   *Puerto Ricans*

Una escena de «Spanish Harlem» de Nueva York. ¿De dónde serán la mayoría de las personas que ocupan este barrio hispano?

1848. Los puertorriqueños se convirtieron en ciudadanos en 1917. En otras palabras, la mayoría de las personas de habla hispana en los Estados Unidos son los habitantes de territorios ocupados en dos guerras.

Generalmente el inmigrante llega a una nueva tierra dispuesto a asimilar la cultura, a aprender una lengua, a adaptarse a las costumbres y a los valores del país, muchas veces con un entusiasmo extremado. Pero cuando se ve incorporado por la fuerza a otra cultura, no siente esta disposición. Más bien tiende a resistirse y a tratar de preservar su cultura original como un tipo de defensa. Un caso comparable es el de la provincia de Quebec, en Canadá, donde la situación de los habitantes de cultura francesa se asemeja a la de los de origen hispánico en los Estados Unidos. Es indispensable conocer este contexto para comprender las actitudes contemporáneas de esta minoría étnica.

por la fuerza   *by force*

ANTICIPACIÓN

Con un(a) compañero(a) de clase, haga una lista de los problemas con que se encuentran los hispanos en los Estados Unidos y algunas soluciones posibles. Prepárese para presentarle su lista a la clase.

I. Orígenes de «La Raza»

«La Raza»   *"The Race"*

Mientras que el porcentaje de personas de ascendencia hispánica en el país entero es de casi 9%, en los estados del suroeste ese porcentaje es dos o tres
5   veces mayor. La causa básica de esta concentración tiene su origen en algunos hechos de la primera mitad del siglo XIX.

A principios del siglo XIX nació en los Estados Unidos el concepto que se llamó «destino manifiesto».
10 Según éste, el destino de los anglosajones era ampliar su territorio, a expensas del pueblo hispánico, en el continente americano. Existía cierta confusión en cuanto a los límites de esta expansión: algunos pensaban que debía incluir todo el hemisferio; otros sólo
15 veían la necesidad de abarcar la tierra entre Nueva Inglaterra y el océano Pacífico. Antes de invadir abiertamente los territorios, los estadounidenses preferían animar a los habitantes de las regiones fronterizas a que se separaran de México y a que pidieran
20 incorporarse después a la Unión Americana. Los Estados Unidos ya habían comprado el territorio de Luisiana en 1803 y el de la Florida en 1819, de manera que sólo quedaba por anexar el área entre Texas y California.

25 Hubo entonces una migración constante de estadounidenses hacia estas dos provincias mexicanas tan poco pobladas, con el propósito de fomentar una revolución en favor de la independencia. O sea que, aunque el gobierno de los Estados Unidos no estuviera
30 cometiendo actos agresivos contra México, su política favorecía esta agresión, ya que aprobaba de antemano la incorporación de esos territorios como nuevos estados. Por razones económicas, la política mexicana también favorecía esta inmigración, ofreciendo tierra
35 a inmigrantes tales como Stephen F. Austin, quien estableció la primera colonia anglosajona en Texas.

El resultado de esta política fue un choque cultural. Como estaba cerca de los Estados Unidos, Texas se llenó de anglos; en 1834 se calculaba que había allí
40 301.000 anglosajones y sólo 500 mexicanos. En 1836, los ciudadanos de Texas se declararon independientes de México. Después de la famosa derrota de la misión del Álamo, el ejército texano, bajo el mando de Sam

A principios   *In the early part*

ampliar   *to increase*

abarcar   *to take in /* Nueva Inglaterra   *New England*

animar... separaran   *to encourage... to separate themselves*

fomentar   *to stimulate*

de antemano   *beforehand*

choque (*m*)   *clash*

mando   *command*

Houston, pudo vencer al ejército mexicano en San
45 Jacinto. Se inició inmediatamente una petición de anexión a los Estados Unidos, pero por razones políticas
internas ésta no fue aprobada hasta 1845.

En las provincias de California y Nuevo México la
política fue semejante, pero el número de anglos no
50 alcanzó el nivel necesario para imitar el proceso texano. Los Estados Unidos declararon la guerra en 1846
para conseguir esos territorios. Con la ocupación de la
Ciudad de México en 1847, el gobierno mexicano se vio
forzado a aceptar la pérdida de la mitad de su país y el
55 Tratado de Guadalupe Hidalgo fue firmado en 1848.

Por este motivo, a más de 100.000 habitantes
mexicanos de esa región se les dio a elegir entre irse a
México o quedarse como ciudadanos estadounidenses
sin perder ni los bienes ni los derechos que tenían. Sin
60 embargo, el gobierno norteamericano no se mantuvo
completamente fiel a esa promesa. Dos días después
de haberse firmado el tratado llegó la noticia del descubrimiento de oro en California, lo que contribuyó a
aumentar la población de anglosajones de ese estado.
65 En Texas los anglos se aprovecharon de las leyes norteamericanas para confundir la cuestión de la validez
de los títulos de propiedad aun cuando éstos tuvieran
origen en la época colonial de México.

El territorio de Nuevo México, que era la región
70 menos poblada, no comenzó a recibir inmigración de
los Estados Unidos hasta después de 1848, y no fue
hasta fines del siglo que los anglos llegaron a constituir una mayoría. La región desde Santa Fe hasta San
Luis, Colorado, estaba poblada por españoles que
75 habían estado allí desde el siglo XVII y que en realidad no se habían sentido mexicanos después de la
independencia. La región tenía un fuerte sentimiento
español, y el hecho de que las misiones católicas habían sido su único lazo con el mundo exterior les dio
80 carácter de conflicto religioso entre católicos y protestantes a las luchas entre «anglos» e «hispanos» que
hubo durante el siglo XIX.

Sólo en el sur del estado de Arizona existió cierta
paz y amistad entre los dos grupos. Tal vez porque los
85 ganaderos mexicanos y anglos tenían que enfrentar a
otros enemigos, como el clima severo del desierto y los
indios apaches, no se dedicaron a la lucha cultural o
racial que caracterizó el resto del suroeste.

---

vencer   *to overcome*
anexión   *annexation*

fue firmado   *was signed*

no... fiel   *did not remain...*
faithful

se aprovecharon   *took*
advantage of /
confundir   *to confuse /*
validez (*f*)   *validity*

enfrentar   *to face*

Esta larga época de conflictos dio origen a una
90 serie de anécdotas sobre héroes culturales. En
California, un minero chileno o mexicano[1] se rebeló
contra las condiciones en que sus compañeros mexicanos vivían y emprendió una campaña de venganza;
su nombre, Joaquín Murieta, ha venido a simbolizar
95 la resistencia del pueblo mexicano. En Texas un bandido llamado Juan Nepomuceno Cortina dominó una
gran región del sur del estado entre 1860 y 1875; para
asegurarse del apoyo del pueblo adoptó una ideología antianglo. En Nuevo México, Elfego Baca, que
100 era miembro de la policía territorial en Socorro, apresó a un texano —cosa inaudita— y tuvo que resistir
solo, durante dos días, el ataque de varios amigos del
prisionero. Se cree que ese acto puso fin a la migración de texanos belicosos al territorio.

105 La reacción de los anglos fue la venganza organizada de los «vigilantes» (es interesante —e irónico—
el origen del nombre). Se calcula que hubo centenares de «linchamientos» de mexicanos en esta época.
Los mexicanos muertos a manos de los anglos llega-
110 ron a números espantosos puesto que en la opinión de
muchos eso no era un acto criminal.

No sorprenderá que esta tradición violenta no
haya conducido a una asimilación pacífica. Si los
mexicanos hubieran sido inmigrantes, se podría espe-
115 rar la adaptación tradicional. Si ellos mismos hubieran pedido la incorporación de su tierra a los Estados
Unidos, también se podría esperar que tuvieran una
actitud favorable. Si se hubiera seguido el artículo
octavo del tratado, no habrían tenido reclamaciones
120 contra el gobierno norteamericano. Si se les hubiera
dado la oportunidad de adaptarse, hoy tal vez no
habría problemas. Pero la historia es muy clara: fueron incorporados a la fuerza, desposeídos de sus tierras y relegados a los trabajos más bajos. El resultado
125 fue inevitable.

emprendió undertook /
campaña campaign /
venganza revenge

apresó captured
inaudita unheard of

belicosos hostile

linchamientos lynchings

puesto que since

reclamaciones claims

desposeídos dispossessed
relegados relegated

~~~~~~

[1] *un minero chileno o mexicano* The nationality of Joaquín Murieta is obscure. Many Chileans
who had mining experience in Chile were attracted to California during the Gold Rush of the mid-
nineteenth century. They, of course, tended to join the Mexican population so that all were considered Mexicans by the Anglo authorities.

COMPRENSIÓN

A. Responda según el texto.

1. ¿En qué parte de los Estados Unidos vive el mayor número de personas de ascendencia hispana?
2. ¿Cuáles eran los dos puntos de vista sobre el significado del concepto del «destino manifiesto»?
3. ¿Qué batalla siguió a la del Álamo y cuál fue el resultado?
4. ¿Cuál fue el resultado para México de la ocupación de la capital por el ejército estadounidense?
5. ¿Qué resultado tuvo en la región el descubrimiento del oro en California?

B. Responda a las siguientes preguntas.

1. ¿Cree Ud. que el concepto del «destino manifiesto» era una política justa? ¿Por qué?
2. ¿Recuerda Ud. algunos aspectos de la batalla del Álamo? ¿Cuáles?
3. Si otro país invadiera y ocupara la parte de los Estados Unidos donde Ud. vive, ¿qué haría? ¿Iría a una parte no ocupada o se quedaría? ¿Cuáles son algunas ventajas y desventajas de las dos posibilidades?
4. ¿Qué cosas, en su opinión, justificarían una invasión de algún otro país por parte de los Estados Unidos?

II. PRESENCIA DE LA CULTURA HISPÁNICA EN EL SUROESTE

Cualquier persona que haya viajado por los estados de Texas, Nuevo México, Colorado, Arizona y California habrá visto que existe una fuerte influencia hispánica en los toponímicos, los apellidos, la arquitectura, la comida y aún en la lengua oída en la calle o en la radio y en la plaza central de los pueblos pequeños. Si una ciudad lleva un nombre inglés, se puede estar seguro de que su origen es reciente. Un ejemplo es Phoenix, en el estado de Arizona. Fue fundada a fines del siglo XIX como parada del ferrocarril, mucho después de Casa Grande, Mesa, Ajo, Yuma, etcétera. Los nombres de montañas —Guadalupes, Sangre de Cristo, Sierra Nevada— y de ríos como el Río Grande (llamado el Río Bravo en México), el Brazos y el Pecos demuestran el origen de sus descubridores. Varios nombres

toponímicos   *place names*

parada   *stop*

españoles de accidentes geográficos, como cañón, arroyo o mesa, han pasado al inglés por referirse a
20 fenómenos de esa región.

Tal vez es en el campo lingüístico donde ha existido más intercambio pacífico entre las dos culturas. Una serie de palabras españolas fueron incorporadas al inglés como resultado de ciertas condiciones comu-
25 nes a todos los habitantes del suroeste. En la cría de ganado los mexicanos habían establecido una terminología que fue adoptada por los anglos: *ranch* (rancho); *lasso* (lazo); *lariat* (la reata); *buckeroo* (vaquero); *burro* (burro); *corral* (corral); *hoosegow*
30 (juzgado); *calaboose* (calabozo); *vamoose* (vamos). Muchas palabras españolas son usadas comúnmente en inglés: patio, rodeo, plaza, fiesta, siesta, tornado. La lista incluye también los nombres de plantas indígenas (quinina, saguaro), de animales (puma, coyote),
35 de platos típicos (tacos, chile con carne), de materiales de construcción (adobe), etcétera.

Claro que el español del suroeste muestra igual influencia del inglés. Muchas palabras inglesas son usadas en la lengua diaria y también hay docenas de
40 anglicismos, o sea palabras tomadas del inglés y modificadas. Las palabras asociadas con el automóvil —brecas, troca, parquear— frecuentemente derivan del inglés. Otro fenómeno es el uso de una traducción literal cuando algo no tiene equivalente adecuado en
45 español: por ejemplo, «escuela alta» (*high school*), «chanza» (*chance*) o «yarda» (*yard*).

La influencia hispánica también se ve en la arquitectura del suroeste. Es muy común allí el estilo «español» en los edificios que fueron construidos
50 entre 1910 y 1930, cuando el estilo estaba de moda en California. Sin embargo, existen numerosos ejemplos de auténtica arquitectura española en las iglesias antiguas y en algunos edificios preservados. Los elementos básicos de esta arquitectura son el adobe, los
55 techos de tejas y vigas de madera labrada, que no se cubren. Las paredes de adobe encierran el patio. El decorado suele ser sencillo porque el adobe no se presta a las elaboraciones típicas de los edificios del sur de México. Las ventanas tienden a ser pequeñas y
60 las paredes exteriores gruesas, tanto en las regiones cálidas como en las frías.

La influencia española, en la lengua y en la arquitectura, es muy notable en todos los estados del

---

brecas *brakes* / troca *truck* / parquear *to park*

de moda *in style*

techos *roofs* / tejas *tiles* / vigas *beams* / encierran *enclose* / decorado *decor* / no se presta *does not lend itself*
gruesas *thick*
cálidas *warm*

suroeste y existe, aunque en menor grado, en los esta-
65 dos de más al norte. Se pueden encontrar marcadas
distinciones entre una y otra región. Hay por lo menos
cinco regiones culturales hispánicas en el suroeste,
debido a los antecedentes históricos coloniales y luego   debido a   *due to*
al movimiento de los pobladores norteamericanos del   pobladores   *settlers*
70 siglo XIX. Geográficamente, estas regiones pueden
identificarse así: 1) el sur de Texas; 2) la región que
se extiende desde el noroeste de Texas hacia el sur de
Nuevo México, Arizona y California; 3) la costa de
California; 4) los grandes centros urbanos, creaciones
75 del siglo XX; 5) la región del norte de Nuevo México
y el sur de Colorado.

La primera de estas regiones fue poblada en la
época colonial por los españoles. Como tenía tierra
fértil, atrajo a los primeros anglosajones. Por su pro-
80 ximidad al centro de México, fue la región más dispu-
tada en la guerra de 1846.

La segunda región, concentrada en la cría de
ganado, tuvo un desarrollo más tardío, pero la llegada   tardío   *late*
del ferrocarril lo aceleró. Es el sitio de las grandes
85 haciendas, como el *King Ranch*. La región también se
caracterizaba por los conflictos entre los nuevos pobla-
dores, anglos y mexicanos, contra los indios guerreros.   guerreros   *warlike*

La costa de California era el lugar más poblado
por los españoles y por los mexicanos después de
90 1824. Su accesibilidad por mar contribuyó a la actividad, tanto comercial como misionera, de la colonia.

Las grandes ciudades del suroeste, Los Ángeles,
Tucson, Albuquerque, Denver, El Paso, Laredo, San
Antonio, reflejan una cultura hispánica nueva, forma-
95 da por elementos y acontecimientos del siglo XX.

La región entre Santa Fe, Nuevo México y San
Luis, Colorado, es la que ha preservado en su estado
más puro la antigua cultura española. Estimulado por
las historias de Cabeza de Vaca,[2] en 1539 el Virrey
100 mandó a Fray Marcos de Niza acompañado por el
moro Estebanillo en busca de las ciudades fabulosas

[2]*Cabeza de Vaca*   Shipwrecked off the coast of Texas, Cabeza de Vaca wandered through much
of the Southwest, living with the Indians and learning their legends, including that of the Seven
Cities of Cíbola, all made of gold. He finally made it back to Mexico where he reported his adven-
tures and stimulated further official expeditions.

de Cíbola y Quivira. Al año siguiente, la expedición de
Coronado continuó la búsqueda, llegando hasta   búsqueda *search*
Kansas, antes de decidir que las leyendas eran mitos   mitos *myths*
105 o mentiras de los indios. La región fue olvidada hasta   mentiras *lies*
1598 cuando un rico de Zacatecas, Juan de Oñate,
emprendió la colonización.

Santa Fe existió como una colonia segura pero ais-   aislada *isolated*
lada de México. A causa de esta separación se creó una
110 sociedad basada en las prácticas y costumbres del siglo
XVII que cambió muy poco en años siguientes por falta   falta de *lack of*
de contactos culturales. El viaje de ida y vuelta desde   de ida y vuelta *round trip*
Santa Fe hasta Chihuahua llevaba más de cinco meses.
Después de 1848, cuando el territorio se incorporó a los
115 Estados Unidos, entró en contacto con la cultura anglosajona, aunque los habitantes persistían, como lo hacen
hoy, en seguir su vida tradicional.

Los estudios folklóricos en esta región revelan la
existencia de poesías y canciones procedentes de la
120 España medieval. También muestran todavía ejemplos de artes coloniales: los tejidos de Chimayó y los
santeros[3] que labran imágenes de madera. Estas imágenes ejemplifican la mezcla de las culturas española
e indígena. Los que han estudiado la lengua de la
125 región notan la presencia de formas antiguas que ya
no existen en el español moderno.

COMPRENSIÓN

A. Responda según el texto.

1. ¿Cuáles son algunas palabras españolas usadas en inglés?
2. ¿Cuáles son algunas palabras inglesas usadas en el español de la
    frontera del suroeste?
3. ¿Cuántas regiones distintas de cultura hispánica hay en el suroeste?
    ¿Cuáles son?
4. ¿Por qué era más poblada la costa de California?

---

[3]*los santeros* Carvers of saints. A traditional art form involving the creation of images of saints
either from wood or as paintings, frequently on metal. The *santeros* of northern New Mexico show
the isolation from the mainstream of Mexican culture and the strong indigenous influence of
the region.

5.   ¿Quién fue Cabeza de Vaca? ¿Por dónde viajó?

6.   ¿Por qué cambió relativamente poco la vida de Santa Fe?

B.   Responda a las siguientes preguntas.

1.   ¿Cuántos nombres españoles de lugares norteamericanos puede Ud. mencionar?

2.   ¿Ha viajado Ud. por el suroeste de los Estados Unidos? ¿Por dónde? ¿Le gustó? ¿Ha vivido allí? ¿Dónde?

3.   ¿Cómo y cuándo vinieron sus antepasados al Nuevo Mundo?

4.   ¿Ha mantenido su familia algunas costumbres étnicas? ¿Cuáles?

5.   ¿Cree Ud. que es mejor que los grupos étnicos mantengan su propia cultura? Explique.

III. Nuevas influencias del siglo XX

La época entre 1900 y 1930 se caracterizó por un intenso desarrollo económico en el suroeste y por una gran necesidad de trabajadores. La fuente natural era el norte de México, donde
5 vivían miles de mexicanos desempleados. La construcción del ferrocarril, las cosechas del algodón, de frutas y legumbres en las tierras regadas por el Río Grande y de betabeles en Colorado y California, fue-
10 ron realizadas por obreros mexicanos, como ya lo había sido el establecimiento de las industrias minera y ganadera. No sólo fue el trabajo de los mexicanos, sino también sus conocimientos tecnológicos lo que facilitaron este progreso. Los angloamericanos no
15 conocían la técnica del riego que los españoles habían aprendido de los árabes ni las técnicas mineras que se habían desarrollado en México en el siglo XVI. El ferrocarril[4] tuvo que seguir las rutas ya descubiertas por los mexicanos. Todo el progreso del suroeste
20 habría sido imposible o mucho más lento sin la ayuda de la población hispánica.

En las tres primeras décadas del siglo la población mexicana de Texas creció en un mil por ciento. El contrabando más importante de toda la frontera

desempleados
unemployed / cosechas
harvests / algodón (*m*)
cotton / legumbres (*f*)
vegetables / regadas
irrigated / betabeles (*m*)
(Mex.) sugar beets /
como... sido   *as had
been*

---

[4]*El ferrocarril*   Unlike most railroads, the Southern Pacific was built not following other development but preceding it. The company stimulated the development of the region.

25 consistía en obreros mexicanos; hubo guerras de con-
trabandistas en las cuales se robaban a los obreros
como si fueran ganado. Hasta 1930 los mexicanos
tenían fama de trabajadores dóciles que hacían cual-   dóciles *submissive*
quier tarea sin quejarse. En la década de los treinta,   quejarse *complaining*
30 sin embargo, bajo la influencia de organizadores sin-   sindicales *union*
dicales, estallaron varias huelgas de obreros agrícolas
en California. El único resultado de las huelgas fue la
supresión violenta.

    Los sindicatos nacionales, dirigidos por los traba-
35 jadores del este del país, no les ofrecieron mucho apoyo
a los mexicanos. Al contrario, ayudaron a mantener el
nivel de vida como estaba, al establecer sueldos bajos   sueldos *salaries*
para la gente morena y para los mexicanos.

    Durante la Segunda Guerra Mundial muchas
40 personas de la comunidad hispánica[5] sirvieron en las
fuerzas armadas de los Estados Unidos con mucha
distinción. Los que no fueron a la guerra se quedaron
a trabajar en las fábricas y agencias de defensa.
Además, durante la guerra, el gobierno federal, que
45 necesitaba mantener buenas relaciones con México,
había tratado de evitar la discriminación en el suroeste. Se deseaba evitar la posibilidad de incidentes como
el que ocurrió cuando un restaurante en Texas se negó   se negó a *refused to*
a servir al cónsul mexicano en Houston. Estos inciden-
50 tes sirvieron para crear un clima más propicio para la   propicio *favorable*
protesta y para la organización de las minorías.

    Sin embargo, hubo poca actividad organizada
hasta 1965 cuando en California se oyó de nuevo el   de nuevo *again*
grito de «¡Huelga!» entre los obreros argícolas. Bajo   grito *cry*
55 la dirección tanto práctica como espiritual de César
Estrada Chávez, el 16 de septiembre de 1965 (el día

---

[5]*personas de la comunidad hispánica*   There is no universally applicable name either in English
or Spanish for the people of Spanish ancestry in the United States. Many have been used, Mexican-
American being perhaps the most widely accepted. Mexican, Hispano, Spanish-American and
Latin American all are ambiguous because of their confusion with foreign areas; *Chicano* and «*La
Raza*» imply a somewhat political grouping unacceptable to some members. Government agencies
tend to use "Spanish-surnamed" because of its factual basis. In some areas *mexicano* is accepta-
ble, in others not. Both *mexicanoamericano* and *mexicoamericano* are sometimes used and recently
latino has begun to return to use in some circles. As with other minority groups, the situation is
generally in flux.

de la independencia mexicana)[6] fue proclamado
el Plan de Delano. La huelga de los trabajadores
campesinos despertó el interés de miles de personas,   campesinos   *of the farms*
60 especialmente entre los jóvenes. El Plan era un
documento sencillo que proclamaba la solidaridad
de los campesinos mexicanos. «La Causa» rápidamente ganó el apoyo de muchos habitantes urbanos
y creó el término «chicano», de origen desconocido,
65 que fue utilizado para referirse a los adherentes al
movimiento.

Al extenderse el movimiento a otras regiones del
suroeste se adoptó otro término antiguo: «La Raza».
Según algunos, el origen de la expresión se encuentra
70 en la misión dada a los españoles en la época de la
conquista de formar «La Santa Raza», es decir, de
llevar la fe católica a los pueblos de América. Como   Como quiera que sea
quiera que sea, el término «La Raza» se ha aplicado   *However, at any rate*
genéricamente a la tradición hispánica para distin-
75 guirla de la anglosajona. La expresión tiene un significado semejante en toda Hispanoamérica, donde se
celebra el día 12 de octubre (que en los Estados
Unidos se llama *Columbus Day*) como «El Día de
la Raza».

80 En la misma época unos estudiantes universitarios formularon el «Plan Espiritual de Aztlán» en
1969. En la mitología azteca Aztlán era el lugar de
origen de la tribu, y según algunos correspondía al
suroeste de los Estados Unidos. Aunque creó cierta
85 unidad geográfica, también proclamaba unos sentimientos separatistas que muchos no aceptaban.

Después de estos actos de protesta ha venido el
trabajo aburrido, pero necesario, de los que se ocupan
de llamar la atención pública a los actos discrimina-
90 torios y de educar a la gente sobre sus posibilidades
políticas.

~~~~~~

[6]*el día de la independencia mexicana* Mexico declared its independence from Spain on
September 16, 1810. A priest in Dolores, *Padre Hidalgo*, gave what is called *«El grito de Dolores»*
on that day. Many Mexican-American groups in the United States celebrate that day as a show of
cultural independence.

El descubrimiento de las Américas cambió la civilización occidental. Se celebra el Día de la Raza en toda Hispanoamérica. ¿Cómo lo conmemoran los hispanos en nuestro país?

COMPRENSIÓN

A. Decida si las siguientes frases son verdaderas o falsas. Corrija las falsas.

1. El norte de México sirvió como fuente natural de trabajadores entre 1900 y 1930.
2. El progreso del suroeste hubiera sido más fácil sin la población hispánica.
3. Hasta 1930 los mexicanos tenían mala fama como trabajadores.
4. El resultado de las huelgas iniciales en California fue la supresión.
5. Los sindicatos nacionales ayudaron a mejorar el nivel de vida de los mexicanoamericanos.
6. La guerra hispanoamericana les dio a los mexicanos el primer contacto con los anglos como iguales.
7. La huelga de César Chávez ocurrió en México.
8. «La Raza» viene del nombre del descubridor de América.

B. Responda a las siguientes preguntas.

1. ¿Ha sentido Ud. alguna forma de discriminación o la ha visto alguna vez? Describa la situación.
2. ¿Qué concepto tiene Ud. de los trabajadores mexicanos en los Estados Unidos hoy? ¿Ha cambiado su opinión en los años recientes?

3. ¿Cuáles son algunas causas del prejuicio? ¿Cree que es posible eliminar totalmente el prejuicio? ¿Cómo?
4. ¿Cuáles son algunos de los efectos de los cambios en la ley sobre la inmigración en los Estados Unidos?

IV. LA VARIEDAD DE LA MINORÍA HISPÁNICA

Por lo general, los otros grupos hispánicos de los Estados Unidos son más recientes. Los puertorriqueños, que principalmente se concentran en el
5   este del país, se vieron incorporados a los Estados Unidos después de 1898 cuando su isla fue capturada en la guerra con España. Desde 1917 han podido viajar libremente entre su territorio y el continente. Su motivo en migrar a Nueva York y a las
10 otras ciudades del este es básicamente económico y el número que viene tiende a reflejar el estado económico, tanto de la isla, como de los Estados Unidos. Hay años en que más personas vuelven a la isla y otros en que más vienen al continente.
15   Su experiencia en el país no ha sido muy buena. Probablemente constituyen uno de los grupos más pobres de la nación. Frecuentemente son personas del campo tropical de la isla y al encontrarse en el norte —urbano, industrializado y frío— se sienten bastan-
20 te desorientadas. No poseen las capacidades necesarias para encontrar buenos puestos y se resignan a las tareas más básicas. Tal vez a causa de su posición económica tampoco han podido ejercer el poder político que sus números merecen.
25   Al fin, sin embargo, debe haber alguna atracción fuerte porque de todos los grupos hispánicos en los Estados Unidos, éste es el único que puede volver fácilmente a su tierra si así lo quiere. Es decir que, por malas que sean sus condiciones en Nueva York,
30 habrán sido peores en la isla.
En los años 70 la inmigración cambió de dirección y hubo más puertorriqueños que volvieron a la isla de los que vinieron al continente. Esto ha creado ciertos problemas culturales. Las familias que han
35 pasado algún tiempo en Nueva York u otra gran ciudad estadounidense han cambiado parte de su propio «estilo de vida» y algunas de sus costumbres. Además, han adquirido ciertas capacidades nuevas que los ponen a la cabeza de aquellos que buscan

se vieron   *found themselves*

capacidades   *skills*

merecen   *deserve*

40 trabajo. Esto puede causar reacciones negativas entre
los que nunca han dejado la isla.

El tercer grupo hispánico de importancia lo constituyen los cubanos que vinieron a los Estados Unidos
cuando Fidel Castro formó un gobierno marxista y
45 comenzó a hacerles la vida difícil a las personas que
habían tenido una posición importante en el campo
económico, político o social antes de la revolución.
Estas personas fueron aceptadas en los Estados
Unidos como refugiados políticos durante la década   refugiados *refugees*
50 de los 60.

Vinieron principalmente a vivir en el sur de la
Florida. En muchos casos ya habían visitado antes la
región y algunos tenían en el área parientes que habían salido de Cuba en épocas anteriores.
55 Hay unas diferencias profundas en el caso de los
cubanos —eran principalmente de la clase media o alta
en Cuba. En el caso de los inmigrantes tradicionales la
mayoría de los que inmigran son de los grupos más
pobres y menos capacitados, pero los cubanos eran
60 gente educada (y frecuentemente habían estudiado en
los Estados Unidos) —profesionales, abogados, médicos, ingenieros, etcétera. Aunque en muchos casos no
pudieron practicar inmediatamente su antigua profesión, eran personas acostumbradas a prepararse y
65 pudieron aprender otra. Tal vez debido a una ideología
común las comunidades cubanas han podido aprovechar su influencia política, especialmente en las relaciones entre los Estados Unidos y Cuba. Todo esto
explica por qué los cubanos han tenido mucho más
70 éxito económico y social en su nueva patria y se
encuentran hoy en todas partes del país en puestos
altos de la banca, de los negocios y de la educación.

Los cubanos vivían en relativa paz hasta la llega-
da del último barco lleno de presos de las cárceles   barco *boat*
75 cubanas. Algunos eran presos políticos, pero otros   presos *prisoners*
eran sencillamente criminales —a veces violentos.
Este grupo ha comenzado a causar problemas, tanto
para la comunidad cubana como para el resto de la
sociedad con acciones, como los recientes tumultos en
80 las cárceles.

Debido a los problemas políticos centroamericanos, el número de refugiados de esa región crece dia-
riamente. También, a causa de la economía pésima de   pésima *very bad*
México, el número de inmigrantes mexicanos sin

85 documentos sigue aumentando, a pesar de las tentativas de fines de la década de los 1980 de normalizar el estado de muchos de los indocumentados. Se puede esperar que las nuevas relaciones económicas entre los dos países mejore esa situación.

90 Con todo esto, es fácil entender que la minoría hispánica promete ser la minoría más numerosa para el siglo XXI, o tal vez antes. Es obvio que la cultura hispánica, cuya presencia se ha hecho sentir desde la independencia, seguirá siendo un elemento impor-
95 tante en la población de los Estados Unidos en el futuro.

COMPRENSIÓN

A. Responda según el texto.

1. ¿Quiénes son los dos otros grupos grandes de hispanos en los Estados Unidos?
2. ¿Cómo llegaron los puertorriqueños a ser ciudadanos estadounidenses?
3. ¿Por qué algunas veces emigran más al continente y otras veces a la isla?
4. ¿Cuáles pueden ser los problemas de las familias que vuelven a la isla?
5. ¿Cuándo y por qué vinieron la mayoría de los cubanos a los Estados Unidos?
6. ¿Quiénes eran ellos principalmente?
7. ¿Cuál ha sido la diferencia mayor entre ellos y los inmigrantes tradicionales? Explique.
8. ¿De qué otras partes vienen inmigrantes hispánicos? ¿Por qué?

B. Responda a las siguientes preguntas.

1. Si Ud. fuera a vivir en otro país, ¿cómo cambiaría su vida?
2. ¿Cuántos nombres de hispanos notables en los Estados Unidos puede Ud. mencionar?
3. ¿Ha visitado Ud. el Caribe alguna vez? ¿Qué países ha visitado? ¿Cuándo? Si no los ha visitado, ¿quisiera hacerlo?

VIDEOMUNDO

Mire los segmentos y responda a las preguntas siguientes.

A. La creciente influencia hispánica en los EE.UU. Los hispanos en Washington: Henry Cisneros (1:41:59)

1. ¿Cuáles son algunos de los aspectos del ambiente latino según el secretario?
2. ¿Cuántas elecciones más faltan para que haya candidatos hispanos para la presidencia según él?

B. Algunas equivocaciones culturales (1:46:29)

¿Qué error mencionan más los comentaristas?

C. Carlos Santana y el Centro Cultural de la Misión (1:56:18)

¿Cuáles son algunas actividades que tienen en el Centro Cultural?

D. Radiolandia (1:59:30)

1. ¿Qué noticias ofrecen en esta emisora de radio? ¿Cómo consiguen las noticias?
2. ¿Cuál es la música más popular hoy, y de dónde viene?

E. Alfredo Estrada y la revista *Hispanic* (2:04:20)

1. ¿De dónde es el Sr. Estrada y dónde se crió?
2. ¿Cómo quiere la revista tratar la diversidad de la comunidad hispana?

PRÁCTICA

I. Ejercicios de vocabulario

A. Dé dos palabras relacionadas.

Modelo tierra *territorio terreno*

1. poblar   _____   _____
2. migración   _____   _____
3. incorporar   _____   _____
4. adaptar   _____   _____
5. obrar   _____   _____

B. Indique los sinónimos.

1. sueldo   a. declarar
2. destino   b. afición
3. proclamar   c. letrero
4. adherentes   d. guerrero
5. cartel   e. exigir

6. bienes   f. salario
7. reclamar   g. aumentar
8. ampliar   h. miembros
9. belicoso   i. propiedad
10. inclinación   j. suerte

C. Complete con una palabra relacionada a la palabra entre paréntesis.

1. (incluir) Es común la _____ de palabras españolas en el inglés.
2. (geografía) Hay cinco regiones _____.
3. (espíritu) Formularon el Plan _____ de Aztlán.
4. (ganado) Estimularon la industria _____.
5. (frontera) Poblaron las provincias _____ de la región.
6. (folklore) Han hecho estudios _____.
7. (por ciento) Hay un gran _____ de personas desempleadas.
8. (oscuro) La palabra «mexicano» _____ la nacionalidad estadounidense de la persona.

II. Puntos de contraste cultural

1. ¿Cree Ud. que se le debe exigir a la gente de habla hispana en los Estados Unidos la misma actitud que se les exige a otros inmigrantes?
2. ¿Por qué existe tanto intercambio lingüístico en la frontera entre dos culturas?
3. El relativo aislamiento de la región de Santa Fe desde el siglo XVII ayudó a impedir el desarrollo de la lengua. ¿Sabe Ud. de alguna región de los Estados Unidos donde haya ocurrido algo semejante con el inglés?
4. ¿Cree Ud. que se debe observar hoy día el derecho a la tierra que tuvo su origen en las mercedes reales del siglo XVII?

III. Debate

Los Estados Unidos tenían el derecho de aumentar su territorio en el siglo XIX aunque tuvieran que quitarles la tierra a otras personas como a los hispanos y a los indios.

IV. El arte de escribir: repaso

Escriba una composición exponiendo sus opiniones sobre si existe o no la discriminación en los Estados Unidos hoy día. Trate de convencer al lector de su posición.

V. Las noticias

Lea estos artículos y prepárese para comentarlos con los compañeros de clase.

EDITORIALES ESPAÑOLAS SE LANZAN A LA CONQUISTA DE LOS LECTORES HISPANOS EN ESTADOS UNIDOS

Las grandes librerías norteamericanas tendrán que dejar, a partir de ahora, un espacio, un rinconcito todavía, para las ediciones de libros en español en Estados Unidos, la expresión literaria de una comunidad de más de 25 millones de personas de incontenible influencia en este país. La venta de 70.000 ejemplares de Como agua para chocolate, *de Laura Esquivel, el libro en español que ha batido todos los récords de ventas en ese país, fue el pistoletazo de salida para las editoriales españolas. Alfaguara y Planeta... ya han empezado el desembarco norteamericano.*

El objetivo de ese proyecto es poner en el mercado norteamericano una media de 36 títulos al año en español de los principales escritores en esa lengua, mayormente contemporáneos.

«Creo que es un hecho revolucionario que va a tener un efecto enorme sobre la presencia de un grupo cultural de primer orden, como es el grupo hispanoparlante, dentro de una sociedad que va a tener que acostumbrarse a que dentro de su territorio hay culturas que no se pueden derretir. Siempre se ha hablado aquí del melting pot; pues bien, los unmeltible han llegado, y son los que hablamos español», afirmó Carlos Fuentes.

Esa comunidad inderretible es hoy, además, un grupo con influencia política en muchos estados del país, con poder económico y la de más alta tasa de crecimiento de todo Estados Unidos, donde será la primera minoría dentro de 25 o 30 años.

Alimentar culturalmente a esa hambrienta comunidad es, desde luego, el objetivo primero de este desembarco editorial.

El País Internacional (Madrid)

---

se lanzan   *launch into*

rinconcito   *little corner*

incontenible   *unstoppable*

ha batido   *has broken*

pistoletazo de salida   *shot from the starting pistol*

desembarco   *landing*

hispanoparlante   *Spanish-speaking*

derretir   *melt*

tasa de crecimiento   *growth rate*

Alimentar   *To feed /*
hambrienta   *hungry*

Fuentes denuncia una ola xenófoba

En la presentación de la colección de Alfaguara
y Vintage, el escritor mexicano Carlos Fuentes
denunció una ola de xenofobia y racismo contra
los emigrantes, particularmente los de origen
40 *hispano, en Estados Unidos... Denunció que*
«estamos... ante juegos políticos, ante demago-
gias, ante movimientos aislacionistas, funda-
mentalistas de derechas que, desgraciadamente,
atizan actitudes fascistas, persecutorias, racistas
45 *y xenófobas». La expresión más clara de ello es*
la Proposición 187, la ley aprobada... en
California para privar de servicios públicos los
emigrantes. «La Proposición 187», afirmó
Fuentes, «es una aberración desde cualquier
50 *punto a que se le vea. Crea un ánimo de repre-*
sión en este país, de macartismo, de espíritu
fascista, de denuncia. Los emigrantes son traba-
jadores, no criminales.»

El País Internacional (Madrid)

ola de xenofobia
  xenophobic wave
  (opposition to anything
  foreign)

aislacionistas *isolationist*

atizan *stir up /*
  persecutorias
  persecuting

privar *deprive*

ánimo *spirit*
macartismo *McCarthyism*

VI. Situación

Imagínese que Ud. es nativo(a) del planeta Marte y acaba de inmigrar a la tierra por razones económicas. ¿Cuáles son las cosas que tendría que hacer al llegar aquí? ¿Cómo van a reaccionar los terrestres al hecho de que Ud. es de color
verde claro y que mide tres metros y pico? ¿Qué les va a responder? ¿Cuáles
van a ser sus mayores problemas?

Vocabulario

This vocabulary does not include Spanish words that are exact cognates of English ones. The gender of nouns is listed except masculine nouns ending in **-o** and feminine nouns ending in **-a, -dad, -tad, -tud,** or **-ión.** Adverbs ending in **-mente** are not listed if the adjectives from which they are derived are included.

Abbreviations

adj adjective
adv adverb
Am American
f feminine
fig figurative
m masculine
n noun

part participle
pl plural
pret preterite
pron pronoun
refl reflexive
subj subjunctive

A

abajo below
abandonar to abandon
abarcar to include, comprise
aberración aberration
abertura opening
abierto,-a open; opened
abismo abyss
abogado,-a attorney, advocate
abolir to abolish
abonar to pay
abono season ticket; monthly pass
abrir to open
abrumador,-a overwhelming, wearying
absoluto,-a absolute
absorber to absorb
abstracción abstraction
abstracto,-a abstract

abuela grandmother
abuelo grandfather; **los abuelos** grandparents
abundancia abundance, plenty
abundante abundant, plentiful
abundar to abound, be plentiful
aburrido,-a bored; boring
abusar to abuse
abuso abuse
acabar to end up; **acabar de** to have just
académico,-a academic
acariciar to caress
acceder to accede, give in; to have access to; to reach
accesibilidad accessibility
accesible accessible
acceso access
acción action; act; stock
aceite oil

213

acelerar to speed up, accelerate

aceptar to accept, admit

acerca de about, regarding

acercamiento bringing near

acercarse to approach

acierto good idea

aclarar to clarify

acompañar to accompany; to go along

acontecer to happen, occur

acontecimiento event, occurrence

acorazado battleship

acortar to shorten, cut short

acostar (ue) to put to bed

acostumbrado,-a accustomed; customary

acostumbrarse (a) to be used to; to customarily (+ verb); to become accustomed to

actitud attitude

actividad activity

activo,-a active

acto act; action

actriz _f_ actress

actual current, present, contemporary

actualidad current time, the present

actuar to act, act as

acueducto aqueduct

acuerdo accord; **de acuerdo a** according to; **de acuerdo con** in agreement with; **estar de acuerdo** to be in agreement; **ponerse de acuerdo** to reach an agreement

acumulación accumulation

acumular to accumulate

acusar to accuse, blame

adaptarse to become adapted, adapt

adecuado,-a adequate

adelante ahead; **más adelante** later on

además moreover, besides, in addition; **además de** in addition to

adepto,-a initiate, adept, member

adherente _m_ or _f_ supporter, adherent

adherir (ie) to be a member of

adhesión support, belief in

administrar to administer, run

administrativo,-a administrative

admirable wonderful, awesome

admitir to admit; to allow; to accept

adobe _m_ adobe (brick made of clay and straw)

adoptar to adopt, take up

adorar to worship

adorno decoration, adornment

adquirir (ie) to acquire

adquisición acquisition

aduana customhouse; customs

adueñarse to take over, acquire

adulto,-a _n_ and _adj_ adult

advertencia warning

advertirse (ie) to be noted

aéreo,-a _adj_ air

aeropuerto airport

afectar to affect

afición inclination; fondness; taste

afiliarse to join

afinidad affinity, resemblance

afirmación assertion, affirmation

afirmar to affirm, assert

africano,-a African

afuera _adv_ outside

afueras _f pl_ outskirts

agencia agency, bureau

agotar to exhaust, dry up, run out

agrario,-a agrarian, agricultural

agravarse to become worse

agresión aggression

agresivo,-a aggressive

agrícola _adj m_ or _f_ agricultural

aguardiente _m_ brandy, liqour

águila eagle

ahogado,-a drowned person

ahorrar to save (as money)

aire *m* air; **al aire libre** outside, in the open air; **aire acondicionado** air conditioning

aislacionista *m* or *f* isolationist

aislado,-a isolated

aislamiento isolation

ajedrez *m* chess

ajuste *m* adjustment

alarmado,-a alarmed

albergar to be home to

alcachofa artichoke

alcalde *m* mayor

alcanfor *m* camphor

alcanzar to reach; to achieve; to gain; to catch up with

alcázar *m* castle; fortress

alcoba bedroom, alcove

alegar to allege, claim, put forward

alejarse to move away, leave

alemán,-ana *n* and *adj* German

alentar (ie) to encourage, inspire

alevosía treachery

alfabetismo literacy

alfabeto alphabet

alfombra carpet

alfombrar to carpet

algo something; *adv* somewhat

algodón *m* cotton

alguien *pron* someone

alguno,-a someone; **algunos,-as** some

aliado,-a *adj* allied; *n* ally

alianza alliance

aliarse to side with, ally with

aliento vigor, activity, breathing

alimentar to feed

alimento food, nourishment

aliviar to alleviate, lessen

alma soul, spirit

almacén *m* department store; warehouse

almirante *m* admiral

almohada pillow, cushion

almuerzo lunch

alpinismo mountain climbing, hiking

alquimia alchemy

alrededor (de) around

alternativa *n* alternative

alto,-a high, tall

altura altitude, height

alumno,-a pupil, student

alusión allusion

alza rise (in price)

allegado *m* having arrived

allí there, over there

amante *m* or *f* lover, mistress

amar to love

amarillo,-a yellow

ambiente *m* environment; atmosphere

ambigüedad ambiguity

ambos,-as both

ambulante *adj m* or *f* walking, strolling

amenaza threat

amenazar to threaten

ametrallar to machine gun

amistad friendship

amo,-a master, mistress

amontonamiento crowding

amor *m* love

amoroso,-a amorous

amparo shelter

ampliado,-a widened, broadened, enlarged

ampliar to widen, broaden, enlarge

Anáhuac *m* Aztec name for valley around Mexico City

anciano,-a old, elderly

ancho,-a wide

andaluz,-a of or from Andalucía; Andalusian

andino,-a Andean

anécdota anecdote, story

anexar to annex

anexión annexation

anglicismo Anglicism, word borrowed from English

anglo,-a person of English descent

anglosajón,-ona Anglo Saxon

ángulo angle

anhelo desire, eagerness

animar to stimulate, encourage

ánimo spirit

anonimidad anonymity

anónimo,-a anonymous

antagónico,-a antagonistic, contrary

ante before, in the presence of

antemano: de antemano beforehand

antepasado,-a ancestor, predecessor

anterior previous, preceding; former

antes (de) before, earlier; **antes que** before, rather than

anticipar to anticipate, expect

anticomunista *m* or *f* anticommunist

antiguo,-a old, ancient, antique; former, prior

antropología anthropology

antropólogo,-a anthropologist

anualmente annually

anunciar to announce

anuncio announcement, advertisement

añadir to add

año year

aparato apparatus, machine

aparecer to appear

aparentemente apparently

aparición appearance; apparition, vision

apariencia appearance

apartado,-a distant; separated

apartamento apartment

aparte *adv* separate

apegado,-a close

apellido surname, family name

apenas barely, hardly, just, only

apertura opening

apetito appetite

aplicar to apply

apoderarse to take control

aportación contribution

aportar to contribute, add

apoyar to support, uphold, aid

apoyo support, aid

aprecio appreciation

aprender to learn

apresar to take prisoner

aprobación approval

aprobar (ue) to approve; to pass (a course, etc.)

apropiado,-a appropriate

aprovechar(se) (de) to take advantage of

apuntar to point out

aquel, aquella that; **aquellos, -as** those

aquí here

árabe *m* or *f* Arabic; *n* Arab

arabesco,-a arabesque

arábigo,-a *adj* Arabic, Arabian

arbitrario,-a arbitrary

árbol *m* tree

área region, area

arenal *m* sandy ground

argentino,-a Argentinean

argumentar to sustain, defend

argumento basis; argument, reasoning

árido,-a arid, dry, barren

arma weapon; *pl* arms

armado,-a armed

arqueólogo,-a archaeologist

arquitecto,-a architect

arquitectura architecture

arraigado,-a rooted, deep seated

arrastrar to carry

arrepentirse (ie) to repent

arriba above, up
arriesgar to risk
arrogancia arrogance
arrogante arrogant
arroyo stream, brook
arte *m* or *f* art; skill
artículo article
artimaña trick
artista *m* or *f* artist
artístico,-a artistic
asamblea assembly
ascendencia origin, ancestry
ascendente ascending
ascender (ie) to rise to
asegurar to assure; **asegurarse**
  to make sure of; to satisfy oneself
asemejarse to be similar
asentar (ie) to place, seat; *refl*
  to settle
asesinar to murder
asesinato murder
asesino,-a murderer
asesoramiento advising; consulting, tutoring
así thus, in this manner, so, that
  way; **así que** therefore
asiático,-a Asian
asignatura (school) subject
asilo asylum
asimilar to assimilate, incorporate
asistencia attendance
asistente *m* or *f* one who
  attends
asistir (a) to attend
asociación association
asociado,-a associated
asociarse to associate, be related
asombrado,-a surprised
asombro awe, wonder
asonada demonstration
aspecto aspect, look
aspirar to aspire
astrología astrology
astronomía astronomy

astronómico,-a astronomical
asumir to assume, take upon
  oneself
asunto matter, subject, affair
asustar to scare, startle
atacar to attack
ataque *m* attack
ataúd *m* coffin
Atenas Athens
atención attention
atender (ie) to attend to
atendiendo in response to
atentado attack
atentar to attack
atizar to stir up
atmosférico,-a atmospheric
atracción attraction
atractivo,-a attractive; *n m*
  attraction
atraer to attract
atrajo *pret of* **atraer**
atravésde across, through
atreverse to dare
atribuir to attribute
atributo attribute, characteristic
atrocidad atrocity
aumentar to increase, augment,
  grow
aumento increase, growth
aun even
aún still, yet
aunque although, even though
ausencia absence
auspiciar to sponsor
austeridad austerity
autocrático,-a autocratical
automotor *m* automobile
automotriz automotive
autonomía autonomy, independence
autonómico,-a of an
  autonomous region (in Spain)
autónomo,-a autonomous
autor,-a author

autoridad authority; *pl* officials

autoritario,-a authoritarian

autorización authorization, permission

autorizar to authorize, permit

avance *m* advance

avanzado,-a advanced

ave *f* bird

avenida avenue

aventura adventure

averiguar to find out

ayer *m* yesterday

ayllus *Quechua* Incan community

aymará *m* Aymara

ayuda help, aid

ayudante *m or f* assistant, helper; *adj m or f* helping

ayudar to help, aid, assist

azar *m* chance; **al azar** at random

azteca *m or f* Aztec (Indian)

Aztlán *m* legendary place of origin of the Aztecs—sometimes thought to be the southwestern U.S.

azúcar *m or f* sugar

azucarero,-a relating to sugar

azucena white lily

azufre *m* sulphur

azul blue, azure

azulado,-a colored blue

azulejo glazed tile

B

bachiller *m or f* bachelor (holder of degree)

bachillerato bachelor's degree

bahía bay

baile *m* dance

baja fall (in price)

bajar to descend, go down, lower

bajo,-a low; **bajo** *adv* beneath, under

bananera pertaining to bananas

banano banana

bancario,-a relating to banking; financial

banco bank, financial institution; bench

banda band (music)

bandido bandit

barato,-a inexpensive, cheap

barba beard

barbarie *f* barbarousness; ignorance

barril *m* barrel

barrio neighborhood, section or district of a city

basarse (en) to be based on

base *f* base, basis

básico,-a basic, fundamental

bastante *m or f* enough, sufficient; *adv* quite, rather

baste it's enough

batalla battle

batir to break (e.g., a record)

bautismo baptism

bautizado,-a baptized

beber to drink

bebida drink

belicoso,-a warlike, bellicose

belleza beauty

bello,-a beautiful, pretty

beneficiar to benefit

beneficio benefit

benévolo,-a benevolent, beneficial

betabel *m* beet

biblioteca library

bicicleta bicycle

bien well; **más bien** rather; **los bienes** wealth, goods

bienestar *m* well-being

bilingüe bilingual

billón *m* billion

biodiversidad biodiversity

blanco,-a white; *n m* target

bloque *m* block

boca mouth

bocanada   mouthful

boda   wedding

bomba   bomb

bombazo   bomb blast

bondad   goodness, good quality

bono   bond

bosque   *m*   forest, woods

botánica   botany; **botánico,-a**
adj   botanical

bravo,-a   wild, savage

brecas   *n f pl dialect*   brakes

brecha   breach, gap

breve   brief; **en breve plazo**
shortly

brillante   brilliant, shining

brillar   to shine

brillo   shine, brilliance

brote   *m*   outbreak, bud

buen, bueno,-a   good; **bueno**
interjection   well

burguesía   bourgeoisie

burlarse (de)   to mock, laugh at

burocracia   bureaucracy

burro   donkey

busca   search; **en busca de**   in
search of

buscar   to look for, seek, try to

búsqueda   search

C

cabeza   head

cabo   end; **llevar a cabo**   to
carry out, complete

cada   *adj*   each, every; **cada vez
más**   more and more

cadáver   *m*   corpse, dead body

caer   to fall

café   *m*   coffee; café

caída   fall; downfall

calabozo   dungeon, jail

calar   to catch on

calavera   skull

calcular   to calculate, figure

caldo   broth; **caldo de cultura**
culture medium

calefacción   heater

calendario   almanac, calendar

calidad   quality

cálido,-a   hot, tropical

califa   *m*   caliph, Moslem ruler

calificar   to grade (exams, etc.)

calor   *m*   heat, warmth

callar(se)   to be quiet, shut up

calle   *f*   street

callejero,-a   *adj*   street

cama   bed

cambiar   to change; to exchange

cambio   change; **a cambio de**
in exchange for; **en cambio**   on
the other hand; **libre cambio**
free trade

caminante   *m* or *f*   walker, traveller

caminar   to walk, travel, go

camino   road, street, way

camión   *m*   truck; *Mexico* bus

campaña   campaign; countryside

campesino,-a   *n* or *adj*   peasant,
rural

campestre   *adj m* or *f*   rural,
country

campo   country, field; campus

canalizado,-a   channeled

canción   song

candidato,-a   candidate

canoa   canoe

canonizado,-a   canonized, admit-
ted to sainthood

cansarse   to become tired

cantar   *m*   song

cantar   to sing

cantidad   quantity

caña   sugar cane

cáñamo   hemp

cañón   *m*   canyon

capacidad   capacity; ability

capita: per capita   per person

capital   *m*   capital, money;
f   capital city

capitalino,-a   from the capital

capitalista *m or f* capitalist
capítulo chapter
cara face; side
carácter *m* character, nature
característico,-a *adj* characteristic; *n f* trait
caracterizar to characterize
carbono carbon
cárcel *f* jail
carga load, burden
cargar to carry; to load; to charge
Caribe *m* the Caribbean
caridad charity
cariño affection
carisma *m* charisma, personal
magnetism
carismático,-a charismatic
carnaval *m* carnival, esp. the
week before Lent, Mardi Gras
carne *f* meat, flesh
carnicería meat market
caro,-a expensive, dear
carrera career; race; course
carta letter; decree
cartel *m* poster
casa house; home; firm
casado,-a married
casarse to marry, get married
casero,-a *adj* home
casi almost, nearly
caso case, occurrence
castellano,-a Castilian;
n m Spanish language
castidad chastity
castigo punishment
castillo castle
cataclismo disaster, cataclysm
catalán,-ana Catalonian; *n m*
the language of Catalonia
catástrofe *f* catastrophe
catedral *f* cathedral
catedrático professor
categoría category; status, rank
catolicismo Catholicism

católico,-a Catholic
caudal *m* abundance; volume
of water
caudaloso,-a abundant, volumi-
nous
causa cause, movement; **a causa
de** because of
causar to cause
cautivo,-a captive
cayera *past subj of* **caer**
ceder to cede, turn over; to give in
celebrar to celebrate; to praise
celestial heavenly, celestial
celo zeal
celtíbero,-a Celtiberian
cementerio cemetery, graveyard
cena dinner, supper
cenar to eat dinner
ceniza ash; *pl* ashes
censo census
censurar to censure; to criticize
centenar *m* hundred; *pl*
hundreds
centenario centenary, 100th
anniversary
céntrico,-a centrally located
centro center; downtown; middle;
headquarters
Centroamérica Central
America—the region from
Guatemala to Panama
cerámica ceramics
cerca (de) nearly, close to; **de
cerca** closely, close
cercano,-a nearby
cercar to fence in
cerebro brain
ceremonia ceremony
cero zero
cerrar (ie) to close, shut
certificado certificate
ciclo cycle
cielo sky, heaven
ciencia science

científico,-a   scientific

ciento   hundred; **por ciento**
  per cent

cierto,-a   certain, sure, a certain;
  es cierto   it is true; **lo cierto**
  the truth

cifra   number; cipher

cimientos   *pl*   foundation

cine   *m*   movies, movie theater

cinismo   cynicism

cinturón   *m*   belt

circo   circus

circular   to circulate

círculo   circle

circunstancia   circumstance

cirugía   surgery

cita   date, appointment; quote

citado,-a   cited

citar   to cite, quote

ciudad   city

ciudadano,-a   citizen

cívico,-a   civic, civil

civilizado,-a   civilized

clandestinamente   secretly

clarividencia   clairvoyance

claro,-a   clear; light (color); **claro
  que**   of course

clase   *f*   class, type, kind

clásico,-a   classic, classical

clasificar   to classify, characterize

clavar   to plunge (a knife, sword,
  etc.)

clave   *f*   key (to a map, puzzle,
  etc.)

clero   clergy, clergyman

cliente   *m* or *f*   customer

clima   *m*   climate

coalición   coalition

cocer (ue)   to cook

cocina   kitchen

coche   *m*   car, automobile

códice   *m*   codex; an original
  manuscript

coexistencia   coexistence

coexistir   to coexist

cohabitar   to cohabit, live together

coincidir   to coincide, happen
  simultaneously

colección   collection

colectivo,-a   shared; collective;
  n m   fixed route taxi or bus

colega   *m* or *f*   colleague, cohort

colegio   secondary school

cólera   *m*   cholera

colibrí   *m*   hummingbird

colocar   to place, locate

colombiano,-a   Colombian

colombino,-a   of or belonging to
  Columbus; **precolombino,-a**
  before the arrival of Columbus

Colón   Columbus

colonia   colony

colonización   colonization, settlement

colonizar   to colonize, take or settle colonies

colono   colonist, settler

color   *m*   color

colorado,-a   *adj*   red

coloso   colossus, giant

columna   column

comandante   *m* or *f*   commander

combate   *m*   combat

combatir   to fight

combinar   to combine, join

comentarista   *m* or *f*   commen-
  tator

comenzar (ie)   to begin, start

comer   to eat

comercio   commerce, business

comestible   *m*   foodstuff, edible
  substance

cometer   to commit

comida   food; meal

comisaría   police station

comisión   commission

como   as, like, about; **¿cómo?**
  how? what?

comodidad comfort
cómodo,-a comfortable
compañero,-a companion, comrade
compañía company
comparación comparison
comparar to compare
compartir to share; to divide
compatibilizar to come together
competencia competition
competir (i) to compete
competitivo,-a competitive
complejidad complexity
complejo,-a complex, complicated
completar to complete
completo,-a complete, whole
complicado,-a complicated
componer to compose, make up; to fix
comportarse to behave oneself, act
compra purchase
comprar to buy, purchase
comprender to understand
comprendido,-a included
comprensión comprehension, understanding
comprobar (ue) to prove, verify
comprometer to compromise; to commit
compromiso commitment
compuesto,-a composed
común common, ordinary, customary
comunal communal
comunidad community; commonness
comunismo communism
comunista *m or f* communist
comunitario,-a from a community or the European Community
concebir (i) to conceive
conceder to concede
concentración concentration
concentrar to concentrate
concepto concept

concesión concession, grant
conciencia conscience; consciousness
concierto concert; agreement
concluirse to conclude, come to an end
concha seashell, shell
condecorar to decorate (with a medal)
condenar to condemn
condominio condominium
conducir to conduct, lead
conducta conduct, behavior
condujo *pret of* **conducir**
conectar to connect, join
conferencia meeting, lecture
confesar (ie) to confess, admit
confianza confidence, trust
confiar to confide
conflicto conflict, struggle
confundir to confuse, confound
congestionado,-a congested, crowded
congregación congregation, group
congreso congress
conjunto,-a *adj* joint; **conjunto** *n* group, system, aggregate
conjurar to ward off
conmoción unrest
cono cone
conocer to know, be acquainted with
conocido,-a known, well-known
conocimiento knowledge, skill
conquista conquest, conquering
conquistador,-a conqueror; *adj* conquering
conquistar to conquer, subdue
consagrar to consecrate, hallow, dedicate
consciente conscious, aware
consecuencia consequence
conseguir (i) to attain, get, obtain, succeed in
consejero,-a adviser, counselor
consejo advice

consentir (ie)   to consent, agree
conservador,-a   conservative
conservar   to conserve, preserve
considerar   to consider, think over
consignado,-a   recorded
consignar   to record; to set (write) down
consistir   to consist, be made up of
consolador,-a   consoling
consolar (ue)   to console
consolidar   to consolidate
constante   *n f* constant;   *adj m* or *f* constant, continual
constar   to consist of
constituir   to constitute, make up
construcción   construction
constructor,-ra   builder
construir   to build, construct
consuelo   consolation
consulta   consultation
consultar   to consult
consumidor,-a   consumer
consumir   to consume
consumo   consumption
contabilizar   to account for
contacto   contact
contaminación   pollution
contaminado,-a   contaminated
contar (ue)   to count; to relate;   **contar con**   to depend on, rely on; to have use of
contemporáneo,-a   contemporary, current
contener (ie)   to contain
contenido   *n* contents
contestar   to answer, respond
contexto   context
contiguo,-a   adjoining
continente   *m* continent
continuar   to continue
continuo,-a   continuous
contra   against
contrabandista   *m* or *f* smuggler
contrabando   contraband, smuggled goods
contracara   other side

contraer   to contract; to acquire
contrario,-a   contrary, opposed
Contrarreforma   Counter-Reformation
contrastar   to contrast, distinguish
contraste   *m* contrast, difference
contratar   to make a contract
contribución   contribution
contribuir   to contribute
contribuyente   *m* or *f* contributor
control   *m* control
controlar   to control, dominate
conurbado,-a   urbanized
convencer   to convince
convenio   agreement, compact
convenir (ie)   to suit, fit
convertir (ie)   to convert, change
convivencia   act of living together
convivir   to live together
convocar   to convoke
cooperación   cooperation
cooperar   to cooperate, join in
coordinar   to coordinate
copla   couplet, verse
corajudo,-a   courageous, brave
corazón   *m* heart; nerve center
corolario   corollary
corona   crown; monarch
corral   *m* corral, yard
corregir (i)   to correct
corresponder   to correspond, fit
correspondiente   *m* or *f* corresponding
corrida   bullfight
corriente   *f* current;   *adj m* or *f* common, current
corrupción   corruption
cortar   to cut
corte   *f* royal court
cosa   thing; matter, affair
cosecha   crop, harvest
cosmopolita   *n m* or *f* cosmopolite;   *adj* cosmopolitan

costa coast
costar (ue) to cost
coste *m* cost (in money)
costo cost
costumbre *f* custom, habit, tradition
cotidiano,-a everyday, daily
cráneo skull
creación creation
creador,-a creator
crear to create
crecer to grow, increase
creciente *adj* growing
crecimiento growth
crédito credit
creencia belief
creer to believe
cría raising, breeding, rearing
criar to raise (a crop, a child, etc.)
crimen *m* crime
criollo,-a Creole, person born in the colonies of Spanish parents
cristianización conversion to Christianity
cristianizar to convert to Christianity
criterio criterion, opinion
crítica criticism
criticar to criticize
crítico,-a critic
crónico,-a chronic
cronista *m or f* chronicler, historian
cruce *m* intersection
cruz *f* cross
cruzada crusade
cuadrado,-a square
cual which, as, like; **el (la) cual** the one who, who; **¿cuál?** which? which one? what?
cualquier,-a *adj or pron* any, whichever, any one
cuando when, whenever; **¿cuándo?** when?
cuanto,-a as much as; *pl* as many as; **¿cuánto?** how much?,

pl how many?; **en cuanto a** regarding
cuaresma Lent
cuarto room; **cuarto,-a** *adj* fourth
cubrir to cover
cuchillo knife
cuenta account; **darse cuenta de** to realize; **por su cuenta** on one's own; **tener en cuenta** to keep in mind
cuentista *m or f* writer of short stories
cuento story, short story
cuerpo body; group, corps
cuestión matter, subject, question
cuidado care, caution
cuidadoso,-a careful, cautious
cuidar to care for, take care of
culminar to complete
culpa blame, fault
culpable *adj* guilty
culpar to blame, place guilt
cultivación cultivation
cultivar to grow, farm, develop
cultivo cultivation, farming
culto,-a cultured, sophisticated; *n m* cult
cultura culture; politeness
cumbre *f* summit, top, height
cumpleaños *m* birthday
cumplir to fulfill, perform, obey
cuna cradle
cuñao *dialect* **cuñado** brother-in-law
cuota fee
cupo quota, maximum number
cúpula top brass
cura *m* priest
curado,-a cured
curiosidad curiosity
curioso,-a curious
cursar to follow a course
curso course; degree requirements
custodia custody

cutáneo,-a   *adj*   skin
cuyo,-a   whose

CH

Chaco   area of jungle around border between Paraguay and Bolivia
chamula   *m* or *f*   Chamula (Indian)
chanza   *dialect*   chance
charla   chat
charlar   to chat
che   *Argentina*   pal, buddy
chicano,-a   word used to refer to person of Mexican heritage in the U.S.
chico,-a   youngster, youth;   *adj* small
chileno,-a   Chilean
chiquito,-a   small child; **re-chiquito,-a**   *adj*   very little
choque   *m*   shock, collision, clash

D

danza   dance (style or type)
dañar   to harm, damage
daño   harm
dar   to give, render
dársena   harbor, dock
datar   to date, set in time; **datar de**   to date from
dato   datum, piece of information
datos   *m pl*   data; **base de datos**   *f*   database
debatir   to debate, discuss
deber   to owe; must, ought;   *n m* debt, duty, obligation
debido (a)   due (to)
débil   weak
debilidad   weakness
década   decade
decadencia   decadence, decay
decaer   to decay
decididamente   decidedly

decidido,-a   decisive
decidir   to decide
decir (i)   to say;   *n m*   saying; **es decir**   that is to say; **querer decir**   to mean
decisión   decision
decisivo,-a   decisive
declaración   declaration
declarar   to declare
decorado   decoration, adornment
decorativo,-a   decorative
decretar   to decree
dedicar   to dedicate
deducir   to deduce
defecto   defect
defender   to defend
defensa   defense
deficiencia   deficiency
definición   definition
definir   to define, outline
defunción   death, demise
dejar   to leave, permit, let
delante   ahead, in front; **por delante**   in front of
delictivo,-a   criminal
delito   crime
demagogia   demagoguery
demanda   demand
demandar   to demand
demás: lo demás   the rest
demasiado   *adv*   too, too much; **demasiado,-a**   *adj*   too much
demócrata   *m* or *f*   democrat
democrático,-a   democratic
demografía   demographics, study of population
demográfico,-a   demographic
demostrar (ue)   to demonstrate, show
denominar   to call, give a name to
densidad   density
dentro (de)   in, into, inside (of)
denunciar   denounce
dependencia   dependence

depender (de) to depend (on)

deponer to depose; to lay down arms

deporte *m* sport

depositar to deposit

depósito deposit

deprimido,-a depressed

derechas: de derechas rightist

derecho legal right, privilege, law

derivar to derive, trace (from the origin)

derretir to melt

derribar to overthrow, tumble, tear down

derrocamiento overthrow

derrocar to overthrow

derrota defeat

derrotar to defeat

desacostumbrar to break of a habit

desacreditado,-a discredited

desafiar to challenge

desafío challenge, duel; struggle

desagradable disagreeable

desalentar (ie) to discourage

desaparecer to disappear

desaprobar (ue) to fail, condemn

desarrollar to develop, improve

desarrollo development, evolution; **en vías de desarrollo** developing

desastre *m* disaster

desastroso,-a disastrous, wretched

descansar to rest

descanso rest

descender (ie) to descend, come from

descendiente *m* or *f* descendent; *adj* descending

descifrar to decipher

desconfianza mistrust, suspicion

desconfiar to mistrust, lack confidence in

desconocido,-a unknown

descontaminación decontamination

descontento discontent, unhappiness

describir to describe

descripción description

descrito *past part of* **describir**

descubierto,-a discovered

descubridor,-a discoverer

descubrimiento discovery

descubrir to discover, find

descuidar to neglect, forget

descuido neglect, lack of care

desde since, from, after; **desde hace** for (a length of time)

deseable desirable

desear to want, desire

desembarco landing

desembocar to lead to

desempleado,-a unemployed

desempleo unemployment

desenfrenado,-a unchecked, wild

desenterrado,-a unearthed, disinterred

desenvolver (ue) to develop

deseo desire, want, wish

desestabilizar to destabilize

desfavorecer to slight, disfavor

desgracia misfortune; **por desgracia** unfortunately

desgraciadamente unfortunately

desierto desert

designado,-a designated, named

designar to designate, name

desigualdad inequality

desilusionarse to become disillusioned

desligar to loosen, untie

desmoronar to break down

desocupar to vacate; to empty

desorganizar to break up, disperse

desorientado,-a disoriented

despectivo,-a pejorative

despertar (ie) to awaken; *refl* to wake up

desplazar to move, displace

desposeído,-a dispossessed

despótico,-a despotic

despreciar to scorn, look down on

después (de) after, afterward

desregulación deregulation

destacado,-a outstanding, prominent

destacar to emphasize; *refl* to stand out, be prominent

destinado,-a destined (for)

destino destiny, future, fortune

destitución discharge

destrucción destruction

destructivo,-a destructive

destruir to destroy

desventaja disadvantage

detalle *m* detail

detención arrest

detener (ie) to detain, stop

determinado,-a specific

determinar to determine

deuda debt

devaluación devaluation

devenir (ie) to become

devolución return

devolver (ue) to return

día *m* day; **de día a día** day by day; **hoy día** nowadays

diablo devil

diario,-a daily; *n m* daily paper

dibujar to draw, sketch

dibujo sketch, drawing

dictador,-ra dictator

dictadura dictatorship

dictar to teach, lecture; to hand down (a sentence)

dicho saying; *past part of* **decir; lo dicho** what was said

diferencia difference

diferir (ie) to differ

difícil *m* or *f* difficult, unlikely

dificultad difficulty

dificultar to make difficult

difunto,-a dead person, deceased one

dignidad dignity

digno,-a worthy

dijo *pret of* **decir**

dilema *m* dilemma, difficult choice

dinamita dynamite

dinero money

dios,-a god, goddess

diplomacia diplomacy

diplomático,-a diplomatic; diplomat

dirección direction; address

directiva directive

directo,-a direct

dirigente *m* or *f* director, leader

dirigir to direct, lead, manage

discoteca discotheque

discriminación discrimination

discriminar to discriminate

discriminatorio,-a discriminatory

disminución decrease

disminuir to diminish, decrease

disponibilidad availability

disponible available

disposición disposition, inclination

dispuesto,-a disposed, ready

disputar to dispute, fight for

distar to be distant

distinción difference; distinction

distinguir to distinguish, differentiate

distinto,-a distinct; different

distribución distribution

distribuir to distribute

diversidad diversity, variety

diversificar to diversify

diversión entertainment, amusement

diverso,-a diverse, various
divertir (ie) to amuse; *refl* to have fun
dividir to divide
divorcio divorce
divulgar to divulge; to popularize
doble *m* double; *adj* twice as much
docena dozen
dócil tame, docile
doctrina doctrine
documento document, paper
dólar *m* dollar (esp. U.S.)
doméstico,-a domestic; **animal doméstico** pet
dominación domination
dominador,-ra dominating
dominancia dominance
dominante dominant, domineering
dominar to dominate
dominio dominion; control, rule
donde where, in which; **¿dónde?** where?
dormido,-a asleep, sleeping
dormirse (ue) to fall asleep
duda doubt
dudoso,-a doubtful
dueño,-a owner, possessor
dulce *adj* sweet
dupla *n* double, dualism
duplicar to duplicate, double
duración duration
durante during
durar to last, go on, endure
duro,-a hard, difficult

E

eclesiástico,-a of or relating to church
ecología ecology
economía economy
económico,-a economic, economical

ecosistema *m* ecosystem
echar: echar el auto encima to run over with a car
edad age
edición edition
edificio building, edifice
editorial *f* publishing house
educar to educate, raise
educativo,-a educational
efectivo,-a effective
efecto effect, result
efectuar to effect, cause to happen
eficacia efficiency
eficaz *m* or *f* efficient
egipcio,-a Egyptian
eje *m* axis; axle
ejemplar *m* specimen, copy (of a book, record, etc.)
ejemplificar to exemplify, serve as an example
ejemplo example; **por ejemplo** for example
ejercer to exercise, practice
ejército army
elaboración working out, elaboration
elaborar to decorate; to work out; to create
elección election; choice
electoral *adj* electoral, election
elegante elegant, luxurious
elegir (i) to elect, choose
elemento element, aspect
elevar to elevate, raise, increase
eliminar to eliminate
elogiar to praise
embarazo pregnancy
embargo: sin embargo nevertheless, however
emergente emerging
emigrante emigrant
emigrar to emigrate, migrate
emisión emission
emisora broadcasting station

emperador *m* emperor
emperatriz *f* empress
empezar (ie) to begin
empleado,-a employee
emplear to hire, employ
empleo job
emprender to undertake, engage in
empresa enterprise, business
empresario,-a businessperson
enajenación alienation
enamorado,-a person in love, lover
encabezar to head, lead
encapuchado,-a hooded
encarcelado,-a jailed, imprisoned
encarcelamiento imprisonment
encender (ie) to light (candle, fire, etc.)
encerrar (ie) to enclose, close up, confine
encima (de) above, on top of; **por encima** over
encomendero,-a holder of an **encomienda**
encomienda Spanish colonial land grant
encontrar (ue) to find, discover; *refl* to find oneself in a state or condition
encuentro encounter, meeting
encuesta survey, poll
endémico,-a endemic
enemigo,-a enemy, opponent
enemistad enmity, hostility, hatred
energía energy
énfasis *m* emphasis, stress
enfermarse to become sick
enfermedad sickness, illness
enfermo,-a ill
enfocar to focus, concentrate
enfrentamiento confrontation
enfrentar to confront, face

engancharse to get hooked
engrandecer to glorify; to make larger or greater
enmendar (ie) to amend
enorgullecer to make proud; *refl* to be proud
enorme enormous
enriquecer to enrich; *refl* to become rich
ensayista *m* or *f* essayist, writer
ensayo essay; rehearsal
enseñanza teaching
enseñar to teach; to show, point out
ensimismamiento turning inward
entender (ie) to understand
entendimiento understanding
entero,-a entire, whole, complete
enterrar (ie) to bury
entidad establishment, place
entierro burial, funeral
entonces then; **hasta entonces** up to that time
entrada entrance; admission; access
entrañas *f pl* innards, insides
entrar to enter
entre between, among; within
entrega: entrega mensual monthly installment
entregar to deliver, hand over
entrenado,-a trained
entrenamiento training
entrevistarse (con) to have an interview (with)
entusiasmarse to become enthusiastic
entusiasmo enthusiasm
envenenado,-a poisoned
envenenamiento poisoning
enviar to send
épico,-a epic, heroic
época epoch, period, age, era
equidad equity

equilibrado,-a balanced
equilibrio balance
equipaje *m* luggage
equipo equipment
equivalente equivalent, the same (as)
equivaler to be equivalent
equivocación mistake
erótico,-a erotic, sexual
escala scale
escalar to climb, scale
escándalo scandal
escapar(se) to escape; to avoid
escarlata scarlet
escasez *f* scarcity, shortage
escena scene; view
escenario scene
esclavo,-a slave
escoger to choose, select
escolar *adj m or f* of or relating to school, scholastic
escombro ruins, rubble
esconder to hide
escribano,-a scribe
escribir to write
escrito,-a *past part of* **escribir**
escritor,-ra writer
escritura writing
escuela school
escultura sculpture
ese, esa that; **esos, esas** those; **eso** that
esfera sphere; area
esforzarse (ue) to make an effort
esfuerzo effort; try
eslabón *m* link (of a chain)
esencialmente essentially
esotérico,-a esoteric, rare
espacio space
espantar to scare, frighten
espanto scare, fright
espantoso,-a scary, frightening
español,-a *adj* Spanish; *n* Spaniard
especial special
especialista *m or f* specialist

especialización specialization, major
especializado,-a specialized
especializarse (en) to specialize, major (in)
especie *f* species, kind, sort
espectacular spectacular, notable
espectáculo spectacle, show
esperanza hope
esperar to hope; to wait; to expect
espíritu *m* spirit
espiritual spiritual, of the spirit
espiritualidad spirituality, fervor
esquela note, notice
esqueleto skeleton
esquina corner
estabilidad stability
estabilizar to stabilize
estable stable
establecer to establish
establecimiento establishment
estaca stake, piling
estacionado,-a parked
estacionamiento parking lot
estadidad statehood
estadística statistics
estado state, condition; political subdivision; *past part of* **estar**; **los Estados Unidos** the United States
estadounidense of or relating to the United States
estallar to explode
estanciero,-a owner of an **estancia** (large ranch)
estaño tin
este *m* east
este, esta this; **estos, estas** these; **esto** this
estela stele, inscribed stone slab
estera straw mat
estética esthetics; **estético,-a** *adj* esthetic
estilo style, way; **al estilo** in the manner of
estimar to estimate

estimular   to stimulate

estímulo   stimulus

estirar   to stick out; **estirar la pata**   to die

estratagema   stratagem

estratégicamente   strategically

estrecho,-a   narrow;   *n m* strait

estrella   star

estreno   debut, premier

estribar (en)   to rest (on)

estrictamente   strictly

estructura   structure

estudiante   *m or f*   student

estudiantil   of or relating to students

estudiantina   student musical group

estudiar   to study

estudio   study, investigation; studio

estufa   stove

etapa   stage; station

eterno,-a   eternal, unending

etnia   ethic group

étnico,-a   ethnic

europeo,-a   European

evadir   to evade, avoid

evaluación   evaluation

evasión   flight

evento   event

evitar   to avoid; to shun

exacto,-a   exact, precise

exagerar   to exaggerate

examen   *m*   examination, test

examinar   to examine, test

excavar   to excavate

excepción   exception

excesivo,-a   excessive

excitar   to rouse, stir up

exclamatorio,-a   exclamatory

exclusivo,-a   exclusive

exigencia   demand, exigency

exigir   to demand, require, need

exilado,-a   exiled

exilio   exile

existencia   existence

existente   existing

existir   to exist, be

éxito   success; **tener éxito**   to be successful

éxodo   exodus, emigration

exótico,-a   exotic, foreign, strange

expandible   expandable

expansión   expansion

expansivo,-a: onda expansiva shock wave

expedición   expedition

expensas   expenses; **a expensas de**   at the expense of

experiencia   experience; experiment

experimentar   to experience; to try, experiment

experto,-a   expert

explicación   explanation

explicar   to explain

explícito,-a   explicit

explosivo,-a   *adj*   explosive; *n m*   explosive

explotación   exploitation

explotar   to exploit; to work, develop

exponente   representative

exportación   export, exportation

exportador,-ra   exporting

exportar   to export

expresar   to express

expresión   expression

expropiación   expropriation

expropiar   to expropriate, confiscate

expulsar   to expel, throw out

extender (ie)   to extend;   *refl* to stretch out; to extend to

extenso,-a   extensive, extended

exterior   *n m, adj m or f*   exterior, outside; **relaciones exteriores**   foreign relations, affairs

extranjero,-a   foreigner, stranger, alien; **el extranjero**   abroad

extraordinario,-a   extraordinary

extremado,-a   extreme

extremaunción extreme unction, last rites
extremo,-a extreme

F

fábrica factory
fabricación manufacture
fabricado,-a manufactured
fabricar to manufacture, make
fabuloso,-a fabled, legendary
facción faction
fácil *m* or *f* easy, likely
facilitar to facilitate, make easy
factible *m* or *f* possible, feasible
factor *m* factor, element
facultad faculty, school or college of a university
fachada façade, front of a building
faja strip
falso,-a false
falta lack
faltar to be lacking, be needed
falla fault
fallar to fail
fama fame, reputation
familiar *adj m* or *f* familiar; family; *n m* or *f* family member
famoso,-a famous, well-known
fantasma *m* ghost
farmacia pharmacy, drugstore
fascinar to fascinate, enchant
fascista fascist
fastidio annoyance
fatalismo fatalism, determinism
favor *m* favor; **por favor** please
favorable *m* or *f* favorable, in favor of
favorecer to favor, promote
favorito,-a favorite, preferred
fecundidad fertility
fecha date
femenino,-a feminine

feminidad femininity
feminista *m* or *f* feminist
fenómeno phenomenon
feria fair, carnival
ferretería hardware store
ferrocarril *m* railroad
fértil fertile
fertilidad fertility, fecundity
festejar to celebrate
festivo,-a festive, gala
feudalismo feudalism, medieval economic system
fidelidad fidelity
fiel faithful, loyal
fiera beast
fiesta party, celebration, holiday, festival, feast
figura figure; image
figurar to figure in, show up
figurativo,-a figurative, symbolical
fijar to fix; to establish; *refl* to notice; to pay attention to
filología philology, historical study of language
filólogo,-a philologist
filosofía philosophy
filosófico,-a philosophical
filósofo,-a philosopher
fin *m* end; **a fin de** in order to, with the motive of; **a fines de** at the end of; **al fin** finally, in the end
final: a finales de near the end of
finalidad goal, purpose
financiación financing
financiamiento financing
financiar to finance, fund
financiero,-a *adj* financial; *n* financier, supporter
firma signature; signing
firmar to sign
físico,-a physical
flaco,-a skinny

flojo,-a   weak, lazy
flor   *f*   flower
florecer   to flourish; to flower
florecimiento   flowering, flourishing
florido,-a   flowery; choice, select
flotar   to float
fluir   to flow
fluvial   *adj m* or *f*   of a river, river
fogón   *m*   fire
fomentar   to forment; to develop, further
fondo   *n*   bottom, base; *pl*   funds
fonético,-a   phonetic
forma   form, shape
formación   formation, shaping
formalizado,-a   formalized
formar   to form, shape, make up
formativo,-a   formative
formular   to formulate
foro   forum
fortuna   fortune, luck
forzado,-a   forced
fracasar   to fail
fracaso   failure
fragilidad   fragility
francés,-esa   *adj*   French; *n*   French person
Francia   France
frase   *f*   phrase, sentence
fraternidad   fraternity, brotherhood
fraude   *m*   fraud
fraudulento,-a   fraudulent, phony
frecuencia   frequency; **con frecuencia**   frequently
frecuentar   to frequent
frecuente   frequent
frenar   to slow, brake
frente   *m*   front; **al frente de**   in charge of; **frente a**   in the face of

fresco,-a   cool, fresh
frío,-a   cold
friolento,-a   susceptible to the cold, chilly
frontera   border, frontier
fronterizo,-a   of or relating to frontier
frustración   frustration
frustrar   to frustrate
fruta   fruit
frutería   fruit store or stand
fuego   fire; **a fuego lento**   over a low fire
fuente   *f*   fountain, source; spring (of water)
fuera (de)   outside of, besides
fuere: sea cual fuere   whichever it may be
fuerte   strong
fuerza   force, strength; **por la fuerza**   by force
función   function; performance
funcionamiento   functioning
funcionar   to function, work, perform
funcionario,-a   functionary, official
fundación   foundation, founding
fundador,-ra   founder
fundamentalista   *adj m* or *f*   fundamentalist
fundar   to found, establish
fundirse   to fuse, blend
funerario,-a   funerary, of or relating to funerals
furia   fury
fútbol   *m*   soccer, football
futuro   future; *adj*   future, coming

G

galería   gallery
gallego,-a   *n* or *adj*   Galician
gana   desire; **con ganas**   willingly

ganadero,-a of or relating to cattle raising; *n* cattleman

ganado cattle

ganancia profit

ganar to earn, win, gain

garantía guarantee

garantizar to guarantee, assure

gasolina gasoline

gastar to spend

gasto expense, expenditure

gaucho Argentine cowboy

generación generation, time period

generador,-a creator

general general; **por lo general** generally

genérico,-a generic, general

género type, kind

generoso,-a generous

gente *f* people

geografía geography

geográfico,-a geographical

germánico,-a Germanic

germen *m* germ, seed

gesticular to gesture

gigante *adj m* or *f* giant

gira tour

gitano,-a Gypsy

gloria glory, fame

glorioso,-a glorious

gobernador,-ra governor, one who governs

gobernar (ie) to govern

gobierno government

golpe *m* blow, coup

gordo,-a fat; thick

gorra cap, hat

gótico,-a Gothic

gozar to enjoy

gracia grace; **gracias** thanks

grado grade, title, degree

graduado,-a graduate

gramática grammar

gran, grande great, large, vast

grandeza greatness, vastness

gratis *adv* free

gratuito,-a free

grave serious

gravedad seriousness, gravity

gregario,-a gregarious, out-going

griego,-a *n* or *adj* Greek

gris gray

grito shout, yell

grueso,-a thick

grupo group

guardar to guard, keep

guardia guard

guerra war

guerrero,-a warrior, fighter

guerrilla skirmish; party of **guerrilleros**

guerrillero,-a guerrilla fighter

guía *f* guidebook

gustar to please, be pleasing to

gusto taste; pleasure; **a gusto** at ease

H

haber *auxil verb* to have; **hay,** there is, there are

hábil able, capable, skillful

habitación room

habitante *m* or *f* inhabitant

habitar to inhabit, dwell

hábito habit

habla *f* speech, language; **de habla española** Spanish-speaking

hablar to speak, talk

hacer to do, make; **hace cinco años** five years ago; **hace un mes que** for a month

hacia toward; around

hacienda ranch

hallar to find

hambre *f* hunger

hambriento,-a hungry

hasta until, up until; even

hay there is, there are

hectárea hectare (10,000 sq. meters)

hecho deed, fact; *past part of*

hacer; de hecho   in fact
hegemónicamente   predominantly
heladera   refrigerator
hemisferio   hemisphere
heredar   to inherit
heredero,-a   heir, heiress, inheritor
hereditario,-a   hereditary
herencia   inheritance, legacy
herido,-a   *adj*   wounded;   *n* wounded person
hermano,-a   brother, sister
hermoso,-a   beautiful
hermosura   beauty
héroe   *m*   hero
heroicamente   heroically
hervir (ie)   to boil
heterodoxo,-a   heterodox, heretical, unbelieving
heterogéneo,-a   heterogeneous
hidalgo   minor noble
hidráulico,-a   hydraulic, moved or operated by water pressure
hierba   grass
hierro   steel, iron
higiene   *f*   hygiene, sanitation
hijo,-a   son; daughter; child;   *pl* children
hilo   strand, string
hilvanar   to baste, tack
hincapié: hacer hincapié en   to emphasize
hipócrita   *m* or *f*   hypocrite
hispanoparlante   *adj m* or *f* Spanish-speaking;   *n m* or *f* Spanish speaker
historia   history; story
historiador,-ra   historian
histórico,-a   historical
hogar   *m*   home, hearth
hogareño,-a   *adj*   home, pertaining to home
holandés,-esa   *adj*   Dutch;   *n*   Dutch person
hombre   *m*   man; mankind
homicidio   homicide

homogéneo,-a   homogeneous
homosexualidad   homosexuality
hondo,-a   deep
honrar   to honor
hora   hour; time;   **¿Qué hora es? ¿Qué horas son?**   What time is it?
horario   schedule
hostil   hostile
hoy   today
huelga   labor strike
hueso   bone
huir   to flee
humanidad   humanity, mankind
humanitario,-a   humanitarian, humane
humano,-a   human
humilde   humble, simple
hundirse   to be submerged

I

ibérico,-a   Iberian
ida   going, outward trip;   **de ida y vuelta**   round trip
identidad   identity
identificación   identification
identificar   identify
ideográfico,-a   ideographic
ideología   ideology
ideológico,-a   ideological
idioma   *m*   language
iglesia   church
igual   equal;   **igual que**   like
igualado,-a   similar, alike, even
igualdad   equality
igualitario,-a   egalitarian
ilegal   *adj*   illegal
ilícito,-a   illegal
ilustrado,-a   illustrated
ilustrar   to illustrate
ilustre   illustrious, famous
imagen   *f*   image; appearance
imaginar   to imagine
imán   *m*   magnet; attraction
imitar   to imitate
impedir (i)   to impede, stop

imperio empire

implantación implantation, implementation

implantar to establish

implicación implication, meaning

implicar to imply, implicate

implícito,-a implicit

imponer to impose

importación importation

importador,-ra importer

importancia importance

importante important

importar to import; to matter;
  no importa it doesn't matter

imprescindible indispensable

impresionante impressive

impresionar to impress, make an impression

impuesto,-a *adj* imposed;
  n m pl taxes

impulsado,-a promoted

impulso impulse, urge

inaccesible inaccessible

inaceptable unacceptable

inapropiado,-a inappropriate

inaudito,-a unheard of, strange

inaugurar to inaugurate, dedicate

incaico,-a Incan, of or relating to Incas

incapacidad inability, lack of skill

incapaz incapable, unable

incitación incitement

inclinación inclination, tendency

incluir to include

incluso,-a included; *adv* including

incomodar to make uncomfortable, bother, upset

incómodo,-a uncomfortable, uneasy

incontenible unstoppable

incorporación incorporation

incorporar to incorporate;
  refl to join

increíble incredible, unbelievable

incrementar to increase

indebido,-a improper

indefectiblemente unfailingly

independencia independence

independentista *m or f* person who is in favor of or fights for independence; *adj.* of or relating to independence

inderretible unmeltable

Indias Indies, original name given to the New World

indicar to indicate, point out

índice *m* index

indicio indication, sign, mark

indígena *m or f* indigenous, native; (*Am.*) Indian

indio,-a Indian

indiscutible unquestionable

individuo *n* individual

indudablemente undoubtedly

industria industry

industrialización industrialization

industrializado,-a industrialized

ineficaz inefficient

inestabilidad instability

inevitable inevitable, unavoidable

inexistente nonexistent

infancia infancy, childhood

inferior inferior; lower

infierno inferno; hell

infinito,-a infinite

inflación inflation

influencia influence

influenciar to influence

influir to influence

informar to inform; to shape

informe *m* report

infrecuente infrequent, seldom

ingeniería engineering

ingeniero,-a engineer

Inglaterra England

inglés,-esa *adj* English;
  n English person

ingresar   to enter

ingreso   entrance; admission; income

iniciar   to begin, initiate

iniciativa   initiative

injusto,-a   unfair, unjust

inmediato,-a   immediate; **de inmediato**   immediately

inmenso,-a   immense, large

inmigración   immigration

inmigrante   *m* or *f*   immigrant

inmueble   *m*   building

innecesario,-a   unnecessary

innegable   undeniable

innovación   innovation

inolvidable   unforgettable

inoperante   inoperative

inquisición   inquisition, hearing

inscripción   registration

insecto   insect

inseguridad   insecurity, uncertainty

insistir   to insist

insoportable   unbearable

inspirar   to inspire

instalar   to install

institución   institution

institucional   institutional

institucionalizado,-a   institutionalized

instituto   institute

instrucción   instruction; schooling

insubordinación   insubordination

insultar   to insult

insulto   insult

insurgente   *adj m* or *f*   insurgent

integración   integration

integrantes   members

integrar   to make up; to be part of

intelecto   intellect

intelectual   intellectual

intelectualidad   intellectuality

inteligencia   intelligence

inteligente   intelligent

intencionado,-a   intentioned

intensificar   to intensify

intensidad   intensity

intensivo,-a   intensive, intense

intenso,-a   intense, concentrated

intentar   to try

interacción   interaction

interactivamente   interactively

interamericano,-a   interamerican

intercambio   exchange, interchange

interceptar   to intercept

interés   *m*   interest; stake

interesante   interesting

interesar   to interest, be interesting

interino,-a   interim, temporary

internacional   international

interno,-a   internal, inner

interpretar   to interpret

interrupción   interruption

intervención   intervention

intervenir (ie)   to intervene, interfere

intimidar   to intimidate

íntimo,-a   intimate

intrigar   to intrigue, arouse interest

introducir   to introduce, insert

inundación   flood

inútil   useless

invadir   to invade

invasión   invasion, attack

invencible   invincible, unbeatable

inventar   to invent; to create

invento   invention

inversión   investment

inversionista   *m* or *f*   investor

invertir (ie)   to invest

investigación   investigation, research

investigar   to investigate, research

invitar   to invite

inyección   injection

Irak   Iraq

irónico,-a   ironic, sarcastic
irrigación   irrigation
isla   island
islámico,-a   Islamic, Moorish
istmo   isthmus
izquierdista   *m* or *f*   leftist
izquierdo,-a   left;   *n f*   the left
  (political or direction)

J

jactarse   to brag, boast
jamás   never
jardín   *m*   garden; yard
jarope   *m*   syrup
jefe   *m*   chief, boss, leader
jerarquía   hierarchy
jeroglíficos   *pl*   hieroglyphics
jesuita   *m* or *f*   Jesuit
jornada   working day
joven   *m* or *f*   young; youthful
  person
judío,-a   *adj*   Jewish;   *n*   Jew
juego   game; **Juegos Olímpicos**
  Olympics
jugar (ue)   to play (a game or
  sport)
juguete   *m*   toy
junta   governing committee
juntar   to join;   *refl*   to join
  with, ally with
junto,-a   together; **junto con**
  along with, together with
jurisdicción   jurisdiction; territory
jurisprudencia   jurisprudence,
  law
justicia   justice
justificar   to justify, explain
justo,-a   just, fair
juvenil   juvenile, of or relating to
  youth
juventud   youth; young people
juzgado   court of justice; **juzgado,-a**   *adj*   person judged
juzgar   to judge, adjudicate

K

kilómetro   kilometer

L

labio   lip
laboral   *adj*   work, labor
laboratorio   laboratory
labrar   to carve (wood); to work
  (iron)
lado   side; **por todos lados**   on
  all sides, everywhere
ladrillo   brick
lago   lake
laguna   lagoon, small lake
lamentar   to lament, regret
lana   wool
lanzado,-a   advanced, put forth
lanzamiento   launching
lanzarse   to launch; **lanzarse (a)**
  to throw oneself (into)
largo,-a   long
lástima   pity
latino,-a   Latin (American)
latir   to beat
laúd   *m*   lute
lavado   washing
lavar   to wash
lavarropas   *m*   washer
lazo   tie, bond; lariat
lealtad   loyalty
lector,-ra   reader
lectura   reading
lechería   milk store, dairy
leer   to read
legalidad   legality
legalmente   legally
legendario,-a   legendary
legislación   legislation
legislativo,-a   legislative
legumbre   *f*   vegetable
lejano,-a   distant, far
lejos   *adj*   far away, far; **lejos de**
  far from
lema   *m*   motto, slogan

lengua   language; tongue
lento,-a   slow
letal   *adj*   lethal
letra   letter (of the alphabet);
   pl   letters; literature
letrero   sign, poster
levantar   to raise;   *refl*   to get
   up, rise up
leve   gentle, light
ley   *f*   law;   *pl*   law studies
leyenda   legend
liberación   liberation
liberalizar   to liberalize
liberar   to free, liberate
libertad   freedom, liberty
libre   free
librería   bookstore
libro   book
licenciado,-a   attorney; used also
   as equivalent of Master's Degree
   in other fields
liceo   lyceum, high school
líder   *m*   leader
liga   tie, connection
ligado,-a   tied, attached
ligero,-a   light (weight, food,
   clothing, etc.)
limitarse   to be limited
límite   *m*   limit, boundary
limpiar   to clean
linaje   *m*   lineage, ancestry
linchamiento   lynching
línea   line
lingüístico,-a   linguistic;   *n f*
   linguistics
lino   linen
lirismo   lyricism
lista   list, roll
listo,-a   ready
literal   *m or f*   literal, to the letter
literario,-a   literary
literatura   literature
liviano,-a   of light weight
lobo   wolf

localidad   locality
localizado,-a   located
lodo   mud
lograr   to achieve, get, manage to
logro   achievement, accomplish-
   ment
Londres   *m*   London
loza   pottery, clay
lucha   struggle, fight, conflict
luchar   to struggle, fight
luego   then; later, afterward;
   presently
lugar   *m*   place; **en lugar de**
   instead of; **lugar común**   *m*
   commonplace, cliché; **tener**
   lugar   to take place
lujo   luxury
luna   moon
lustro   lustrum, period of five years
luto   mourning; **guardar** *or* **llevar**
   luto   to be in mourning
luz   *f*   light

LL

llama   llama
llamado,-a   so-called
llamar   to call;   *refl*   to be
   called, named
llegada   arrival
llegar   to arrive; **llegar a ser**   to
   come to be
llenar   to fill
lleno,-a   filled, full
llevar   to carry; to wear; to take
   lead to; **llevar a cabo**   to carry
   out
llorón,-ona   whiner;   *f*   legendary ghost, used to scare children as is "the bogeyman"
lluvia   rain

M

macartismo   McCarthyism
machismo   virility, manliness

madera wood

madre *f* mother; **madre patria** motherland, mother country

madrileño,-a person or thing from Madrid

madrugada morning

maduro,-a mature

maestro,-a teacher, instructor

mágico,-a magic

magnífico,-a magnificent

maíz *m* corn, maize

mal *adv* badly, poorly; *n m* evil

malcriado,-a ill-mannered

malo,-a bad, evil; sick

mandar to order, send

mandatario leader, chief, president

mandato command, mandate

mando rule, command

manejarse to get around

manejo use, management

manera way, manner; **de manera que** so that, so as to

manifestación manifestation, demonstration

manifestar (ie) to show, manifest

manifiesto,-a manifest, evident

mano *f* hand; *fig* control; **a manos de** at the hand of; **en manos de** in the hands of, controlled by; **mano de obra** worker, labour, manpower

mantener (ie) to maintain, support, keep

manual *m* manual, handbook; *adj m or f* manual, by hand

manufacturado,-a manufactured

maoísta *m or f* Maoist (follower of Mao Zedong)

mapa *m* map

maquinaria machinery

mar *m or f* sea, ocean

maravilla marvel

maravillarse to marvel at

maravilloso,-a marvelous, awesome

marca brandname

marcar to mark, stamp; to note

marcha march

marco frame

margen *m* margin, edge

marido husband

marina *n* navy

marinero,-a sailor

mariposa butterfly

marítimo,-a *adj* sea, maritime

masa mass

masculinidad masculinity

masculino,-a masculine, male

masivo,-a massive

matanza killing, slaughter

matar to kill

matemáticas *usually pl* mathematics

materia subject, matter, topic; **materia prima** raw material

maternidad maternity

materno,-a maternal

matiz(-ces) *f* hue, shade

matrícula registration (in school)

matricularse to register in school

matrimonio matrimony, marriage

mausoleo mausoleum, burial structure

maya *m or f* Maya (Indian)

mayor larger, greater; **el (la, los, las) mayor(es)** the largest, greatest; older, oldest

mayorazgo primogeniture, practice of leaving family goods to the oldest son

mayoría majority

mecánica mechanics

mecanismo mechanism, device

mecanizado,-a mechanized

media average

mediados: a mediados de about the middle of, midway

mediano,-a medium

mediante   by means of, through
medicina   medicine
medición   measurement
médico,-a   doctor of medicine
medida   measure; means
medio,-a   half, mid-;   *n m*
middle; means, way; **en medio de**   in the midst of; **por medio de**   by means of
medio-ambiental   environmental
mediodía   *m*   noon, midday
medir (i)   to measure
mediterráneo,-a   *adj*
Mediterranean
mejor   better; **el (la, los, las) mejor(es)**   the best; **mejor dicho**   rather; **a lo mejor**   probably
mejora   improvement, betterment
mejorar   to improve, better
melancólico,-a   melancholic, sad
mencionar   to mention, name
menester: es menester   it is necessary
menor   smaller, younger, less; **el (la los, las) menor(es)**   the smallest, youngest
menos   *adv*   less, minus; **al menos**   at least; **por lo menos**   at the least; **más o menos**   more or less; **menos que** *or* **de**   less than
mentira   lie
mentiroso,-a   liar
mercado   market
mercancía   merchandise
merced   *f*   grant, favor, gift
merecer   to deserve
mermar   to diminish
mes   *m*   month
mesa   table; mesa, land plateau
meta   goal
meteórico,-a   meteoric
meterse   to go into, get into
método   method

metro   meter (39.37 in.); subway
metrópoli   *f*   city, capital
metropolitano,-a   metropolitan
mezcla   mixture, mix
mezclado,-a   mixed
mezclarse   to mix into, take part; to meddle
miedo   fear
miembro   *m or f*   member
mientras (que)   while, as long as
migración   migration
migrar   to migrate
mil   *m*   a thousand
miliciano,-a   militia member
militante   *m or f*   militant
militar   *m or f*   military
milla   mile
millón   *m*   million
mina   mine
mineral   *adj, n m*   mineral
minero,-a   *adj*   referring to mining;   *n*   miner
miniatura   *n*   miniature
mínimo,-a   minimum
ministro   minister (of government)
minoría   minority
mirar   to look at
misa   mass
miseria   misery
misión   mission
misionero,-a   missionary
mismo,-a   same, equal; **él mismo**   he himself; **lo mismo**   the same thing
misterio   mystery
misterioso,-a   mysterious
místico,-a   *n*   mystic;   *adj*   mystical
mitad   *f*   half, middle
mítico,-a   mythical
mito   myth
mitología   mythology
moda   fashion, mode; **de moda**   in style, fashionable

modalidad   area; type, sort; situation

modelo   model, pattern;   *m* or *f* fashion model

moderado,-a   moderate

modernidad   modernity

modernizar   to modernize

moderno,-a   modern

modificación   modification, change

modificar   to modify, change, adjust

modo   way, manner; **de modo que**   so that, in order that

mojado,-a   wet; wetback

molestar   to bother

molesto,-a   annoying, bothersome

momento   moment

monarca   *m* or *f*   monarch, king, queen

monarquía   monarchy

monasterio   monastery

moneda   coin

monetario,-a   monetary

monopolio   monopoly

monopolístico,-a   monopolistic

monóxido   monoxide

montado,-a   mounted; **montado a caballo**   on horseback

montaña   mountain

monumento   monument

moralidad   morality

morar   to live, dwell

mórbido,-a   morbid

moreno,-a   brown;   **gente morena** blacks

morir (ue)   to die

moro,-a   *n* Moor;   *adj* Moorish

mortal   mortal, fatal

mortalidad   mortality, death rate

mosca   fly; **mosca muerta**   one who pretends meekness; hypocrite

mostrar (ue)   to show; to prove; *refl* to show oneself to be

motivación   motivation

motivo   motive, reason; impulse, motif

mover (ue)   to move (something); *refl* to move

móvil   mobile, movable

movilidad   mobility

movimiento   movement

muchacho,-a   boy, girl

mucho,-a   much, a lot;   *pl* many

mudarse   to move, change lodging

muerte   *f*   death, demise

muerto,-a   *adj* dead;   *n* dead person

muestra   sign, sample

mujer   *f*   woman, female

multinacional   multinational

mundial   of the world, worldwide

mundo   world; **el Nuevo Mundo** the New World, the Western Hemisphere

municipio   municipality

muralista   *m* or *f*   muralist

museo   museum

música   music

musulmán,-ana   Mussulman, Moslem

mutuo,-a   mutual

N

nacer   to be born

nacido,-a   born

nacimiento   birth

nación   nation

nacional   national

nacionalidad   nationality

nacionalismo   nationalism

nacionalista   *m* or *f*   nationalist

nacionalización   nationalization

nacionalizar   to nationalize

nada   nothing, anything, nothingness

nadie   no one, nobody

narcotráfico   drug trade

narrativa   *n*   narrative;

narrativo,-a   *adj*   narrative
natalidad   birth, birth rate
nativo,-a   native
naturaleza   nature
navaja   razor; knife
Navidad   Christmas
necesario,-a   necessary
necesidad   necessity
necesitar   to need
necio,-a   foolish
negar (ie)   to deny
negativo,-a   negative
negociación   negotiation
negociar   to negotiate
negocio   business deal;
   pl   business
nena   colloquial form of **niña,**
   child
neolatino,-a   neo-Latin, romance
neotrópico   neotropics
nepotismo   nepotism
nervioso,-a   nervous
neurálgico,-a   *adj*   nerve, having to do with nerves; **centro**
   neurálgico   nerve center
neutralidad   neutrality
nevado,-a   snow-covered
ningún, ninguno,-a   no, none, not
   any
niño,-a   child, little boy, girl
nivel   *m*   level
noble   *m*   nobleman
nocturno,-a   noctural, night
noche   *f*   night
nómada   *adj m* or *f*   nomadic
nombramiento   nomination, nam-
   ing (to a position)
nombrar   to name; to nominate
nombre   *m*   name; noun; reputation
nopal   *m*   prickly-pear cactus
nórdico,-a   Nordic
norma   standard
normal: escuela normal   school
   for training teachers

normalidad   normalcy
normalizar   to normalize
normativo,-a   regulations
noroeste   *m*   northwest
norte   *m*   north
norteamericano,-a   North
   American (used for a person or
   thing from the United States)
nota   grade (in a class)
notable   notable, noteworthy
notar   to note, take note of
noticia   notice;   *pl*   news
notorio,-a   noteworthy
novela   novel
novelista   *m* or *f*   novelist
noveno,-a   ninth
nube   *f*   cloud
núcleo   nucleus
nuestro,-a   our
nuevo,-a   new
número   number
numeroso,-a   numerous
nunca   never, not ever

O

obedecer   to obey
obispo   bishop
obituario   obituary
objetivo   objective
objeto   object
obligación   obligation, duty
obligado,-a   obliged
obligar   to oblige; to obligate
obligatorio,-a   obligatory,
   required
obra   work; labor
obrar   to work, toil
obrero,-a   worker
observador,-ra   observer
observar   to observe, watch
observatorio   observatory
obsesión   obsession
obsesionado,-a   obsessed
obsesionar   to obsess;   *refl*   to
   become obsessed

obstaculizado,-a   impeded
obstáculo   obstacle, barrier
obstante: no obstante   nevertheless, notwithstanding
obtener (ie)   to obtain, get
obvio,-a   obvious
ocasión   occasion
occidental   occidental, western
occidente   *m*   the West
océano   ocean
octavo,-a   eighth
ocular   *adj*   eye
ocultista   *adj*   related to the
   occult
ocupar   to occupy, hold
ocurrir   to occur, happen
ochenta   eighty
oeste   *m*   west
ofender   to offend
ofensa   offense, crime
ofensivo,-a   offensive
oferta   offer
oficial   *adj*   official
oficina   office, workshop
oficio   trade, task, business
ofrecer   to offer
ofrenda   offering, gift
ofrendar   to offer up
oído,-a   heard
ojo   eye
ola   wave
oligarquía   oligarchy
olvidarse (de)   to forget
onda   wave
operar   to operate; to fund
opinión   opinion
oponerse   to oppose, be opposed to
oportunidad   opportunity
oposición   opposition
opresión   oppression
opuesto,-a   opposed; opposite
oración   sentence, prayer
orden   *m*   order
ordenar   to order
ordinario,-a   ordinary

organismo   organization
organización   organization
organizador,-ra   organizer
organizar   to organize
órgano   organ; medium
orgullo   pride
orientación   orientation, direction
oriental   oriental, eastern
oriente   *m*   the East
origen   *m*   origin
originalidad   originality
originarse   to originate
orillar   to push toward
ornamentación   ornamentation,
   decoration
oro   gold
ortodoxo,-a   orthodox
osado,-a   impudent, shameless
oscurecer   to get dark, darken,
   obscure
oscuro,-a   dark, obscure
ostentar   to show
otorgar   to grant, give, donate
otro,-a   another, other, the other
ozono   ozone

P

paciencia   patience
pacificar   to pacify
pacífico,-a   peaceful, gentle
padre   *m*   father, priest;   *pl*
   parents
padrino,-a   godfather, godmother;
   pl   godparents
pagar   to pay
página   page
pago   payment
país   *m*   country, nation
pájaro   bird
palabra   word, term
palacio   palace
paludismo   malaria
pampa   *Argentina*   plain
pan   *m*   bread, loaf of bread
panadería   bread store, bakery

panamericano,-a Panamerican

panteón *m* pantheon

Papa *m* Pope

papel *m* paper; role

papelería stationery shop

para for, in order to, towards, by;
  para que so that

parada stop (train, bus, etc.)

paraguayo,-a Paraguayan

paraíso paradise

páramo high plain

parar to stop; to stay

parcela parcel, piece

parcial partial, part

parecer to seem, look as if

parecido,-a similar, alike

pared *f* wall

pariente,-ta relative, relation

parlamentario,-a parliamentary

parlamento parliament

parque *m* park

parquear to park (a car)

párrafo paragraph

parroquial parochial

parte *f* part, portion; place; **de
  parte de** on behalf of; **por
  parte de** on the part of; **por
  todas partes** everywhere

participación participation

participante *m* or *f* participant

participar to participate

particular private, personal, particular

partida certificate (of birth, etc.)

partidario,-a partisan, supporter

partido political party; game,
  match; group

partir to leave; **a partir de**
  starting at

parto childbirth

párvulo,-a small child, preschool
  child

pasado,-a past; *n m* past

pasajero,-a passenger

pasante passing

pasar to pass, go, pass through,
  go over to, come to; to spend
  (time)

pasear to stroll, take a walk,
  drive

paseo stroll, walk; drive, ride

pasión passion

pasivo,-a passive, inactive

paso step, mountain pass

pata foot (usually of an animal)

paterno,-a paternal, fatherly

patio patio, yard, courtyard

patológico,-a pathological

patria native country, fatherland;
  madre patria motherland

patriarca patriarch

patriarcal patriarchal

patrimonio patrimony, inheritance

patriota *m* patriot

patrón,-ona patron(ess), boss

paz *f* peace

peatón *m* pedestrian, walker

pecado sin

pecar (de) to commit the sin (of)

pedagógico,-a pedagogical

pedazo piece, shred

pedir (i) to ask for, request,
  solicit

pegarse un tiro to shoot oneself

pelea fight, quarrel

película film

pelilargo *m* or *f* long-haired
  person

peligro danger

peligroso,-a dangerous

pelirrojo,-a redhead

pelotero baseball player

pena pain, sorrow; **bajo pena**
  under threat; **en pena** in purgatory

peninsular *adj m* or *f* (thing or
  person) of the peninsula

penoso,-a sorrowful

pensamiento thought

pensar (ie)　to think; to intend
pensión　boarding house; **pensión completa**　room and full board; **media pensión**　room and half board
pensionado　pension, boarding house
peor　worse; **el (la, los, las) peor(es)**　the worst
pequeño,-a　small
percibir　to perceive
perder (ie)　to lose
pérdida　loss
perdiz　*m*　partridge
perdonar　to pardon
perdurar　to last
perfecto,-a　perfect
perfilarse　to outline
periódico　newspaper
período　period (of time), age, era
perjudicar　to prejudice, damage, impair
permanencia　permanence, stay
permanente　permanent
permiso　permission; permit
permitir　to permit, allow
perpetuo,-a　perpetual, eternal
perro,-a　dog
persecutorio,-a　persecuting
perseguir (i)　to persecute; to pursue
persistencia　persistence
persistir　to persist
persona　person
personaje　*m*　personage, literary character
personal　*m*　personnel
personalidad　personality
personalmente　personally
perspectiva　perspective; prospect
pertenecer　to belong, pertain
perteneciente　belonging
peruano,-a　Peruvian
pesado,-a　annoying; heavy
pesar　to weigh; **a pesar de**　in spite of

pescadería　fish market
pese: pese a　despite
peseta　*Spain*　currency unit
pesimista　pessimistic;　*n m or f*　pessimist
pésimo,-a　very bad, worst
peso　weight; currency unit
petición　petition, request; **a petición de**　at the request of
petróleo　oil (crude), petroleum
petrolífero,-a　of or relating to oil
peyorativo,-a　pejorative, derogatory
piantao　*Italian*　deserted, in the lurch
pico　a bit
pie　*m*　foot; **a pie**　on foot
piedra　stone
pintar　to paint
pintor,-ra　painter
pintoresco,-a　picturesque
pintura　painting
pirámide　*f*　pyramid
piso　floor, story; **piso bajo**　ground floor
pistola　pistol
pistolero,-a　gunman
pistoletazo de salida　shot from the starter's pistol
placer　*m*　pleasure
plan　*m*　plan, scheme
plana　page (of a newspaper)
plancha　iron
planear　to plan
planeta　*m*　planet
planta　plant; floor
plantación　plantation
plantar　to plant; to put down
plantear　to propose
plata　silver
plataforma　platform
plato　plate; dish; **plato típico**　traditional dish
plaza　plaza, square; marketplace
plazo　term, period; **a largo plazo**　long term

plenamente fully

pleno,-a full

plomo lead

población population

poblador,-ra settler, colonizer

poblar (ue) to populate, settle

pobre poor; *n m* or *f* poor person; *pl* the poor

pobreza poverty

poco,-a little, scanty; *pl* a few, some; *n m* a little bit; *adv* a little, somewhat, slightly

poder (ue) to be able to, can, may; *n m* power, authority

poderoso,-a powerful, strong

poema *m* poem

poesía poetry (*also pl*)

poeta *m* poet; **poetisa** poetess

polémica polemic, debate

policía *f* police; *n m* policeman

policíaco,-a of or by the police

político,-a political, *n f* politics; policy; *n m* politician

polución pollution

polvo dust

pompa splendor

poner to put, place; *refl* to become, turn; **ponerse de acuerdo** to reach an agreement

popularidad popularity

popularizar to popularize, make popular

por by, through; for, for the sake of, because of; **por eso** for that reason; **por lo tanto** therefore; **¿por qué?** why?; **por su cuenta** on its own; **por tanto** thus

porcentaje *m* percentage

porción portion, part

porque because, for, as

portarse to behave, act

porteño,-a person or thing from Buenos Aires

pos- *prefix meaning* after

posado,-a posed, perched

poseer possess, have

posesión possession

posibilidad possibility

posición position

postergación delay; omission

posterior later, behind, after

postura posture, position

potencia power

potencial potential

potente powerful

practicar to practice, perform

práctico,-a practical; *n f* practice, act, habit

precio price

precioso,-a precious, dear

precisamente exactly

preciso,-a necessary

predecir (i) to predict

predicción prediction

predominantemente predominantly

preferencia preference

preferente preferred

preferible preferable

preferir (ie) to prefer

premiar to reward

premio prize, premium

prensa (printing) press

preocupación preoccupation, worry

preocuparse to worry

preparación preparation

preparar to prepare

prescrito,-a prescribed

presencia presence

presentar to present; to take (exams)

presente *m* present, present time

preservar to preserve, maintain

presidencia presidency

presidencial presidential

presidente,-a president

presión pressure

presionar to pressure

preso,-a *n* prisoner; *adj* captured

préstamo loan

prestar to lend

prestigio prestige

presumiblemente presumably

presunción presumption; conceit

presupuesto budget

pretender to aim to; to endeavor

pretendido,-a pretended; object of love

prevalecer to prevail, dominate

prever to foresee

prima: materia prima raw material

primario,-a primary, elementary

primer, primero,-a first; **lo primero** the first thing

primitivo,-a primitive, early

primo,-a cousin

primogénito,-a first-born

principio principle; beginning; **al principio** at first

prisa haste; **darse prisa** to hurry

prisionero,-a prisoner

privado,-a private

privar to deprive

privatización privatization

privilegiado,-a privileged

privilegio privilege

probar (ue) to prove; to test

problema *m* problem

procedencia origin, source

procedente coming from

proceder to come from, originate

procedimiento procedure, process

procesión procession, pageant

proceso process

proclamación proclamation

proclamar to proclaim, pronounce

procreación procreation

procuraduría prosecutor's office

producción production

producir to produce

producto product, result

profesión profession

profesional professional

profesor,-ra professor, teacher

profesorado professoriate, group of professors, faculty

profundo,-a deep, profound, radical

progenitor,-ra direct ancestor

programa *m* program; plan of action

progreso progress, advancement

prohibición prohibition, forbidding

prohibir to prohibit, forbid

prolífico,-a prolific

prolija dreary

promedio *n* average, mean

promesa promise

prometedor,-a *adj* promising

prometer to promise

promover (ue) to promote

promulgar to promulgate, proclaim

pronosticar to predict

pronóstico prediction

pronto *adv* soon, promptly

pronunciar to pronounce, speak

propensión propensity, learning

propicio,-a favorable, propitious

propiedad property

propietario,-a owner; proprietor; landowner

propio,-a one's own; appropriate

proponer to propose

proporción proportion

proporcionar to provide, make available

proposición proposal, proposition

propósito purpose, intention

prostitución prostitution

protagonismo significant presence

protagonizar to star in, play the lead in

protección protection

proteger to protect

protesta protest

protestante *m* or *f* Protestant

protestantismo Protestantism

protestar to protest

prototipo prototype, model

proveer to provide, furnish

provenir (ie) to arise, originate

provincia province, political division

provisión provision; *pl* supplies

provocar to provoke

proyectado,-a projected

proyecto project

proximidad proximity, nearness

próximo,-a next; near

prueba proof; test

psicológico,-a psychological

psicólogo,-a psychologist

publicar to publish; to publicize

publicista *m* or *f* advertising person

publicitario,-a *adj* advertising

público,-a public; *n m* (the) public

pueblo small town; the people, nation, citizenry

puente *m* bridge

puerto port

puertorriqueño,-a person or thing of Puerto Rico

pues then, since

puesto,-a put, placed; *n m* job, position; **puesto que** since

puma *m* puma, American panther

punto point, dot, period; **al punto de** on the point of;

punto de vista point of view

puntualizar to put the finishing touch on, to complete

pureza purity

purgatorio purgatory

puro,-a pure

Q

que that, which, who, whom, than; **el (la, los, las) que** the one(s) who; **lo que** that which; **¿qué?** what?, which?; **¿para qué?** what for?; **¿por qué?** why?

quebrantado,-a broken; desecrated

quechua *m* Quechua

quedar(se) to remain, end up; **quedar** to be located

quejarse to complain

quemar to burn

querella quarrel

querer (ie) to want, love; to try; **querer decir** to mean

querido,-a beloved, lover; dear

quien who, whom; **¿quién?** who?; **¿a quién?** whom?

quinina quinine

quiosco kiosk, vending stand

quizás perhaps, maybe

R

racional rational, reasonable

racismo racism

racista *m* or *f* racist

radical radical, basic

radicar to live, settle

raíz *f* root; basis; **a raíz de** soon after, as a result of

rancho mess hall; hut; *S.W. U.S.* cattle ranch

rápido,-a rapid, fast

raro,-a rare, strange

rascacielos *m* skyscraper

rasero: medir con el mismo rasero to treat impartially

rasgo trait, characteristic

raso,-a flat, clear; **soldado raso** enlisted man, foot soldier, soldier of low rank

rastro trace, trail

ratificar to ratify

rato (a) little while, short time

rayo ray; lightning bolt

raza race; cultural group or people

razón *f* reason; **con razón** with reason, rightly; **sin razón** without reason, wrongly

reacción reaction

reaccionar to react

real royal

realidad reality

realismo realism

realizado,-a realized, brought to fruition, fulfilled

realizar to complete; to carry out

realmente really

reata rope

rebelarse to rebel, rise up

rebelde *m* or *f* rebel

rebelión rebellion

recargo surcharge

recelo suspicion, misgiving

receta prescription; recipe

recibir to receive, get

reciente *adj* recent

reclamación claim, demand

reclamar to claim, demand, complain

recoger to gather

recomendar (ie) to recommend

recompensar to compensate, repay

reconciliar to reconcile

reconocer to recognize

reconocimiento recognition

reconquista reconquest

reconquistar to reconquer, retake

reconstrucción reconstruction

reconstruir to reconstruct, rebuild

récord *m* record

recordar (ue) to remember, remind

recorrido route

recreacional recreational

recreativo,-a recreational

recrudecimiento worsening

recto,-a straight; **ángulo recto** right angle

recuerdo memory, reminder, remembrance

recuperar to recover

recurrir to recur, happen again

recurso resource

rechazar to reject, turn down

rechazo rejection, rebuff

redistribución redistribution

reducir to reduce

reemplazar to replace, substitute

referencia reference

referirse (ie) to refer to, have relation to

refinado,-a subtle, polished, refined

refinar to refine, purify

reflejar to reflect

reflejo reflection

reflexión reflection

reforma reform; Reformation; **reforma agraria** redistribution of land (in Spanish America)

reformar to reform, remodel

reformista *m* or *f* reformer, person or thing favoring reform

reforzar (ue) to reinforce, strengthen

refrán *m* refrain, proverb

refrescarse to cool off

refugiarse to take refuge

regado,-a sprayed, irrigated

regalar to give a gift

regar (ie) to irrigate, spray

régimen *m* regime, political system

región region, area

regir (i) to rule, govern

registrarse to be noted, seen

regla rule, principle

reglamentación guidelines

regresar to return

regreso return

rehén *m* hostage

rehusar to refuse, decline

reina queen

reinar to reign, rule, govern

reino kingdom; reign

reiterar to repeat

reivindicar to claim; to recover

relación relation, relationship

relacionar to relate; *refl* to be related, connected

relatividad relativity

relativo,-a *adj* relative

releer to reread

relegado,-a relegated; banished

religiosidad religiosity, religiousness

religioso,-a religious

remedio remedy

remoto,-a remote

renacimiento rebirth

rendirse (i) to surrender, give in to

renovación renovation

renovador,-ra *n* renovator; *adj* renovating

renovar (ue) to renew

renta income, profit

renunciar to renounce

reparación repair

repatriar to repatriate, return to one's country of origin

repente: de repente suddenly

repercusión repercussion

repetir (i) to repeat, do again

representación representation

representante *m or f* representative

representar to represent

represión repression

represivo,-a repressive

reproducir to reproduce, recreate

república republic

republicano,-a republican

requerimiento requirement

requerir (ie) to require, need

requisito requirement

resbalarse to slip out, down

rescate *m* ransom, ransom money

resentido,-a resentful, offended

reserva reserve

reservación reservation

reservado,-a reserved, held back

residencia residence

residente *adj m or f* residing

residir to reside

resina resin

resistencia resistance

resistir to resist

resolver (ue) to resolve; to solve

respaldo support, backup

respectivamente respectively

respecto respect; **al respecto** in that respect

respeto respect (for something)

respiratorio,-a respiratory

responder to respond, answer

responsabilidad responsibility

responsable responsible

respuesta reply, answer, response

restaurante *m* restaurant

restaurar to restore

resto rest, remainder; *pl* remains

restricción restriction

restringir to restrain, restrict

resucitado revived

resultado result

resultante resulting

resultar to result, turn out

resumen *m* summary

resumir to summarize

retener (ie) to retain, hold

retornar to return, come back

retrasar to delay

retraso *n* delay

reunión meeting, reunion, gathering

reunirse to meet, gather

revelar to reveal, show

revista magazine, review

revolución revolution; revolt

revolucionario,-a revolutionary

rey *m* king

rico,-a rich; delicious

riego irrigation

riesgo risk

rinconcito small corner

río river

riqueza riches, richness

risa laughter

ritmo rhythm

rito rite

ritual *adj.* ritual; *n m* ceremony

robar to rob, steal

robo robbery

rodado,-a vehicular

rodear to surround; to round up

rodeo rodeo, round-up

romanizar to romanize, make like Rome

romano,-a Roman, esp. of ancient Rome

romántico,-a romantic; idealistic

romper to break

ropa clothing, clothes

rosa rose

rubro label, heading; rubric

rueda wheel

ruido noise

ruidosamente noisily

ruina ruin

rumano,-a Romanian

ruso,-a Russian

ruta route, way

S

saber to know, know how (to); to find out

sabiduría knowledge, wisdom

sabio,-a wise; wise person

sabor *m* taste, flavor

sacar to take out, remove

sacerdocio priesthood

sacerdote *m* priest

sacrificar to sacrifice

sacrificio sacrifice

sacudir to shake

sagrado,-a sacred, holy

saguaro a type of cactus

sajón,-ona Saxon

sala room, salon, hall

salario salary

saldo balance

salida exit, way out

salir to leave, go out, come out; **salir al paso** to come up against

salud *f* health

saludable healthy

salvación salvation

salvadoreño,-a El Salvadoran

salvar to save

San, Santo,-a Saint

sangre *f* blood

santero,-a maker of images of saints

sarampión *m* measles

satisfacer to satisfy

satisfactorio,-a satisfactory

sección section

secretariado secretariat

secretario,-a secretary

secreto *n* secret

secta sect

secuestrar to kidnap, abduct

secuestro kidnapping, abduction

secundario,-a secondary
sede *f* seat, headquarters
sedentario,-a sedentary, settled
sedicioso,-a *adj* seditious, *n*
  rebel
sefardita *adj* Sephardic
segmento segment
segregación segregation
seguidor,-ra follower
seguir (i) to follow; to continue,
  keep on
según according to
segundo,-a second
segundón *m* second son
seguridad security; certainty; **con
  seguridad** with certainty,
  surely
seguro,-a sure, safe
selección selection, choice
selva jungle
selvático,-a of the jungle
semana week
semejante similar
semejanza similarity
semestre *m* six months
semilla seed
senado senate
sencillo,-a simple
sensual sensual, relating to the
  senses
sensualidad sensuality
sentar (se) (ie) to sit down, be
  seated
sentencia (judicial) sentence
sentido sense, meaning
sentimiento sentiment, feeling,
  sense
sentir (se) (ie) to feel, feel like
señalar to signal; to mark, stamp;
  to indicate
señor Mr.; sir
señora Mrs.; madam
señorío lordship, domain
señorita Miss, young lady
separación separation
separado,-a separate; **por**

separado separately
separar to separate
separatismo separatism, seces-
  sionism
separatista *m* or *f* separatist,
  secessionist
séptimo,-a seventh
sepulcro sepulchre, tomb
sepultura grave, burial place
ser to be; **a no ser** except;
  n m being, human being
serie *f* series
serio,-a serious; **tomar en serio**
  to take seriously
serpiente *f* serpent
servicio service
servir (i) to serve; **servir (de)** to
  serve as
severo,-a severe, harsh
sexo sex
sexto,-a sixth
sexualidad sexuality
sicología psychology
sicológico,-a psychological
sicólogo,-a psychologist
siempre always, ever
sierra mountain range
siesta nap, mid-day rest
siglo century, age
significado meaning
significar to mean, signify
siguiente following, next
silencio silence
simbólico,-a symbolic
simbolismo symbolism
simbolizar to symbolize
símbolo symbol
simetría symmetry
simpatía support, fellowship
simpático,-a congenial, likeable
simple simple; mere; silly
sin without; **sin embargo** however, nevertheless
sinceramente sincerely
sindical relating to a union
sindicato labor union

sino   but, but rather, but also, except
sinónimo   synonym
sintetizar   synthesize, summarize
sistema   *m*   system
sistematizar   systematize
sitio   site, place
situación   situation
situar   to situate, locate
soberanía   sovereignty
sobre   over, on, above; about; towards; **sobre todo**   above all
sobrecoger   to startle
sobrenatural   supernatural
sobresaliente   excellent, outstanding
sobresalir   to excel
sobrevivir   to survive
sobrino,-a   nephew, niece
sociedad   society
socio,-a   partner
sociológico,-a   sociological
sociólogo,-a   sociologist
sofocar   to suffocate
soft   *m*   software (*regional*)
sol   *m*   sun
solamente   only
solar   solar, of or relating to the sun
soldado   soldier
soledad   solitude, loneliness
solemne   solemn, holy
soler (ue)   to be in the habit of, used to, accustomed to
solidaridad   solidarity
solidez   *f*   solidity
sólido,-a   solid
solitario,-a   solitary, lonely
solo,-a   alone; only, sole
sólo   only
soltar (ue)   to release
solución   solution
solucionar   to solve
sombra   shadow
someterse   to submit oneself

sondeo   survey, poll
soneto   sonnet
soñar (ue)   to dream
sor   *f   relig*   Sister
sorprender   to surprise
sorpresivamente   in a surprising way
sosiego   tranquility, quietness
soslayar   to ignore
sospecha   suspicion
sostén   *m*   support
sostener (ie)   to sustain
soviético,-a   Soviet
sótano   basement
subcultura   subculture
súbdito,-a   subject (as of a king)
subir   to rise; to go up; to raise
subrayar   to underline
subsecretario,-a   undersecretary
subsuelo   subsoil
subterráneo,-a   subterranean, underground
subtítulo   subtitle
suburbano,-a   suburban
subversivo,-a   subversive
subyugación   subjection
subyugado,-a   subjugated
suceder   to happen
sucio,-a   dirty
sudamericano,-a   South American
sueldo   salary, wages
suelo   soil, ground, earth
sueño   dream
suerte   *f*   luck, fortune
suficiente   sufficient, enough
sufrir   to suffer; to undergo
sugerir (ie)   to suggest
suicidarse   to commit suicide
suicidio   suicide
suma   sum, total; **de suma importancia**   very important; **en suma**   in short, summary
sumar   to add, total
suministrado,-a   supplied
sumir   to sink

superar   to surpass; to pass

superior   superior, higher

supermercado   supermarket

superstición   superstition

supervivencia   survival

superviviente   *n m* or *f*
survivor

supremacía   supremacy

supresión   suppression

suprimir   to suppress

sur   *m*   south

sureño,-a   southern

sureste   *m*   southeast

surgir   to break out, come forth

suroeste   *m*   southwest

suspender   to suspend; to dis-
continue

suspensión   suspension, interruption

sustantivo   substantive; noun

sustento   sustenance

sustitución   substitution

sustituir   to substitute

sutil   subtle

T

tabaco   tobacco

tabaquería   tobacco shop

tabú   *m*   taboo

taco   *Mexico*   type of sandwich
made with a tortilla

táctica   tactics, policy, way of
operating

tajante   sharp, cutting

tal   such, so, as; **tal vez**   perhaps; **un (el) tal**   a certain

talento   talent

tamaño   size

también   also, in addition, too

tampoco   either, neither

tan   so, as

tango   tango, dance which originated in Argentina

tanto,-a   so much, as much;
pl   so many, as many

tardar   to delay; be late, take a
long time

tarde   *f*   afternoon;   *adv*   late;
más tarde   later

tardío,-a   late

tarea   task, homework

tasa   rate

teatro   theater

técnica   technique

técnico,-a   technical

tecnología   technology

tecnológico,-a   technological

techo   roof; ceiling

teja   tile (of clay)

tejedor,-ra   weaver

tejer   to weave

tejido   woven cloth, textile

tela   cloth

tele   *f*   television

televisor   *m*   TV set

teléfono   telephone

tema   *m*   theme

temblar (ie)   to tremble

temblor   *m*   earthquake, tremor

tembloroso,-a   trembling

temer   to fear, be afraid

temor   *m*   fear

templo   temple

temprano,-a   early; **temprano**
adv   early, early on

tenaza   pincer

tendencia   tendency

tender (ie)   to tend to, have a
tendency toward

tener (ie)   to have, possess, hold;
tener que   to have to

teniente   *m* or *f*   lieutenant

tensión   tension, strain

tenso,-a   tense

tentativa   attempt, try

tenue   tenuous, delicate, subtle

teocracia   theocracy

teología   theology

teoría   theory

teórico,-a   theoretical

teorista *m or f* theorist
teorizar theorize
tercer, tercero,-a third
tercio one-third
terminar to end, terminate, finish
término term
terminología terminology
termómetro thermometer
ternura tenderness
terrenal earthly
terreno parcel of land, terrain
terrestre of the earth; *m or f* "earthling"
terrible terrible
territorio territory, region
terrorista *m or f* terrorist
tesoro treasure
texano,-a Texan
texto text
tiempo time; weather
tienda store, shop
tierra earth, land
tío,-a uncle, aunt
típico,-a typical, traditional
tipo type, kind, sort
tiránico,-a tyrannical
tirano tyrant
tiro shot
titular *m* head, chief
título title; degree
todavía still, yet
todo,-a all, everything; *pl* everyone; all of; **de todos modos** anyway; **del todo** completely; **todo el mundo** everyone, everybody; **todo un (el)** a (the) complete, a (the) whole
tolerable tolerable, bearable
tolerancia tolerance
tolerante tolerant, forgiving
tolerar to tolerate, allow
tolteca *m or f* Toltec
tomar to take; to drink

tono tone
toponímico place name, toponymic
torear to fight a bull
torero,-a bullfighter
tormento torment, anguish
toro bull
torre *f* tower
tortura torture
totalidad totality
totalitario,-a totalitarian
trabajador,-ra worker
trabajar to work
trabajo work, job
trabar to get confused, tongue-tied
tradición tradition
tradicional traditional
traducción translation
traducir to translate
traer to bring, carry
tráfico traffic; **tráfico rodado** vehicular traffic
tragedia tragedy
trágico,-a tragic
traidor,-ra traitor
tramar to design, devise (a plot)
trámite *m* process
trance *m* difficulty
transformar to transform, change
tránsito traffic
transitorio,-a transitory, temporary
transmitir to transmit, relay
transportar to transport
transporte *m* transport, transportation
trascendental of great importance
trasladar to transfer
traslado transfer, removal
tratado treaty, treatise, tract
tratamiento treatment
tratar to treat; to try
través: a través across, through
trazar to trace, draw

trébol *m* clover
tremendo,-a tremendous, huge
tren *m* train
tribu *f* tribe
tribunal *m* jury; panel
triste sad
tristeza sadness
triunfante triumphant
triunfar to triumph, win
triunfo triumph
trono throne
tropas troops
turbar to disturb
tumba tomb, grave
tumulto tumult, riot
tuna student musical group
Túpac Amaru Incan leader's name
Tupamaros *pl* Uruguayan guerrilla band
turístico,-a of or relating to tourism

U

ubicado,-a located, placed
ubicarse to be located
ubicuo,-a ubiquitous
último,-a last, ultimate; **por último** finally
ultratumba *adv* from beyond the grave, the afterlife
único,-a only, unique
unidad unity; unit
unido,-a united; **Estados Unidos** United States
unión union; combination; **Unión soviética** Soviet Union
unir to unite; *refl* to join
unitario,-a unitarian; *Amer* one who favors a strong central government
universalidad universality
universidad university
universitario,-a of or relating to the university

universo universe
urbanización urbanization
urbanizar to urbanize, group in cities
urbano,-a urban, living in cities
urbs *Latin* city
urgente urgent
usar to use; to wear
uso use; **hacer uso de** to make use of
utensilio utensil, tool
útil useful
utilidad utility, usefulness
utilitarismo utilitarianism
utilizar to utilize, use

V

vaca cow
vacilar to hesitate
vacuno: ganado vacuno beef cattle
vagar to wander
valerse (de) to make use of
validez *f* validity
válido,-a valid
valiente valiant, brave
valioso,-a valuable
valor *m* value; bravery, valor
valorar to value, place a value on, appraise
valle *m* valley
vanguardia vanguard, advance guard, leaders of a movement
vaquero,-a cowboy, cowgirl
vara rod, line
variar to vary, mix
variedad variety
varios,-as various, several, some, a few
varón *m* man
vasco,-a Basque; **País vasco** Basque country
vascuence *m* Basque language
vaso glass, cup
vasto,-a vast, extensive

vecindad   neighborhood

vecino,-a   neighbor

vehículo   vehicle

vejamen   *m*   humiliation

vejez   *f*   old age

vela   candle

velorio   wake, vigil

vellón   *m*   tuft

vencer   to defeat, win

vendedor,-ra   seller, salesperson

vender   to sell

veneración   honor, veneration

venganza   revenge

vengarse   to take revenge

venidero,-a   coming

venir (ie)   to come

venta   sale

ventaja   advantage

ventana   window

ventilador   *m*   fan

ver   to see;   *refl*   to find oneself

verbalmente   verbally

verbo   verb

verdad   truth

verdadero,-a   true, real

verde   green

verificar   to verify, confirm

verso   line of verse, verse

verter (ie)   to pour into, put into

vestido,-a   dressed, clad

vestirse (i)   to get dressed

vez   *f*   time; turn;   **a su vez**   in its turn;   **en vez de**   instead of;   **tal vez**   perhaps

vía   way;   **en vías de desarrollo**   developing;   **por vía**   by means, in a manner

viajar   to travel

viaje   *m*   trip

viajero,-a   traveller

vicepresidente,-a   vice-president

victoria   victory

victorioso,-a   victorious

vida   life;   **en vida**   while living

viejo,-a   old, elderly;   (*colloquial*) old man (father), old lady (mother)

viento   wind

viga   wooden beam

vigesimal   *adj m or f*   based on the number twenty

vigésimo,-a   twentieth

vigilante   *m*   vigilante, citizen police

vigilia   vigil

vigor: en vigor   in effect

vigoroso,-a   vigorous

vincular   to tie, connect

violación   violation

violar   to violate

violencia   violence

violento,-a   violent

virreinato   viceroyalty

virrey   *m*   viceroy

virtud   virtue

visigodo,-a   Visigoth

visitante   *m or f*   visitor

visitar   to visit

vista   view;   **punto de vista**   point of view

vital   vital;   **promedio vital**   life expectancy

vitalidad   vitality

viudo,-a   widower, widow

vivienda   dwelling, housing

viviente   living, alive

vivir   to live, dwell

vivo,-a   alive

volar (ue)   to fly

voluntad   will

voluntario,-a   voluntary; volunteer

voluntarioso,-a   willful, arbitrary

volver (ue)   to return

votivo,-a   votive; offered by a vow

voto   vote

vuelta   return;   **ida y vuelta**   round trip

vulgar   common, low, vulgar

X

xenofobia   xenophobia

xenófobo,-a   *adj*   xenophobic;
   n m or *f*   xenophobe

Y

yarda   yard (measurement)
   dialect   lawn

yendo   *pres part of* **ir**

Z

zanahoria   carrot

zona   zone, area of a city